西北政法大学学术著作出版基金资助

THE STUDY ON
CRIMINAL PRETRIAL PROCEDURE
IN CHINA

我国
刑事庭前程序
研究

张斌

著

上海三联书店

序

　　随着新时代中国刑事司法改革的深入推进,我国刑事诉讼制度不断完善,刑事庭前程序作为刑事诉讼程序的重要组成部分,日益受到学术界和实务界的关注。迄今为止,系统性研究我国刑事庭前程序的学术著作依然为数不多。作者对域内外刑事庭前程序有着长期的研究和深刻的洞见。《我国刑事庭前程序研究》一书的出版,正是其多年来对我国刑事庭前程序潜心研究的力作。该著作从多个维度对刑事庭前程序进行了全面而深入的阐释、比较、剖析和建构,不仅有助于我们深刻理解刑事庭前程序制度,也为即将到来的刑事诉讼法再修改及刑事司法改革提供了该问题解决的思路、方案和设计。

　　作者首先对刑事庭前程序进行了概述与界定,明确了刑事庭前程序在刑事诉讼中的地位和作用,随后详尽地阐释了刑事庭前程序具有的公诉审查、证据处理、程序分流、争点整理等多重功能,分析了刑事庭前程序应当具有的人权保障、司法公正和诉讼效率等价值。这些论述和阐释为我们理解刑事庭前程序的重要性和必要性提供了有力的理论支撑。为了更全面地认识刑事庭前程序,作者详尽地考察了境外不同法系国家和地区的相关制度和经验,系统梳理了我国刑事庭前程序制度的发展历程、现状以及存在的问题。在此基础上,作者对当下我国刑事庭前程序提出了严肃而中肯的评价,指出我国刑事庭前程序存在目的性失当、功能性欠缺、程序非正当性以及程序形式化等问题。之所以如此,究其原因,作者分析认为其深层缘由在于刑事诉讼模式的选择失当、司法审查权的缺位、检察机关的特殊地位、诉讼阶段的不当划分。随后,作者提出了我国刑事庭前程序的宏观框架。在认知层面,首先,刑事庭前程序应当作为一个独立的诉讼阶段而存在,设定合理的内部构造,防止公诉权滥用以保障被告人权利、提高审判质效以实现审判公正、提高诉讼效率。确立权利保障为本的诉讼理念,理性认识刑事庭前程序的法官预断,审视当事人主义诉讼模式,优化职权主义诉讼模式。进而,从机构设置、人员配备、增设相关制度等层面提出了我国刑事庭前程序完善的整体架构设想,甚至还提出了保障刑事辩护权、规范公诉权和庭前法官诉讼指挥权的配套措施。最后,作者给出了我国刑事庭前程序的具体建构,围绕刑事庭前程序之要素组成、证据预先处理、庭前会议和争点整理等核心问题提出详尽的设想和周密的论证。

《我国刑事庭前程序研究》一书为我们深入理解和研究我国刑事庭前程序提供了多维的视角。该书对刑事庭前程序功能与价值的深入剖析,揭示了刑事庭前程序在保障被告人权利、提高审判质效、节约司法资源等方面的积极作用。通过对境外程序或制度的比较,系统梳理我国刑事庭前程序的历史沿革、运行现状以及既存问题。在书中,我们可以看到作者对我国刑事庭前程序所面临的挑战与困境进行了深刻剖析。例如,刑事庭前程序在法律规定上尚存在不足,部分规定过于笼统,缺乏具体操作性;在司法实践中,部分法官对刑事庭前程序的重要性认识不足,执行力度有待加强;同时,刑事庭前程序的监督机制也亟待完善,以确保刑事庭前程序的公正、高效和合法。针对这些问题,作者从宏观框架设计到微观制度建构提出了一系列切实可行的完善建议,且许多建议具有前瞻性的理念革新和制度设计。

作为一本关于我国刑事庭前程序的专著,作者以严谨的治学态度、恢宏的学术视野、严密的逻辑思辨,层层推进,尤其是提出了以构建本土化的刑事庭前程序为目标,推动了理论界对该问题的研究,也势必为未来刑事司法改革提供参考。诚如每一部学术著作都无法堪称完美那样,本书的部分观点可能也会存有争议或不足。譬如,作者认为当事人主义诉讼模式并非发现事实真相最佳装置的基础上,在职权主义诉讼模式和诉讼理念下完善刑事庭前程序,庭审法官是否有排除非法证据的动力或许存在疑问。相信,在理论界和实务界的共同努力下,我国刑事庭前程序将会得到不断地发展与完善,为实现司法公正、提高诉讼效率、保障人权作出更大的贡献,也希望本书能够引起更多人的关注和思考,为我国刑事诉讼制度的进步与发展贡献一份力量。

最后,祝愿《我国刑事庭前程序研究》一书能够得到广大读者的喜爱和认可,为我国刑事司法事业的繁荣与发展作出积极贡献。

是为序。

李建东

2024 年 5 月 25 日

目　录

导　论

一、研究背景

严格意义上,刑事诉讼程序没有"庭前"的含义,也没有"刑事庭前程序"的概念,理论研究或司法实务通常将"庭前"或"刑事庭前程序"等同于法院开庭前的审查受理与庭前准备,从而使得刑事庭前程序完全附属于刑事庭审程序。这种仅为审查受理、通知、传唤、送达等准备事项而不具有独立性的刑事庭前程序与境外国家或地区对该程序的理论研讨、制度设计及实务变革相比相去甚远。我国刑事诉讼理论、立法和实践有意无意地忽视了刑事庭前程序的价值与功能,学理上缺乏深入细致地研讨、立法上难以规范合理地建构、实践上无法广泛有效地运用。但正如学者所言:"就像看戏人们只注意台上演员的举手投足、剧情演绎而不注意台前的排练和预演一样,庭前程序在诉讼程序研究中是一个容易被忽视的程序。然而,这一程序的意义决不能低估。"①

所谓的刑事庭前程序是指刑事案件被提起公诉之后至第一审正式开庭审理之前,"庭前法官"与控辩双方为了法庭审理程序的集中、有序、高效而进行的诉讼活动以及由此产生的诉讼法律关系。刑事庭前程序通过刑事庭前审查,防止公诉权滥用,保障被告人诉讼权利,进而实现审判公正;通过刑事庭前准备,齐集人、物于庭审程序,实现集中审理,强化庭审质量,提高诉讼效率。为此,世界上主要法治国家或地区的刑事诉讼程序

---

① 龙宗智:《刑事庭审制度研究》,北京:中国政法大学出版社 2001 年版,第 146 页。

大都设置了刑事庭前程序,理论研究极深研几,立法技术矩周规值,司法实践行远自迩。随着我国刑事司法改革的深入推进,刑事诉讼制度和诉讼程序如何实质性地回应已发生显著变化的犯罪结构现状,成为国家犯罪治理项下中国式刑事诉讼法治现代化的重大命题。毋庸置疑,刑事庭前程序在其中发挥着重要作用,针对刑事庭前程序进行深入地研究与探讨,对我国刑事诉讼程序的系统化完善与刑事司法改革有着特殊的理论价值和实践意义。

二、研究现状

(一) 境外主要国家刑事庭前程序

英国刑事庭前程序[①]处于不断变化之中,主要包括预审程序(Preliminary Inquiry)、答辩与指导听审(Plea and Directions Hearing)、预先听审(Preparatory hearing)、答辩与案件管理听证制度(Plea and Case Management Hearing)、证据开示以及审前裁决。其中预审程序意指公诉书(Indictment)起诉的刑事案件被刑事法院审判之前,先由治安法院进行审查并决定是否将其送交刑事法院审判的程序;除复杂、严重诈骗案件以外,答辩与指导听审为所有案件的必经程序,意指刑事法院在审判前管理案件事宜以确保审判程序的效率;根据控辩双方申请或依职权,刑事法院法官从司法利益考虑而决定在陪审团宣誓前举行预先听审以加速庭审;答辩与案件管理听证制度代替了答辩与指导听审,是每个案件必经程序便于刑事法院法官在审前尽早了解被告意欲何种答辩以分流案件。除此之外,英国刑事庭前程序还包括了证据开示以及审前裁决。正如有人所言:"英国预审程序的对抗性在现代刑事诉讼对效率的追求下,

---

① 鉴于历史使然,英国现有三套刑事司法体系,即为苏格兰司法体系、北爱尔兰司法体系以及英格兰和威尔士司法体系。学者们通常所称之英美法系中的英国司法仅指英格兰和威尔士司法体系。

出现了逐步弱化的趋势,融入了不少职权主义的因子。"[1]在美国刑事司法系统中,[2]重罪案件的刑事诉讼程序最具有代表性,尤其是庭前程序中的公诉审查、证据开示、辩诉交易以及庭前动议等极具影响。重罪案件在逮捕和初步到庭后被移送到法院审判之前,其指控要接受正式审查,目的在于审查起诉的正当性及控方是否有合理根据指控被告犯罪。重罪案件的公诉审查程序分为正式起诉前的审查和正式开庭前的审查两个阶段。正式起诉前的审查分为大陪审团提出起诉书(Indictment)和检察官提出起诉书(Information)两种形式。前者由检察官提出证据,经过大陪审团核准后向法院提起正式的起诉书;后者系检察官不经过大陪审团的核准,径行向法院提出正式的起诉书。正式开庭前的审查程序中涵摄了传讯与答辩(Arraignment and Plea)、辩诉交易(Plea Bargaining)、审前动议(Pretrial Motions)、证据保全(Evidence Preservation)、庭前会议(Pretrial Conference)等。法国刑事庭前程序是大陆法系具有代表性的国家之一,其中预审程序的诞生、发展沿革折射了以该国为代表的大陆法系国家的刑事庭前程序发展脉络。在法国,并不是所有的刑事案件都直接交给审判法院进行审判,某些严重、复杂的刑事案件在审判法庭审判之前,都要由预审法庭进行预审。法国预审程序实行二级预审,无论是重罪案件、轻罪案件或者违警罪案件必须经过第一级预审,但是,重罪案件由上诉法院刑事审查庭进行二级预审程序。法国实行预审法官与审判法官相分离制度,预审法官拥有预审权力,即预审法官实施正式侦查的权力;又拥有司法裁判权力,即预审法官在预审过程中有权作出各种司法裁判性质的裁定或决定。近年来,预审法官的"超级警察"职权引起了社会各界对预审法官的存废之争。但是,在历次司法改革中,法国都没有废除预审法官和预审程序,反而在逐渐修补预审程序缺陷的基础上加强对被追

---

[1] 陈开欣等:《英国刑事司法制度概况—赴英考察报告》,中国政法大学《刑事诉讼制度改革研究》课题组,1993年,第35页。

[2] 美国地域跨度较大,各地司法系统在刑事诉讼法程序方面也存在较大的差异,但是在多数司法系统,重罪案件的刑事诉讼法程序最具有代表性。尤其是庭前程序中的大陪审团听审、治安法官预审、庭前提审及庭前动议等极具影响。这些制度对刑事案件庭前程序的深入研究有着举足轻重的意义。

诉人的人权保护,借此发挥刑事预审程序应有之功效。除此之外,法国重罪案件的准备程序还有:案件受理;移送被告人、送达起诉裁定书及证据;讯问被告人;送达陪审员名单;知悉证据;补充侦查以及诉的合并与分离等。在德国,除了刑事处罚令程序、保安处分程序和简易程序之外,其他侦查终结需要提起公诉的案件,都应当进入了中间程序。中间程序即为检察官提起公诉后对案件的审查程序,以决定是否将案件移交审判的程序。换言之,中间程序就是德国的庭前审查制度,其目的在于制约检察官起诉权,监督其恪守起诉法定原则,同时也是赋予被告对抗检察官起诉处分的机会。中间程序是德国刑事案件的必经程序,中间程序法官和主审程序法官并不分立,由此遭致的批评可谓是前赴后继。① 此外,德国刑事诉讼程序还有促进法庭集中迅速审判的准备程序,即法庭审理的准备。其准备内容包括:指定期日、为审判程序所为之传唤、收集证据、告知法庭的组成以及证人的姓名、证人在审判程序之前的询问、证据调查以及安排程序开展等事项,②如实施证据保全、进行勘验程序等。③ 由于案件多、工作压力大,④且程序繁琐,耗时太长,德国引进了颇具特色的审辩协商制度。审辩协商制度分流了约 25% 左右的刑事案件,节省诉讼成本,提高诉讼效率。⑤

(二) 我国刑事庭前程序的研究现状

我国 1979 年《中华人民共和国刑事诉讼法》(以下简称 1979 年《刑事诉讼法》,其他三部法律与此相同)规定了庭前实质性审查和庭前简易性准备。通说认为庭前审查解决了法庭审判阶段才应处理的问题,这就混淆了庭前程序与庭审程序,导致庭审失去了实质意义。1996 年《刑事诉

---

① 参见林钰雄:《论中间程序—德国起诉审查制的目的、运作及其立法论》,《月旦法学杂志》2002 年第 88 期,第 66 页。

② 刘晶:《刑事庭前准备程序的反思与重塑》,《东方法学》2014 年第 3 期,第 129 – 138 页。

③ [德]克劳斯·罗克信:《刑事诉讼法》,吴丽琪译,北京:法律出版社 2003 年版,第 380 页。

④ 据了解,在慕尼黑的一个基层法院,一名法官一个月内一般要处理 30 – 50 个案件。参见徐美君:《德国辩诉交易的实践与启示》,《法学家》2009 年第 2 期,第 114 – 123 页。

⑤ See Herrmann, Joachim. "Bargaining justice – a bargain for German criminal justice." U. Pitt. L. Rev. 53(1991):755.

讼法》保留公诉案件庭前审查的同时实行"复印件主义"、改实质性审查为程序性审查等举措，但刑事庭前审查流于形式、庭后移送阅卷架空庭审、滥诉行为盛行、辩护律师阅卷范围有限等弊端也随之即出。这样的修改对刑事司法而言，造成的危害有过往而不及。2012 年《刑事诉讼法》重回"全案移送主义"，坚持庭前审查的程序性，初步确立了中国式的刑事庭前会议制度。但是，程序性庭前审查以及全案移送也势必直面 1979 年《刑事诉讼法》所遇到的问题；刑事庭前准备程序的粗线条勾勒，致使刑事庭前会议主要内容的缺失，也无法实现预期之功效；以及庭前排除非法证据的暧昧不明、庭前程序分流机制模糊不清、庭前证据处理若隐若现、争点整理得似是而非，引起了理论界和实务界广泛地关注与深入地讨论。

　　理论界主要以刑事庭前准备程序、刑事公诉审查或刑事庭前审查等整体构架等视角对我国刑事庭前程序展开研究；实务界主要以专题会议或者专项试点的形式对庭前会议、证据展示等进行探索与研究。[①] 自 2012 年以来，各地方司法机关积极探索刑事庭前会议制度，相继制定了实施细则或实施办法指导庭前会议。在这些地方性规范中，刑事庭前会议的内容不断丰富，不仅限于那些可能引起庭审中断或诉讼拖延的程序性事项，还包括非法证据排除、案件争点与证据整理、程序分流以及部分实体问题的事项。[②] 2015 年刑事庭审实质化改革试点研讨会对庭前会议、非法证据排除等有关的庭前程序加以梳理。[③] 2016 年第九届中韩刑事司法学术研讨会围绕着"刑事庭审实质化及有效性"主题展开学术研讨。[④] 这些已有的研究成果推陈出新、观点新颖、针砭时弊，对完善我国刑事庭前程序功不可没。这也为笔者进一步研究刑事庭前程序奠定了基

① 中国人民大学法学院司改中心寿光模式调研课题组：《中国式的刑事庭前庭前会议制度探索——关于山东省寿光市人民法院刑事庭前程序改革的调研报告》，《人民法院报》，2003 年 2 月 24 日。

② 参见唐颖、王成燕、陈嘉：《庭审会议：不图形式不走过场》，《检查日版》，2012 年 7 月 25 日；孟焕良、鹿轩：《鹿城法院实行刑事案件庭前会议》，《人民法院报》，2012 年 11 月 20 日；朱昱琦、袁普：《庭前会议，透明中促进高效——河南郑州高新：当庭宣判首起适用庭前会议制度案件》，《检查日报》，2012 年 12 月 23 日；梁洪、宋丹：《广西：庭前会议让庭审提速》，《检察日报》，2012 年 10 月 21 日等。

③ http://www.gywb.cn/content/2015－10/15/content_3972639.htm.

④ http://www.sohu.com/a/108037446_115239.

础，提供了宝贵的资源。但是，就现有研究成果而言，我国刑事庭前程序还存在以下问题：（1）对该程序的研究是随着审判方式的改革而推进的，多数研究成果与研究视角是在研究审判（庭审）中心主义、证据开示、庭前会议、公诉审查、庭前准备中提及，专题性研究不强；（2）个别论著偶有涉及，则旁敲侧击、浅尝辄止，未成"体系化"研究。

我国刑事庭前程序还有以下问题值得探讨：第一，如何界定刑事庭前程序或者说什么是刑事庭程序？这是研究的基本问题，也是研究的前提。第二，为何要设立刑事庭前程序，即刑事庭前程序具有什么意义？刑事庭前程序应当发挥什么样的功能？这是研究本课题的意义之所在。第三，域外主要国家和地区对刑事庭前程序是如何构建，又是如何运行的？第四，我国建构刑事庭前程序有无必要性以及可行性。现阶段，我国刑事司法改革是否需要刑事庭前程序的进一步完善？现有的刑事庭前程序立法条款、运行状况如何？第五，我国刑事庭前程序应当如何构建？这是研究的重难点。

三、研究思路

本文的逻辑进路及其研究重点在于：以构建本土化的刑事庭前程序为目标，通过梳理文献、比较域外制度得出"什么是刑事庭前程序"；融合本土现状，阐释域外制度，论证"为什么建构刑事庭前程序"；汲取经验、务实塑造"我国刑事庭前程序"；统筹规划、深化问题找出"障碍并疏而导之"，确保制度运行。建构价值多元、内涵丰富的刑事庭前程序研究，对于加强庭审实质化、深化刑事审判方式改革具有重要的理论和实践意义。

（一）研究意义

刑事庭前审查过滤不符合开庭审判的案件；证据开示及非法证据排除使得控辩双方实质性沟通交流，阻却了证据突袭和不具有证据能力之证据进入庭审，从而有利于审判程序客观全面地了解案件事实，促使裁判的正当性。刑事庭前程序实行刑事答辩制度，尤其强调被告人认罪认罚的答辩，案件处理程序实现了繁简分流、轻重分离、快慢分道，提高诉讼效率。刑事庭前会议以及争点整理能够及时将审判之人、物齐聚庭审,排除影响集中审判之因素,事实与证据争点整理程序提前整理案件,明晰争议焦点,庭审程序主要围绕争点进行,提高审判效率,促使法官审判案件的集中性与亲历性,避免司法不公现象之发生。刑事庭前程序对证据的预先处理,如申请调取证据、证据开示以及排除非法证据等,有效避免审判程序的中断与延迟,提高诉讼效率。由此可见,刑事庭前审查阻止了不适当诉讼的进行,使得被告人免受不当指控;证据开示、证据保全排除非法证据以及庭前申请调取证据等证据预先处理,有利于实现控辩平等对抗,保障了辩护方的有效辩护权;被告人通过刑事答辩,实现其程序选择权;刑事庭前会议以及事实与证据争点整理使得被告人知悉事关自身自由、财产等合法权利的事实与证据,为有效维护其权利奠定了基础。

(二) 研究重点

刑事庭前程序是指案件被提起公诉之后至第一审开庭审理之前,庭前法官与控辩双方为了庭审程序的集中、有序、高效而进行的诉讼活动以及由此产生的诉讼法律关系。庭前法官是指由负责审判具体案件的审判长或主审法官指定或随机抽取诸多已经入围审判团队的员额制法官。庭前法官与庭审法官不分立,但职责各异。

在对境外刑事庭前程序比较分析过程中,除了常规的英美法德日之外,还主要针对大中华地区内的澳门地区和台湾地区的刑事庭前程序进行详细对比与分析。这对我国刑事庭前程序的构建极具可借鉴性。另外,笔者在撰写过程中力图借鉴最新的资料和司改动向,如根据速裁程序、认罪认罚从宽以及"以审判为中心"的诉讼制度改革等资料,以使得刑事庭前程序的构建既有现实性又有前瞻性。

重新梳理法官庭前预断。预断为人类认知系统不可缺少组成部分,庭前应当排除的是固执己见之偏见而不是事先判断之预断;刑事司法制度的改革与创新应以被告人权利保障为视角,而避免为权力的便利行使而导致的专制与压迫政治的抬头;当事人主义诉讼模式并不一定是发现案件事实真相的最佳装置,其本身具有的诉讼延迟以及发现事实之弊端,导致了其发现事实真相神话破灭的可能。

辩护协同主义理念是指刑事诉讼中基于辩护权隶属于犯罪嫌疑人、被告人的本质,辩护人与犯罪嫌疑人、被告人充分沟通、真诚协作,形成一致辩护意见,从而使两者在发现事实、促进程序等方面共同推进刑事诉讼程序的一种范式。增设刑事证据保全制度,即指在刑事庭前程序中,对于某些证据面临毁损、灭失或其他无法取得与使用之情况,由控辩双方向庭前法官提出对证据采取预防性保护的诉讼行为。增设争点整理制度,即指庭前法官通过控辩双方对案件事实和证据不同意见的表达、交流,开展争议焦点的梳理,将无争议的事实和证据与有争议的事实和证据分别归类整理,便于庭审法院在庭审程序中聚其精力解决有争议的事实和证据,提高审判质量,加速审判效率的诉讼制度。

(三) 研究方法

1. 文献分析法。文献分析实为研究之基础。首先搜集有关刑事庭前程序的文献,厘清要论述有关庭前审查、证据开示、非法证据排除、程序分流、庭前准备、庭前会议、争点整理、庭前裁决等具体问题。其次,找出文献中涉及的各种概念,查明它们之间的关系,从而形成若干完整的主题。再次,收集国内外已有的研究成果,掌握研究动态,鉴别、整理、对比获得本课题研究的"真问题"。

2. 比较研究法。比较是科学研究最为基础的方法之一。世界各法治国家或地区对刑事庭前程序的立法和实践较多,通过对比分析不同国家或地区刑事庭前程序,探寻其相同之内容,分析不同之原因,试图找出具有一般性的规律,从而为建构我国刑事庭前程序提供借鉴。

3. 系统研究法。系统是由两个或两个以上的相互影响、相互作用部分组成的有机体。刑事庭前程序作为刑事诉讼程序中的有机组成部分,在构建过程中需注意刑事庭前程序与其他部分的协调一致;刑事庭前程序内涵丰富,各组成部分功能不一,侧重点也多有不同,因此又需要统筹刑事庭前程序内部组成部分之关系。所以,刑事庭前程序的建构既需要在具体制度的构建、运行上深思熟虑,又需要在整个刑事诉讼程序的宏观背景下充分考究。

第一章

刑事庭前程序的学理探究

学理是指人类对某学科具有的普遍性、规范性和权威性的认识成果，它借助逻辑与规范概念完成其阐明与表达。作为刑事诉讼程序的有机组成部分，本章首先探讨刑事庭前程序概念并区分、辨析与之相关的概念，进一步界定刑事庭前程序的内涵与外延，这是本文研究的前提和基础；其次，论述刑事庭前程序的庭前审查功能，证据保全、开示、检验和排除功能，程序分流功能，争点整理功能以及其他的庭审准备功能。最后，阐述刑事庭前程序具有促进司法公正、实现人权保障、提高诉讼效率的价值。

第一节　刑事庭前程序概念之界定

概念是人类认知思维体系中最基本的构筑单位。在认知过程中，人类抽离出所感知事物的共同本质特征，概括总结进而上升为理性认知。这既是人类自我认知意识的表达又是人类提出问题、分析问题、解决问题的基础。正如学者所述："概念是解决问题所必需的工具，没有限定严格的专门概念，我们便不能清楚地和理性地思考法律问题。"[1]刑事庭前程序研究也应如此，明确界定刑事庭前程序内涵与外延是研究该问题的基本前提。

---

[1] ［美］博登海默：《法理学：法律哲学与法律方法》，邓正来译，北京：中国政法大学出版社 1999 年版，第 486 页。

一、刑事庭前程序的概念

刑事庭前程序在境内外的学理研究中并未形成明确概念,甚至在一定程度上而言并非严格意义上的法律概念。从现有的学术论著中可以发现,刑事庭前程序的概念分为四类:一是最广义上的概念,即刑事庭前程序是指刑事审判程序之前的诉讼程序,即被通约为审前程序。从我国诉讼阶段而言,刑事庭前程序包括了立案阶段、侦查阶段以及审查起诉阶段;从参与主体而言,刑事庭前程序的参与主体包括了公安机关、检察机关和辩护方。如在陈卫东教授主编的教材中将刑事诉讼中审判阶段以前的程序统称为审前程序,其认为:"庭前程序的主体包括侦查机关、检察机关和辩护方,……庭前程序包括审判前的立案、侦查、公诉准备等一系列活动程序规则。"[①]在其主编的专著中也有诸如此类的表述:"刑事审前程序特指刑事公诉案件自刑事诉讼启动至审判机关受理案件前的程序。"[②]二是广义上的概念,即刑事庭前程序是指公诉案件检察机关提起公诉至法院正式开启审判程序之前的诉讼程序,该观点主要包括两层含义:第一,公诉案件的刑事庭前审查程序,即法院对检察机关提起公诉的案件进行开庭前的审查,解决案件是否符合开庭审判的条件,是否将案件正式交付法庭审判的诉讼活动以及由此产生的诉讼法律关系;第二,刑事庭前准备程序,即正式开庭审判前的准备,指法院决定开庭审判后,为了保障法庭审判顺利有序进行,由法院和其他诉讼主体开展的诉讼活动以及由此形成的诉讼法律关系。如龙宗智教授认为:"庭前程序,这里主要指法院的审前程序,包括庭前公诉审查、庭审准备等。"[③]陈卫东教授认为:"庭前程序是指人民检察院向人民法院提起公诉后到人民法院开庭审判前,人民法院所进行的各种审判准备所遵循的规则的总称。……庭前程序包括对公诉案件的庭前审查和开庭审判前的准备两个部分。"[④]三是

---

① 陈卫东主编:《刑事诉讼法》,北京:中国人民大学出版社 2004 年版,第 340 - 341 页。
② 陈卫东主编:《刑事审前程序研究》,北京:中国人民大学出版社 2004 年版,第 3 - 7 页。
③ 龙宗智:《刑事庭审制度研究》,北京:中国政法大学出版社 2001 年版,第 145 页。
④ 陈卫东主编:《刑事诉讼法》,北京:中国人民大学出版社 2004 年版,第 340 - 341 页。

狭义上的概念,即刑事庭前程序是指公诉案件在检察机关提起公诉后法院正式开庭前的刑事庭前审查程序。如闵春雷教授认为刑事庭前程序即是刑事庭前审查程序,简称为庭前程序,其认为:"刑事庭前程序也称刑事庭前审查程序(以下简称庭前程序),是指在检察机关提起公诉之后法院开庭审判之前,由专职法官对案件进行审查,以决定是否将被告人交付法庭审判以及进行必要的庭审预备活动的程序。[①] 四是最狭义的概念,即刑事庭前程序是指法院决定开庭审理后到开庭审理前,诉讼主体为正式开庭所进行的诉讼活动以及由此产生的诉讼法律关系。换言之,刑事庭前程序等同于刑事庭前准备程序。在诉讼阶段上,该观点认为刑事庭前程序存在于法院决定开庭审判之后第一次正式审判之前,也就是说,狭义上的刑事庭前程序不包含法院对公诉案件的审查程序,也不包含除决定开审审判之外的审查处理程序,至于其是属于审判阶段还是独立诉讼阶段,尚未区分;在诉讼主体上,该观点意指刑事庭前程序的诉讼主体仅为法院,即法院为正式的审判程序而进行的程序性诉讼准备行为不包括控辩双方为正式庭审进行的诉讼活动。在诉讼程序内容上,该观点意味着刑事庭前程序的主要内容是法官进行诉讼文书送达、出庭传唤以及通知送达等程序性的准备活动,难以涵盖诸如庭前会议、非法证据排除、程序分流、争点整理、证据展示等诉讼准备活动。

境外学者认为,刑事庭前程序是指法院决定开庭审理后到正式开庭审理前,诉讼主体为正式开庭所进行庭前准备程序。此时案件系属于法院,属于审判程序的组成部分,在德国、日本和我国台湾地区被称为庭前准备或准备程序。这种观点与最狭义上的刑事庭前程序相似,但是在诉讼阶段上,庭前准备属于审判程序;在诉讼主体上,庭前准备的参与主体具有开放性特征,不仅包括法官还包括控辩双方;在诉讼程序内容上,庭前准备涵摄了阻碍法庭审判顺利进行的程序性事项和证据性事项,甚至在一定程度上也包含了实体性事项。德国学者克劳斯·罗克辛教授(Clause Roxin)认为:"审判程序之准备包括:1. 指定期日;2. 为审判程序所为之传唤;3. 证据收集;4. 第一审为地方法院或联邦高等法院者,其审

---

① 闵春雷:《刑事庭前程序研究》,《中外法学》2007 年第 2 期,第 161 页。

判法院之成员告知及其证人姓名之告知;视状况而定所预先采取证据调查部分。"①日本学者松尾浩也教授认为:"诉讼关系人在第一次庭审期日前进行的诉讼准备,叫做庭前准备。……鼓励庭前准备与实现集中审理形影相随。由法院予以推动。不过,尽管法院对于当事人之间的庭前准备抱有很大的兴趣,但是法院自身深入到事先的准备、抱有成见的话,就会导致本末倒置;同时规定了法院要通知对方当事人姓名,以方便联络。总之,原则上法院只能协助当事人推进庭前准备。"②我国台湾地区的学者林钰雄教授认为:"准备程序的定位,顾名思义,仅限于审判之'准备'而已,其目的在于透过准备而使'人'与'物'能齐集于审判期日。为此目的,期前(审判日前)的准备工作,主要包括补正起诉程序、指定审判期日、传唤并通知诉讼参与者、齐集证据方法以及例外提前进行之调查证据程序等等。"③我国台湾地区的学者黄朝义教授认为:"为审判期日之审理得以快速及确实地进行,程序上事前需为充分的准备。公判期日之审理准备,系属于经由受理案件之法院及其他诉讼关系人所为之准备程序。"④我国台湾地区的学者蔡墩铭教授认为:"为使审判期日之程序迅速推行及易于总结起见,须有审判之准备。审判之准备就诉讼程序之观点而言,可称为准备程序,乃审判期日外受诉法院所进行之程序。惟准备程序非必备程序,有必要时为之,即法院得为第一次审判期日前,传唤被告或其代理人,并通知检察官、辩护人、辅佐人到庭,行准备程序,为下列各款事项处理:(一)起诉效力所及之范围与有无变更检察官所引应适用法条之情形。(二)讯问被告人、代理人及其辩护人对检察官起诉事实是否为认罪之答辩,及决定可否适用简式审判程序或简易程序。(三)案件及证据之重要争点。(四)有关证据能力之意见。(五)晓谕为证据调查之申请。(六)证据调查之范围、次序及方法。(七)命提出证物或可为证据之文书。(八)其他与审判有关之事项。"⑤

---

① [德]克劳斯·罗克辛:《德国刑事诉讼法》,吴丽琪译,台北:三民书局1998年版,第439页。

② [日]松尾浩也:《日本刑事诉讼法》,张凌译,北京:中国人民大学出版社2005年版,第221页。

③ 林钰雄:《刑事诉讼法》(下),北京:中国人民大学出版社2005年版,第151-152页。

④ 黄朝义:《修法后准备程序运作之剖析与展望》,《月旦法学杂志》2004年第113期,第25-26页。

⑤ 蔡墩铭:《刑事诉讼法概论》,台北:三民书局2005年版,第198页。

　　由此可知，境内外理论界对于刑事庭前程序，在探讨与争论中，演绎、归纳的内涵各不相同，尚未达成共识。广义的刑事庭前程序主要存在于刑事诉讼法设置了预审阶段的国家，如美国、英国、法国和意大利等。在这些国家的刑事诉讼程序的设置上，刑事案件侦查终结且检察官决定提起公诉后，需要对检察官的起诉进行审查，主要审查检察官的起诉是否符合法定条件，能否移交法庭审判，以防止检察官公诉权的滥用。只有经过预审程序通过的公诉案件才能交付审判。案件交付审判后，为了庭审顺利、不间断地持续进行，法院和当事人还要开展法庭审理前的准备。"在采预审制度立法例，其预审，不特为收集并保全证据资料，为侦查程序之延长，且藉以决定应否移付法院审判，为审判之准备。"①预审程序作为独立的诉讼阶段并不隶属于审判程序，因此，对检察官公诉审查的预审程序被视为法庭审理之前的程序。狭义的刑事庭前程序主要存在于没有预审程序的国家或地区中，如日本、我国台湾地区等。检察官提起公诉后，案件即系属于法院。以法院为主导进行公诉审查，符合公诉条件者，法院决定开启审判程序，并在正式开庭之前开展庭审前的准备活动。由此可见，非预审程序国家的刑事庭前程序，除德国实行中间程序之外，无论是公诉审查还是庭前准备，都没有明显的界线，案件系属于法院，属于审判程序的组成部分，统称为刑事庭前准备程序。之所以如此，究其原因，一是各国刑事诉讼模式和刑事诉讼理念的差异致使刑事诉讼阶段的划分各不相同，进而对刑事庭前程序的存在时空以及具体内涵亦有不同界定；二是理论界对刑事庭前程序的关注点不同，既形成不同的内涵又造成与类似概念存在交叉的样态，进而搁置了刑事庭前程序的系统研究，最终致使刑事庭前程序的制度设置各具特色。但是，刑事庭前程序至关重要，正如学者所言："就像看戏人们只注意台上演员的举手投足、剧情演绎而不注意台前的排练和预演一样，庭前程序在诉讼程序研究中是一个容易被忽视的程序。然而，这一程序的意义决不能低估。"②笔者认为，所谓的刑事庭前程序是指刑事案件自提起公诉之后至第一次正式开庭审理之前，控辩审

---

① 陈朴生：《刑事诉讼法实务》，台北：海天印刷厂有限公司1981年版，第402页。
② 龙宗智：《刑事庭审制度研究》，北京：中国政法大学出版社2001年版，第146页。

三方为法庭审理程序的集中、有序、高效而进行的诉讼活动以及由此产生的诉讼法律关系。对此，可以从以下几个方面理解刑事庭前程序的内涵：第一，刑事庭前程序之"庭前"意蕴。所谓"庭前"意指正式法院开庭审判之前，在本文中，庭前程序是指提起公诉之后至第一次正式开庭审理之前的诉讼程序。囿于诉讼模式以及法律文化的差异，刑事庭前程序呈现不同的样态。境外国家或地区的刑事庭前程序与刑事预审程序类似，但已经取消刑事预审制度的国家或地区，其刑事庭前程序又有不同的表现，如德国的中间程序，日本以及我国台湾地区的刑事庭前准备程序。在我国，刑事庭前程序包括了人民检察院提起公诉后的公诉审查和庭前准备。第二，刑事庭前程序的主体。有哪些主体参与刑事庭前程序，无论是境外制度的设置抑或境内理论研究内容，观点不一，且时而迥然不同。英美法系刑事庭前程序的主体有治安法官、大陪审团、检察官、被告人及其辩护人以及其他诉讼参与人；大陆法系刑事庭前程序的主体有预审法官、职业法官、检察官、被告人及其辩护人等。可见，两大法系鉴于诉讼模式不同和诉讼制度各异，刑事庭前程序中的主体也多有不同，但总体上还是按照诉讼构造的基本要求由控辩审三方组成，其中审判方或者称为"准审判方"由治安法官、预审法官或审判长指定的职业法官承担；控诉方由检察官承担；辩护方则由被告人及其辩护人承担。除此之外，刑事庭前程序还可能涉及其他诉讼参与人，如证人、鉴定人等。第三，刑事庭前程序的内容。刑事庭前程序为提起公诉之后，法院开庭审判前的诉讼阶段，其主要内容包括对公诉案件的审查以及正式开庭审判的准备。可见，刑事庭前程序主要包括刑事庭前审查程序和刑事庭前准备程序两个部分，鉴于刑事预审制度中预审法官职权的双重性以及其他因素，如法国预审制度以及德国的中间程序，刑事庭前程序的内容也包含着起诉方式以及部分协商机制。第四，刑事庭前程序的方式。纵观境外国家或地区刑事诉讼制度，刑事庭前程序的方式有书面审查方式和言词审查方式两种。所谓书面审查方式是指庭前法官根据控辩双方移交的案件卷宗和证据，而不需要以开庭质证、辩论进行审查的方式。如英国现行的预审程序实行书面审理方式。所谓言词审查方式又可以称为辩论式审查，是指在刑事庭前程序中庭前法官通过传唤证人出庭并接受控辩双方的交叉询问，为控辩双方提供充分的举证、质证和辩论机会的审查方式。如中国澳门特别行政区刑事庭前程序要求控辩双方在预审法官面前以口头辩论的方式,就侦查及预审过程中得到的事实迹象以及法律资料是否足以支持将嫌犯提交审判进行的辩论。书面审查方式有利于提高诉讼效率,但容易导致刑事庭前程序的形式化;言词审查方式为控辩双方提供了充分参与及辩论机会,有利于实现刑事庭前程序的公正审判及权利保障的功能,但其耗时费力,增加诉讼成本,延缓诉讼效率。第五,刑事庭前程序的标准。因为刑事庭前准备实为案件被裁定移交审判之后为庭审而做准备的机制,其只有是否充分之说而不存在准备标准之虑,所以所谓的刑事庭前程序标准主要是指刑事庭前审查程序的标准,也就是说,法官对公诉案件进行审查后是否作出移交审判的标准。符合标准,庭前法官作出移交审判的裁定;否则,庭前法官根据案件情况适时作出其他适当的判断。第六,刑事庭前程序的结果。法官经过审查后,依据不同情况而作出的裁决,如法国预审法官裁定向重罪法院移送起诉受审查人、德国审判法官裁定启动审判程序以及英国治安法官的审前裁决等。

二、与相关概念的辨析

总体上而言,以审判为中心的刑事诉讼程序可以审判为分水岭,将刑事案件的诉讼过程分为审前阶段、审理阶段和审后阶段。刑事庭前程序的内涵或多或少与审前阶段的相关概念相似或相近。为更好地理解、阐明刑事庭前程序,有必要对与之相关的概念、程序进行梳理和辨析,从而推动刑事庭前程序的深入研讨。

(一) 刑事庭前程序与刑事审前程序

审前程序主要来源于英美法系国家,尤其是欧美国家。美国刑事追诉阶段分为侦查阶段和审判阶段,其刑事诉讼程序划分为审前程序、审理程序和审后程序。近年来,警察侦查行为法治化逐渐强化,"权利法案"赋予被追诉人的权利得以在审前程序贯彻落实;又因"辩诉交易"等合作式司法的合法化与广泛适用,使得大量刑事案件在审前程序予以解决。所以,审前程序的作用地位越加重要。由于美国各州刑事诉讼程序各不相同,而且重罪与轻罪案件的刑事诉讼程序也不一致,美国审前程序的基本也略有出入。一般情况,其审前程序包括搜查与扣押、讯问、逮捕、初次聆讯、预审与大陪审团程序、起诉、传讯(聆讯)、答辩、审前动议。① 英国刑事诉讼审前程序包括侦查、预审、强制措施等,这些均由治安法官予以司法审查批准,其中预审由治安法官进行。由于诉讼模式和司法理念的不同,大陆法系国家与英美法系国家设置审前程序的内容及范围有所不同。法国刑事审前程序主要包括侦查、传讯、预审和法庭审理前的准备程序。德国刑事审前程序主要为侦查程序、中间程序和法庭审理前的准备程序。日本建立了检查审查会制度,对检察机关的起诉或不起诉进行审查,并有命令起诉的权力。总之,各国对刑事审前程序较为重视,在立法上强化侦查权力的制约,建立和实施司法审查机制促使审前程序的诉讼化,加强对犯罪嫌疑人的权利保障,尤其是辩护权保护,推动刑事诉讼程序的民主化。在我国,刑事诉讼程序分为五个独立的阶段,学者通常情况下将审判阶段之前的程序统称为审前程序,包括立案、侦查、起诉,但是学者对此也有不同的界定。陈卫东教授将刑事诉讼中审判阶段以前的程序统称为审前程序,"本书中的刑事审前程序特指刑事公诉案件自刑事诉讼启动至审判机关受理案件前的程序。"② 以至于,在陈卫东教授主编的《模范刑事诉讼法典(第二版)》第三编审前程序中设置了侦查程序和公诉程序,其中公诉程序包含了审查起诉、提起公诉以及控辩协商程序。此种审前程序概念包含立案、侦查、起诉和案件受理之前的程序,经过法院审查公诉后受理的庭前准备程序不在之内。宋英辉教授和吴宏耀教授将之称为刑事审判前程序,"是指案件交付法院审判之前的诉讼阶段"③,将侦查阶段与起诉阶段作为一个整体于审判阶段进行对接研究。在此概念之下,审前程序截止至交付法院审判之前,包含立案、侦查、起诉。因为该书没有对交

---

① 参见卞建林译:《美国联邦刑事诉讼规则和证据规则》,北京:中国政法大学出版社 1996 年版,第 5—6 页;[美]约书亚·德雷斯勒、艾伦·C.迈克尔斯《美国刑事诉讼法精解(第四卷)(第二卷·刑事审判)》,吴宏耀译,北京:北京大学出版社 2009 年版,第 6—13 页。
② 陈卫东主编:《刑事审前程序研究》,北京:中国人民大学出版社 2004 年版,第 3—7 页。
③ 宋英辉、吴宏耀:《刑事审判前程序研究》,北京:中国政法大学出版社 2002 年版,第 1 页。

付审判进行详细阐述,所以此所谓的刑事审判前程序是否包含法院对公诉案件的审查程序和法庭庭前准备程序并不明确。

由此可见,本文所称的刑事庭前程序仅限于刑事公诉案件自检察机关提起公诉之后至审判机关第一次开庭审判之前,主要涵摄刑事庭前审查程序和刑事庭前准备程序。此概念不同于域外国家的审前程序、我国学界界定的审前程序以及审判前程序,两者的差异显而易见,不能将截然不同的概念混同使用。

(二) 刑事庭前程序与刑事预审程序

英美法系国家和大陆法系国家中设有预审程序,其目的在于在刑事案件进入审判之前,基于合理根据对起诉进行审查,确定案件是否符合起诉条件并决定是否进行起诉,从而阻却不够起诉条件的案件进入审判程序,"防止草率、预谋、浪费和暴虐的起诉,使被指控者免受公开的犯罪指控,为被告人和公众节省公诉的开支。"[1]英国预审程序由治安法官承担;美国预审程序主要对重罪案件,由大陪审团预审和司法官预审;法国预审程序由预审法官负责。由于历史沿革、历史传统、司法理念、诉讼模式的不同,设置预审程序的国家对预审程序、预审行为及司法制约各不相同。在美国,预审程序是指"一个指控前的听审,在该庭审中检察官必须提出足够的证据,以证明具有充分理由相信一项联邦犯罪已被实施且该犯罪系被告人所实施。"[2]在英国,预审程序是指"如果刑事法院的法官认为起诉书表明案件相当复杂或者案件的审判时间可能相当长,以至于案件的实体利益可能需要通过在陪审团宣誓之前举行听证来保护,并且其目的是确认可能对陪审团的裁决具有实质性的事项,或者有助于陪审团理解这些事项,或者加快陪审团程序的进程,他可以命令进行预审。该命令可以根据检察官或者被指控人的申请,或者法院自己的动议签发。"[3]美国和英国的

---

① 〔美〕艾伦·豪切斯泰勒·斯黛丽、南希·弗兰克著:《美国刑事法院起诉程序》,陈卫东、徐美君译,北京:中国人民大学出版社 2001 年版,第 397 页。

② 美国联邦司法中心主编:《美国联邦地区法院刑事诉讼流程》,徐卉译,北京:法律出版社 2003 年版,第 60 页。

③ P. H. Richard & L. B. Curzon: *The Longman Dictionary of Law* 6thED, Pearson Education Ltd, 2003, p. 326.

预审程序中,治安官员并不介入侦查程序,仅仅负责对刑事案件进行审查起诉,即使需要补充证据之需要,通常也会委托或指派其他机构开展侦查。法国预审程序最为发达也最为典型。法国学者认为预审程序是指"预审法院确认犯罪事实,查证情节,集中所有迹象,力求证实作案人。"①法国刑事诉讼程序将追诉、预审和审判职能明确分立,且预审法官不得参加经其预审案件的审判。预审程序实行两级预审,轻罪案件任意性预审和重罪案件预审强制性预审,预审程序由预审法官和上诉法院预审庭负责。法国预审法官拥有两种权力:一是预审权力即正式侦查权力;二是司法裁决权力即预审法官在预审过程中做出各种司法裁判性质的裁定或决定。"从广义来看,法院开庭之前的预审(Instruction)是指查找和收集将要向审判法官提出的证据,以便审判法官能够做出判断。……狭义上的预审是指,预审法官依据法律赋予的特别权力进行的正式侦查(Information)。"②可见,法国预审法官能够介入刑事案件的侦查且拥有司法裁决权力,其权力远远大于英美法系国家治安法官的权力。这也是两者最为显著的差别。

在我国,刑事诉讼法也设置了预审程序。《刑事诉讼法》第 3 条规定:"对刑事案件的侦查、拘留、执行逮捕、预审,由公安机关负责。"正如学者认为"我国的刑事预审,是指公安等侦查机关的专业人员,依法对犯罪嫌疑人进行讯问和调查,以查明案件全部事实真相,决定是否移送起诉或者作其他处理的侦查活动。"③可见,我国刑事诉讼中的预审是指隶属于公安机关侦查权的"讯问犯罪嫌疑人"之内的侦查行为。我国学者对预审的研究也仅限于完善公安机关侦查权的角度展开。这也是我国刑事诉讼程序中只有"预审"而鲜有使用"预审程序"术语的原因。有些研究预审程序的学者提出,我国刑事预审应当借鉴西方法治国家刑事预审立法例,从侦查权,尤其是从权力制约的角度,构建我国具有司法审查性质的刑事预审

---

① [法]皮埃尔·尚邦:《法国诉讼制度的理论与实践——形式预审法庭和检察官》,陈春龙译,北京:中国检察出版社 1991 年版,第 1 页。
② [法]贝尔纳·布洛克:《法国刑事诉讼法》,罗结珍译,北京:中国政法大学出版社 2011 年版,第 357 页。
③ 云山城主编:《预审学》,北京:中国人民公安大学出版社 2007 年版,第 1 页。

程序。如潘金贵教授就提出过狭义和广义预审之分。前者为"纯粹司法审查意义上的预审"，是指"拥有司法审查权的主体依法对检控方准备起诉的案件进行审查，以确定案件是否符合起诉的条件，从而决定是否应当起诉，将案件交付审判的程序。"后者为"侦查兼司法审查意义上的预审"，是指"拥有预审权力的主体依法参与刑事案件的侦查活动，并对检控方准备起诉的案件进行审查，以确定案件是否符合起诉的条件，从而决定是否应当起诉，将案件交付审判的程序。"①以及"刑事预审是指预审法官在刑事案件立案和受理的过程中，依法对相关机关或个人移送到法院的刑事案件进行起诉审查，以及对犯罪嫌疑人及涉案财产是否需要采取强制措施进行预审，以确定案件是否可以进入审判程序或者需要采取相关强制措施的诉讼活动。"②

由此可见，本文所称的刑事庭前程序与英美法系国家的预审程序、法国的预审程序以及我国刑事诉讼程序的预审、我国学者研究的预审程序也有重大差别。后者要么为审查起诉是否符合条件以决定起诉与否，要么直接介入刑事案件的侦查并拥有司法裁决权。在我国刑事诉讼程序的语境下，这些预审程序仅为或为侦查程序的组成部分、或为侦查终结移送审查起诉程序，抑或为提起公诉程序的组成部分，与囊括了提起公诉后的庭前审查程序和第一次开庭前的庭前准备程序完全相异。因此，刑事庭前程序与刑事预审程序两者风马牛不相及，不能相提并论。

（三）刑事庭前程序与刑事审查起诉程序

法国刑事诉讼程序可以分为预备性程序、追诉程序、预审程序审判程序及上诉程序，其中前三个程序与本文所说的审查起诉程序关联甚密。从检察机关作出刑事追诉开始，法国刑事诉讼程序存在一个预备性程序，即司法警察对非现行犯的初步侦查以及司法警察、检察官和预审法官对现行重罪和轻罪的调查。

对非现行犯罪案件而言，司法警官和司法警员依据检察官的指令或

---

① 潘金贵：《刑事预审制度程序研究》，北京：法律出版社 2008 年版，第 2 页。
② 罗晖：《刑事预审制度研究》，武汉大学，博士学位论文，2015 年，第 11 页。

依据职权,听取有关人员的陈述、查证事实与勘验,并在必要时实施拘留等展开初步调查。初步调查结束后,司法警察应将初步调查之结果报送检察官,由其作出是否提起追究的决定。对现行犯罪案件而言,司法警察在得知后应立即报告检察官并不延迟地赶赴现场,采取搜查、扣押、鉴定、听取证人证言与犯罪嫌疑人陈述、拘留及逮捕的方式开展一切必要之查证工作;检察官在得到司法警察报告后,认为有必要也可以亲自前往犯罪现场,他既可以命令在场司法警察继续查证也可以命令其他司法警察办理本案。若是重罪或复杂犯罪行为,检察官提出立案侦查意见书,要求预审开始正式侦查。若是轻罪且事实已经查清,检察官告知被追诉人犯罪事实并听取其陈述后,做出定期前往轻罪法院庭审或立即出庭决定;预审法官在现行犯罪现场的情况,司法警察和检察官的现场管辖权即被停止,预审法官就拥有了现行犯罪的管辖权,实施有关查证行为。刑事诉讼经过预审阶段后,均需要检察官根据追诉合法性与追诉适当性自由作出提起追诉决定或不提起追诉决定,也可以适用附条件不起诉、刑事和解、刑事调解、庭前认罪答辩以及简易程序等公诉替代程序。

以上也可以称为非正式侦查程序,在法国刑事诉讼正式侦查程序中,预审法官根据法律赋予的预审权力以及与预审有关的司法裁决权力查找、搜集证据。在预审法官认为,案件事实清楚,不可能在进行更多侦查时,即可终结正式侦查,预审法官并根据不同情况做出不予起诉决定和向审判法院或驻上诉法院检察长移送案件的决定。①

德国刑事审查起诉程序有其独特的一面。首先,德国刑事诉讼实行检警一体,自德国第一部刑事诉讼法废除了预审法官以后,检察官成为侦查程序的主导者,检察院是侦查程序的主导机构,领导侦查程序,并配以警察和侦查法官辅助。为了查清刑事案件事实,检察官可以自行侦查,也可以让其辅助机构采取除部分强制性措施之外的任何形式的侦查措施。其次,德国刑事诉讼实行强制起诉制度。既然是侦查程序的主导者,检察官拥有终结侦查的当然权力。检察官认为只要案件事实调查清楚,存在

---

① 参见宋英辉、孙长永、朴宗根等著:《外国刑事诉讼法》,北京:北京大学出版社 2011 年版,第 207-229 页。

足够的犯罪嫌疑,且有足够的理由,检察官就有责任提起公诉。德国刑事诉讼法第 152 条和第 170 条规定了主权主义原则和法定原则,即要求只要有犯罪嫌疑,检察官即负有义务调查,当调查结果表明足够的犯罪嫌疑,检察官有意为其提起公诉。强制起诉程序只适用于符合法定起诉的刑事案件,以便法院审查检察官是否遵守了起诉法定原则。第三,德国整个刑事诉讼法程序分为准备程序、中间程序和主审程序。准备程序即为侦查程序,是刑事诉讼的第一道过滤程序。中间程序即为决定是否开启审判的程序,是刑事诉讼的第二道过滤程序。经过中间程序决定开启审判程序后,才是主审程序,随后即有上诉程序等诉讼程序。①

英国皇家检控署在审查起诉及指控中扮演着重要角色。英国刑事诉讼提起指控有两种方式,一是警察指控,二是检察官指控。在皇家检控署没有成立之前,英格兰和威尔士的绝大多数指控都是由警察提起的,但是从 1986 年 10 月起,警察不再拥有实际起诉犯罪的权力。一旦被指控者已被指控或者控告书已被送交,文件就被送往皇家检察署的地方分支机构,由他们接管起诉事宜。之后,由一名皇家检察官负责审查证据并决定指控是否合理。② 皇家检察官要遵循《皇家检控官准则》基本指导原则,对警察侦查终结的刑事案件适用完全准则检验标准和最低限度检验标准决定是否起诉。前者适用于普通刑事案件,后者适用于《皇家检控官准则》第 5 条所列情形。完全准则检验标准包括两部门:一是证据审查,二是公共利益检验标准。证据审查是所有侦查终结案件必经的审查阶段,检察官必须确信案件有充足的证据并对被告人的每一项指控罪都存在着"定罪的现实可能",只有通过证据审查阶段后,检察官才考虑基于公共利益是否提起公诉。《皇家检控官准则》第 5 条规定了最低限度检验标准使用情况,一是现有证据不足,尚不能适用完全准则检验标准;二是由合理根据相信在合理期限内会进一步取得证据;三是案件的严重性需要立即做出指控;四是案件一直存在拒绝保释的有力根据。皇家检察官审查后

---

① 参见宋英辉、孙长永、朴宗根等著:《外国刑事诉讼法》,北京:北京大学出版社 2011 年版,第 328－333 页。

② 参见[英]约翰·斯普莱克著:《英国刑事诉讼程序》,徐美君、杨立涛译,中国人民大学出版社 2009 年版,第 76－96 页。

根据案件情况可以作出起诉决定,也可以作出简单警告、附条件警告和扰乱秩序处罚令等庭外处罚决定。[1]

在美国,刑事案件经过侦查,尤其是逮捕和初次到庭后,所有重罪案件的被告人都享有大陪审团听审或预审,其目的就是审查起诉的正当性,即控诉方的指控是否有合理根据。检察官对起诉决定拥有较大的自由裁量权,不仅包括是否起诉的决定也包括起诉什么的决定。联邦最高法院曾指出:"只要检察官有合理根据相信被告人实施了成文法规定的犯罪,是否起诉的决定,以及在大陪审团面前提出什么样的指控,一般完全属于检察官的裁量范围。"[2]虽然检察官享有是否起诉较大的自由裁量权,但是检察官在个案中也要考虑以下几个因素:(1)检察官对被告人实际上犯罪是否抱有合理怀疑;(2)犯罪造成的危害;(3)规定的刑罚与犯罪人实际情况是否成正比例;(4)告发之人是否具有不当动机;(5)证人是否愿意作证;(6)犯罪人是否协助起诉;(7)其他司法区对犯罪人的起诉情况。[3] 另外,多数检察官还会考虑案件涉及的证据的力量以及审判中证明的可能性和难度。当然,检察机关比较大的起诉办公室还有指导单个检察官指控决策的书面政策和提出什么样指控的指导方针,并且为了政策上的一致性,检察官办公室还对起诉决定运用内部审查制度,如要求不起诉决定和所有的起诉决定由首席检察官审批。[4] 针对检察官"任性"的起诉裁量权,学者从正当程序和平等保护两个方面予以强烈的批评,尤其是对检察官"选择性起诉"[5]和"报复性起诉"[6]。此外,美国审查起诉程序还依"控告司法辖区"和"起诉司法辖区"的不同,对检察官起诉裁量权有所限制。

---

[1] Allan Hoyano, *A Study of the Impact of the Revised Code for Crown Prosecutions*, Criminal Law Review, 1997, Aug, pp556 - 564.

[2] Bordenkircher v. Hayes, 434U. S.357,364(1978).

[3] See American Bar Association, *Standards for Criminal Justice*, The Prosecution Function3 - 3.9(B)(3d ed.1993).

[4] 参见[美]约书亚·德雷斯勒、艾伦·C.迈克尔斯:《美国刑事诉讼法精解(第二卷·刑事审判)》,魏晓娜译,北京:北京大学出版社2009年版,第117页。

[5] See generally, Anne Bowen Poulin: *Prosecutorial Discretion and Selective Prosecutiom: Enforcing Protection After United States v. Armstrong*, 34 Am.Crim.L.Rev.1071(1997).

[6] See Note: *Breathing New Life Into Prosecutorial Vindictiueness DOCTRINE*, 114 Harv.L.Rev.2074(2001).

在"起诉司法辖区",除非大陪审团决定起诉,否则通常不得将被告人移送法庭审判;在大多数"控告司法辖区",实行对抗式的预审程序作为审前审查起诉正当性的制约程序。

在我国,刑事审查起诉是检察院在侦查终结程序后的审查机制。学界通说认为审查起诉是公诉部门对侦查终结的刑事案件予以审查并决定是否提起公诉的诉讼活动。当然,学界对之亦有不同的理解。如有学者认为公诉部门在提起公诉时对侦查机构侦查终结移送案件,依法对侦查机关确认的犯罪事实和证据等进行审查,并作出处理决定的诉讼活动。[①] 另有学者认为,审查起诉是指检察院对公安机关以及检察院侦查部门侦查终结移送审查起诉的刑事案件进行审查,以决定是否提起公诉的诉讼活动。[②] 还有学者认为,审查起诉是指人民检察院对侦查终结的刑事案件进行审查,依法决定是否提起公诉、不起诉或撤销案件的诉讼活动。[③] 此外,也有学者将审查起诉视为广义的提起公诉。[④] 纵观而知,第一种观点和第四种观点将审查起诉作为提起公诉的组成部分,这是不妥当的。检察院已提起公诉,哪还有审查起诉呢! 审查起诉在前,提起公诉在后。第二种观点仅仅对公安机关和检察院侦查部门移送案件,显然缩小了侦查机关的范围。除此之外,我国刑事侦查机关还有国家安全机关、军队保卫部门、监狱、海关走私犯罪侦查部门和监察机关。国家安全机关办理危害国家安全的刑事案件,军队保卫部门负责军队内部发生的刑事案件,监狱机构负责监狱内犯罪案件,海关走私侦查部门负责走私刑事案件的侦查工作,监察机关负责履行公职人员的犯罪案件。检察院也对五个机构侦查终结并移送的案件进行审查并决定是否提起公诉。第三种观点对审查起诉的结果予以明确化,这是有必要的,但是审查起诉的结果并不仅仅局限于提起公诉、不起诉或撤销案件,应当还有诸如移送上级审查起诉、移交下级审查起诉、退回侦查机关以及对未成年人的附条件不起诉

---

① 参见程荣斌主编:《刑事诉讼法》,北京:中国人民大学出版社 2009 年版,第 317 页。

② 参见易延友:《刑事诉讼法》,北京:法律出版社 2004 年版,第 232 页。

③ 参见陈卫东主编:《刑事诉讼法》,武汉:武汉大学出版社 2010 年版,第 215 页;李夕思、熊志海主编:《新编刑事诉讼法教程》,北京:中共中央党校出版社 2001 年版,第 239 页。

④ 参见董文才编著:《新编刑事诉讼法理论与实务》,北京:高等教育出版社 2009 年版,第 150 页。

等情形。显然,第三种观点界定审查起诉并不周延。

但是从上述观点可以发现,我国的审查起诉包含着以下内涵:第一,审查起诉的主体是检察院。审查起诉是检察院对侦查终结案件的审查并作出处理结果诉讼活动,检察院当仁不让地成为该诉讼活动的主体。第二,审查起诉的对象是侦查终结的案件,包含侦查卷宗和起诉意见书。侦查机关侦查终结后认为案件事实清楚、证据确实充分,依法需要追究刑事责任的,应当撰写起诉意见书,连同案卷材料一并移送至检察院公诉部门,后者对之展开审查并作出决定。第三,审查起诉以书面和言词相结合的方式进行。检察院公诉部门审查起诉时,通过审查侦查卷宗和起诉意见书等材料,并提审犯罪嫌疑人,必要时听取辩护人意见的方式进行。第四,审查起诉的内容包括实体和程序两方面。实体主要包括犯罪事实与证据、罪名与量刑以及涉案财物的处理等有关定罪量刑的资料;程序主要包括诉讼程序、诉讼文书以及管辖等资料。第五,审查起诉结果的法定性。检察院对案件进行审查后,认为犯罪事实已经查清,证据确实、充分,依法应当追究刑事责任的,应当做出起诉决定,按照审判管辖的规定,向法院提起公诉,并将案卷材料、证据移送法院。如果认为犯罪嫌疑人没有犯罪事实,或者属于我国《刑事诉讼法》第 15 条规定的情形之一的,应当做出不起诉决定,对于犯罪情节轻微,依照《刑法》规定不需要判处刑罚或者免于刑罚的,可以做出不起诉决定。当然还有诸如移送有管辖权的检察机关以及退回侦查部门处理等。因此,刑事审查起诉程序是指检察院对侦查机关或侦查部门侦查终结移送起诉的刑事案件进行审查,在查阅资料、讯问犯罪嫌疑人、听取被害人或辩护人意见的基础上,对侦查行为的合法性、侦查结论的准确性予以核实,并就是否需要追究犯罪嫌疑人刑事责任做出裁判的诉讼活动。显然,这种检察院主导并对侦查结论做出判定的诉讼活动与包含着庭前审查和庭前准备的刑事庭前程序有天壤之别,切不可同日而语。

第二节　刑事庭前程序功能之定位

刑事诉讼是按照法律规定的程序,追究犯罪,解决被追诉人刑事责任的活动,从程序之启动到程序之结束,需要遵循一定顺序逐步发展、接替前行。学者将之解读为"流水线式"不无道理。该模式就要求"流水线"上的每一道工序均要承上启下,通常情况下不得越俎代庖。刑事庭前程序的时空存在于控诉机关提起公诉后至法院第一次开庭审判之前,上承公诉下启庭审,为公诉和庭审两个诉讼阶段之桥梁。该程序建构、运行之状况直接影响刑事诉讼程序的进程,其功能之发挥也直接决定"审判中心主义"司法改革之效果。从语言学角度而言,功能一词有效能之意,指事物或方法所具有的有利作用。刑事庭前程序功能概指刑事庭前程序所具有的有利作用,简言之,刑事庭前程序具有什么作用。寰宇世界主要法治国家刑事庭审程序立法与实践,其功能包含以下几个方面:公诉审查功能,即构建类似司法审查机制以制约公诉权的运行,进而决定是否启动正式审判程序和纠错功能;证据的保全、展示、检验和排除功能,即对案件中的证据预先予以处理,以确保刑事庭审程序的公平、高效进行;整理和明确争点的功能,即案件在正式开庭审判前,要经过一个案情梳理、诉争筛选和争点整理的准备阶段,确保刑事庭审有的放矢,提高审判质量;案件的提前处理和分流功能,即在刑事庭前阶段结合案件具体情况,提前对案件进行非刑罚性处理以及繁简案件的程序分流;其他准备功能,除了上述的功能之外,刑事庭审程序还具有一些送达起诉书副本等技术性准备功能。这些法治理念有些已经被立法机关所接受,且在司法实践中的成效较为明显,备受两大法系国家青睐与互相借鉴。

一、庭前审查功能

孟德斯鸠曾说:"一切有权力的人都容易滥用权力,这是亘古不变的经验。防止滥用权力的方法,就是以权力约束权力。"所谓的公诉审查就是由独立的机关或人员在案件被提起公诉后、正式审判前对其进行审查,防止公诉权的滥用,保护被告人诉讼权利并决定是否提交审判的制度。公诉审查彰显权力制衡理论。人以及有人组成的机构在道德与理性上完全不可靠,引发了权力滥用的可能与倾向一直是政治学和法学论著中一个主题。从亚里士多德的《政治学》、孟德斯鸠的《论法的精神》、汉密尔顿等人的《联邦党人文集》、密尔的《代议制政府》、阿克顿勋爵的《自由与权力论说文集》以及《马克思恩格斯选集》中都能寻其踪迹。有学者对这些权利制约机制概括为,权力制约权力、权利制约权力、制度制约权力以及以法律、权利、权力三者结合制约权力四种模式。[①]

资本主义国家宪法的权力制约原则主要表现为分权原则。分权就是把国家权力分为几个不同的部分,分别由不同的国家机构独立行使。制衡就是在国家权力分割的基础上,国家机构在行使权力的过程中,保持着一种互相牵制,互相平衡的关系。分权与制衡使得不同权力机构之间形成一种监督与被监督上下级关系或者相互监督的平行关系,即权力制约权力通过两种方式予以实现:一是高级的权力监督低级的权力;二是平行权力层级之间的相互监督。分权与制衡原则是17、18世纪欧美资产阶级革命时期根据近代分权理念确立的。它为资产阶级建立资产阶级民主制度提供了理论支撑。1787年美国宪法就是分权与制衡原则典型的结晶。根据美国宪法的规定,立法权属于由参众两院组成的国会,行政权属于美利坚合众国总统,司法权属于联邦最高法院及其下级法院。同时,宪法还明确规定了立法权、行政权和司法权三者之间的制衡关系。法国《人权宣言》则称:"凡权利无保障和分权未确立的社会,就没有宪法。"受美、法等国的影响,各资本主义国家的宪法均以不同形式确认了分权原则。

社会主义国家宪法的权力制约原则主要表现为监督原则。巴黎公社所首创了社会主义国家的监督原则。马克思恩格斯在《法兰西内战》曾经指出:"公社是由巴黎各区通过普选选出的市政委员组成的。这些委员是负责任的,随时可以罢免。其中大多数自然都是工人或公认的工人阶级代表。……不仅城市的管理,而且连先前由国家行使的全部创议权也都转归公社……也如其他一切公务人员一样,今后均由选举产生,要负责任,并且可以罢免。"[②]这一监督原则被实行无产阶级专政的社会国家普遍信奉为重要的民主原则,也在各国的宪法中明确规定。在我国1945年抗日战争胜利前夕,黄炎培先生就指出,"一人,一家,一团体,一地方,乃

---

① 参见林喆:《权力腐败与权力制约》,北京:法律出版社1997年版,第186页。
② 《马克思恩格斯选集》第3卷,北京:人民出版社1995年版,第55页。

至一国""其兴也勃焉,其亡也忽焉",初起时意气勃发,人人奋进,一旦成功之后,逐渐懈怠,惰性逐步取代活力,最终走向僵化,乃至无药可救的灭亡。中国共产党能不能跳出历史上"其兴也勃焉,其亡也忽焉"的周期律?毛泽东指出,已经找到一条新路,可以走出这历史周期律,这条新路就是民主,让人民监督政府,防止政府的松懈,让人们各负其责,避免产生"人亡政息"的情况。① 建国后,我国现行宪法规定,"全国人民代表大会和地方各级人民代表大会都由民主选举产生,对人民负责,受人民监督""国家行政机关、审判机关、检察机关都由人民代表大会产生,对它负责,受它监督""中华人民共和国公民对于任何国家机关和国家工作人员,有提出批评和建议的权利""人民法院、人民检察院和公安机关办理刑事案件,应当分工负责,互相配合,互相制约,以保证准确有效地执行法律",②等等。这就是社会主义国家民主监督理论在我国政权体制中的具体应用。

刑事诉讼是国家权力行使的主要方式之一,基于其暴力性毋庸置疑的本质,刑事诉讼常常处于维护社会秩序、实现刑罚权和保障公民自由,实现公民基本权利的两难境地之中,而公诉审查机制恰恰是权力制约权力理念、分权与制衡理论在刑事诉讼领域内的重要体现。"只要还不能断定他已经侵犯了给予他公共保护的契约,社会就不能取消对他的公共保护。"③国家要使得公民面临刑罚权的危险就必须有足够的证据证明该公民的行为具有犯罪构成要件的符合性、构成要件违法性以及构成要件的有责性,否则,任何国家及其国家机构都不能置一个人于被定罪量刑的境地,更没有理由使其生命、财产、名誉等处于风险或损害之中。鉴于惩罚犯罪与保障人权的双重目的,世界主要法治国家大都通过在提起公诉和正式审判之间专门设立公诉审查机制,人为制造刑事诉讼程序的跨栏式障碍赛,以审查公诉权正当性和刑事审判权的专断性。公诉审查机制具有多重的审查目的:其一,保障公诉权的正当行使,防止公诉权被滥用。通观世界各国,刑事诉讼公诉权的专属于追诉机关,国家提起公诉之目的在于实现国家权力,即刑罚权,以达到惩罚犯罪,维持秩序。为实现这一

---

① http://history.people.com.cn/GB/198449/354062/(2018 - 10 - 7 最后访问时间)
② 《中华人民共和国宪法》(1982 年)第三条、第十一条和第一百四十条。
③ [意]贝卡里亚著:《论犯罪与刑罚》,中国大百科出版社 1993 年版,第 31 页。

目的,国家追诉机关就需要认真权衡刑事案件的事实与证据,使公诉符合审判之条件,迈过公诉审查门槛,以免追诉机关滥用公诉权,致使公诉被撤销或被驳回的不利局面。可见公诉审查机制的存在其首要功能即在于审查公诉权是否正当行使,保障公诉案件的质量。其二,公诉审查机制能够有效地分割国家审判权。所有刑事案件经过公诉审查机制后,其结果有多种走向,要么被移交审判机关正式审判,要么被撤销案件,要么被驳回起诉,要么被其他替代惩罚程序所处理。无论是哪种审查结果,刑事案件被公诉审查机制过滤后,排除了不符合正式审判的案件进入刑事审判的可能,这在一定程度上部分分割了法官的审判权。这既避免了审判权过分集中造成所有案件进入正式审判环节所带来的错案可能性,又促使刑事审判权在对案件繁简分流的过程中,贯彻重大疑难案件适用完全刑事诉讼程序对其重点审判,对轻微案件适用其他简易化程序轻者轻之的处理,节约了司法资源,提高了审判质量,提升了诉讼效率。

二、证据的保全、展示、检验和排除功能

证据是实体法与程序法两者之间的桥梁,刑事庭前程序也需要关注在该程序中的证据问题,而且对证据的预先审查是该程序中的主要内容之一。世界各国也都为使得正式审判更加便捷高效,在类似于刑事庭前程序中主要解决两类问题:一是关于证据的问题,二是关于法律适用问题。前者主要审查控方证据是否达到起诉的标准;审查证据的可采性问题,即控辩双方准备提交法庭的各项证据材料中,哪些符合法律规定,可以作为裁判的依据。后者主要有审查侦查活动是否合法,有无威胁、引诱以及刑讯逼供等行为;与本案有关的其他法律问题,如控辩双方就证据开示中出现的争议、整理出控辩双方争执的焦点等。可见,预先审查证据的功能是刑事庭前程序的通用做法。

(一)证据保全功能

刑事证据保全制度是刑事证据规范中的重要组成部分,也是刑事诉讼制度中的重要内容,其价值取决于证据本身在刑事诉讼中的价值。证

据在刑事诉讼法中起到举足轻重的作用,它既是控诉方的工具又是辩护方的武器,更是审判方查清案件事实,准确定罪量刑的依据,可以说,证据是刑事诉讼程序的灵魂,而刑事证据保全制度则是守护灵魂,防止灵魂出窍的有效方法。

从权利与权力的辩证关系角度而言,刑事证据保全制度是犯罪嫌疑人、被告人诉讼权利与刑事诉讼专门机关法定权力之间角逐的集中反映。所谓的刑事证据保全是指在"不预先保全证据将会使该证据的使用发生困难的情况下",对证据采取预防性保护的诉讼行为。鉴于控辩双方地位上的悬殊、诉讼资源、诉讼手段上的不对等,刑事证据保全制度倾向于犯罪嫌疑人、被告人一方。换言之,申请证据保全的多数是辩护方,证据保全制度是犯罪嫌疑人、被告人保障自己诉讼权利的重要方法。当然,刑事证据保全制度并不排斥控诉方的申请,以及审判者依职权采取的保全措施。有学者认为证据保全与证据调查收集密切相关,从一定意义上说,证据保全制度就是证据调查收集制度的一部分。[①] 也有学者认为申请取证就是证据保全。如"1945 年开始制定、1975 年修改定型的《美国联邦刑事诉讼规则》将被告人的这一权利(指以申请以强制程序取证权)在制定法中加以具体化。在该规则中,被追诉方申请法官收集有利于本方的证据被称作证据保全。"[②]暂且不论两者的区别与联系,就两者都需要申请而言,证据保全和申请调查取证一样,要有一个对证据保全申请的接收并批准机关。无论是法院还是检察院,这就牵涉到刑事诉讼中专门机关的权力运行问题。刑事证据保全中制度架构、权力分配以及配套措施等等较为稳妥则权力行使的结果增强其可接受性,否则,专门机关的权力与犯罪嫌疑人、被告人权利之间的角逐即一个非此即彼或者顾此失彼的结局。

刑事证据保全制度的正当性在于证据保全是为了发现事实真相、追求裁判的司法公正。之所以设置证据保全制度,是因为由于特殊原因某些与案件有关联的证据面临毁损、灭失或其他无法取得的情形,这种情形不是损害了证据的证据能力就是降低了证据的证明力。无论哪一种情

---

① 参见江伟:《证据法学》,北京:法律出版社 2004 年版,第 232 页。
② 陈永生:《论辩护方以强制程序取证的权利》,《法商研究》2003 年第 1 期,第 87 页。

况,这都将直接增加认定案件事实的难度,甚至于无法认定案件事实。所以说,刑事诉讼程序设置证据保全制度直接决定着刑事审判发现案件事实真相功能的发挥。另外,严格上说,刑事证据保全大都是发生在刑事正式审判之前,与庭前调查、核实证据的程序类似,需要控辩审三方同时在场,而保全的证据也事关诉讼三方,尤其是辩护方的切身利益。程序公正的基本内涵即让诉讼结果可能影响的各方诉讼主体实质性参与诉讼程序中来,各抒己见。可见刑事证据保全之举不仅有利于发现案件事实而且契合了程序公正之内涵,助推刑事审判司法公正。

此外,刑事证据保全制度有助于节约司法资源,提高刑事诉讼效率。在刑事庭审过程中,对于已经在审前程序被保全的证据,在举证质证甚至于认证时可以简化处理。因为这是在法定机关主持下,即控辩双方参与下而采取的保全措施,控辩审三方或者两方在场的情况下而通过勘验、鉴定、提取、封存等适当的措施予以保全。当然,这种简化处理方式也仅限于在庭审认证之时控辩双方没有异议时,甚至可以直接予以采信。除此之外,对于证据可能灭失或者以后难以取得或者因患病、虚弱或者其他不能排除的障碍,证人、鉴定人或者共同被指控人在较长时间或者不定时间内不能参加法庭审判而通过证据保全制度提前获取的书面证人证言、鉴定意见以及被告人供述与辩解等证据,可以有效证明案件事实的真实情况,尤其是对能直接证明被告人无罪的证明被保全后,诉讼程序旋即终结,这无疑对提高诉讼效率,节约诉讼资源大有裨益。

鉴于此,两大法系主要法治国家的刑事诉讼程序对庭前证据保全制度有多项规定。英美法系实行当事人主义,刑事诉讼程序中有关证据的调取、提出都应当进行。但是因为辩护方没有强制取证权,客观上也确实存在某些证据无法在法庭上出示,这就需要法庭提前调查和保全证据。美国联邦刑事诉讼规则第 15 条规定:"由于特殊情况,从司法利益考虑,一方当事人预备提供的证人证词需要先行采证并保存至审判中使用时,法院可以根据该当事人的申请和对有关当事人的通知,命令对此类证人的证词采证。""反对保全证词、证据或其中某一部分,应当在证据被保全时提出异议并阐明理由。""本条规则不妨碍双方当事人协商一致并经法庭同意后保全证据,无论是采用口头或书面询问方式,以及使用该被保全的证据。"①大陆法系虽然实行职权主义,法官主导着刑事诉讼程序的进程,但是其也构建了证据保全制度。如德国刑事诉讼法第 166 条规定:"(一)被法官讯问时,被指控人申请收集对他有利的一定证据,如果证据有丢失之虞,或者收集证据能使被指控人得以释放的,法官应当收集他认为重要的证据。(二)如果应在其他辖区内收集证据,法官可以嘱托该辖区法官收集。"②混合式诉讼模式的国家,对当事人主义诉讼模式和职权主义诉讼模式,吸取精华去其糟粕,增强控辩双方之间的对抗性,架构了证据保全制度。如日本刑事诉讼法第 179 条规定:"被告人、嫌疑人或者辩护人,在不预先保全证据将会使该证据的使用发生困难时,可以在第一次公审期日前为限,可以请求法官作出扣押、搜查、勘验、询问证人或者鉴定的处分。受到前项请求的法官,对于该项处分,有与法院或者审判长同等的权限。"③还有瑞士、意大利以及我国台湾地区都设置了证据保全制度。

(二)证据展示功能

基于平等保障理念,国家刑事司法权的实现是控辩双方平等竞技的结果,所以控辩双方需要拥有均等的竞技手段,其中对证据的知悉是必不可少的方法之一。证据知悉也就是让控辩双方完全知道刑事诉讼法中有哪些证据,便于控辩双方权衡利弊得失,进而推进刑事诉讼法程序的进程。毫无疑问,在刑事诉讼法中,控辩双方知晓证据的有效途径即公开双方所掌握的全部证据,即证据开示,这也是世界主要法治国家所常用的策略。证据开示就是在正式审判之前,控辩双方之间一种案件信息的交流互动,通过证据信息的互通有无,控辩双方对彼此之间所掌握的证据有大体上的把控,对日后诉讼进行做到心中有数,一方面有利于随后庭审的顺利有效进行,防止因证据的调取而致使庭审的延期,另一方面,被追诉人更深入地了解到控诉方的证据等信息,有助于其在答辩程序时做出更明

① 《美国联邦刑事诉讼规则和证据规则》,卞建林译,北京:中国政法大学出版社 1996 年版,第 52 页。
② 《德国刑事诉讼法典》,李昌珂译,北京:中国政法大学出版社 1995 版,第 83 页。
③ 《日本刑事诉讼法》,宋英辉译,北京:中国政法大学出版社 2000 年版,第 40 页。

智的选择。若没有证据开示制度的存在,由于刑事程序中控辩双方在取证能力和诉讼资源分配上实质的不平等,这将会使得辩护方处于制度上的劣势地位,进而在诉讼程序中处于不利之境。同时,若控辩双方庭前不知道对方所掌握的证据材料,正式庭审时也不可能对证据进行实质性的攻防之术,不利于揭露案件真相。与此同时,控辩双方庭前不知道对方证据材料,也可能因为双方法庭审判中的证据偷袭而导致审判的不公正或诉讼延迟。鉴于此,世界上主要法治国家都建立的庭前证据展示制度,如英国在 1996 年《刑事诉讼与证据法》中规定对证据展示制度进行了大量改革,美国联邦刑事诉讼规则第 16 条,法国刑事诉讼法典第 281 条,德国刑事诉讼法典第 22 条以及日本刑事诉讼法第 2 编第 3 章第 1 节之二都规定了详细的庭前证据展示制度。纵观世界各国刑事诉讼程序以及我国刑事诉讼全阶段,刑事庭前程序可谓是证据开示的最佳时机,一是案件已被提起公诉,保障被追诉人权利面临紧迫性;二是控辩审三方能够在此时全面接触卷宗资料,对案件事实的状况也急需通过证据开示的方式加以证实,以免于不必要之诉讼。

(三)特殊证据的通知与检验功能

所谓的特殊证据即指,控辩双方所掌握能够证明被告人无罪之证据。之所以如此,原因在于该类证据不仅仅对被告人或辩护人有利,便于被告人人权保障,更在于该类证据对于及时终结无效诉讼程序、节约诉讼资源、提高诉讼效率,以及恢复被错误追诉行为扰乱的社会秩序至关重要。另外,既然该特殊证据能够证明本案被告人无罪之身,那么其对及时调整刑事诉讼追溯方向,快速确定本罪之人亦有良效。该特殊证据可以分为两类:一是辩护方掌握的特殊证据;二是控诉方掌握的特殊证据。对于前者而言,在刑事庭前程序证据展示功能中,与世界上大多数国家一样,刑事庭前诉讼中,甚至在整个刑事诉讼中的证据开示要特别强调保障辩护方的利益,尽管辩护方也要承担一定的开示义务。辩护方要承担开示义务主要包括,有关犯罪嫌疑人不在犯罪现场的证据、未达到刑事责任年龄的证据以及属于依法不负刑事责任的精神病人的证据,当然也包括其他不能直接证明犯罪行为是被告人实施的证据或者有直接证据证明犯罪行为是他人所谓的证据等。对于后者而言,鉴于控诉方获取的诉讼资源以及取证能力上优势,其所掌握特殊证据的能力更强、方法更为多样,所以其获取特殊证据的概率就更大。无论如何,控诉方的特殊证据与辩护方类似,也是一些被告人不在犯罪现场的证据、没有犯罪时间的证据等等诸如此类有利于被告人和诉讼程序及时推进的证据。

对于该类证据已经查证属实,对案件的处理将具有决定性的意义。所以,此类特殊证据不仅仅要在证据开示中进行全面展示,互换信息,即使不属于证据展示范围,控辩双方还要将该类情况的最新动态及时通知对方,然后通过鉴定等刑事科技手段进行检验,以确保特殊证据的真实性。此类证据的提前交换和检验,对于查明案件真相和庭审集中不间断进行,都具有非常重要的意义。为此,如美国联邦刑事诉讼规则第 12 条第 1 项至第 3 项规定,被告人有不在犯罪现场、进行精神病辩护或者专家关于被告人精神状况的证词、以公共特权为由的辩护证据时,应通知控方,控方接到通知后也应将相应反驳证据通知辩护方,双方如果未履行这些义务,那么其在法庭上提出的该类证据将予以排除。此外,对于被告人作精神病辩护或提出专家关于被告人精神状况的证词,在适当的案件中,根据检察官申请,法庭可以命令被告人按照美国法典第 18 篇第 4241 条或第 4242 条接受检查。英国刑事诉讼程序也有这样的规定,若有被告人不在现场的证据,需要在庭前答辩和指导听审程序中提出并处理。

(四)非法证据排除功能

当正当程序与实体真实发生价值冲突时,世界各国越来越倾向于维护正当程序,这体现在证据的运用上,越来越多的国家确立了各式各样的非法证据排除规则,用以排除即使那些能够证明案件事实真相的证据,但是由于不符合法律规定的取证程序,也应当予以排除该证据。也正是如此,作为平衡刑事诉讼惩罚犯罪和保障人权特殊功能的非法证据排除规则被世界各国所接受,也被联合国一系列人权公约所采纳和吸收,已成为通行的国际刑事司法准则。

排除非法证据是庭前程序的一项重要内容,要是在正式庭审中提出,难免扰乱集中不间断审判之原则,导致法庭审判拖延,影响诉讼效率。但各国因历史传统、证据环境以及发展阶段的不同,非法证据排除规则的构建与完善程序也各不相同。英国自 1988 年以来,法院曾经长时间地允许治安法官在预审程序、答辩和指定听审程序以及预先听审程序中就证据的可采性举行预先审核,但随着 1996 年刑事诉讼和调查法颁布以来,移送审核程序被改造成为书面审核程序,不再有言词预审活动。与此相适应,有关排除非法证据的申请也被禁止在这一阶段提出。这意味着,非法证据排除申请只能在法庭审判开示后才能提出请求。美国刑事庭前程序允许诉讼当事人认为一方违反程序规则或证据规则时,在审前或审判中以书面形式提出动议,要求法官作出裁决,其中申请证据禁止,即被告人申请排除非法证据就是一种保护自己权利的重要手段。德国刑事中间程序虽然没有非法证据排除规则,但是有机制特定证据的收集、取得、提出和适用的证据禁止法律规范。这大体上相当于英美法中的非法证据排除规则。日本和我国台湾地区刑事庭前程序主要内容之一就是法官对证据能力的审查以及做出判断。总之,刑事庭前程序的非法证据排除,既能将取证手段违法的证据排除于正式审判之外,尽可能地避免非法证据对诉讼程序的污染,又因刑事庭前程序排除非法证据防止审判程序的中断与拖延,保障的刑事诉讼程序的高效运行。

三、程序分流功能

程序分流制度缘起于早期起诉便宜主义观念。刑罚绝不是惩治犯罪的唯一的方法,有犯罪即有刑罚观念在犯罪行为未被发现、刑罚失效以及非刑罚刑处罚方式已广被接受的情况等一系列主客观因素的影响下急需更新,尤其在少年犯罪的情况,应该便宜行事,实行起诉便宜主义,并附以监督帮扶等,实为国民追诉的有效方法。伴随着人权保障的影响下,程序的正当性被视为人权保障的有效手段之一,但是现如今犯罪日益上升、案件逐渐增多,刑事诉讼实践司法资源紧缺的现实以及诉讼程序精密化的发展趋势,刑事犯罪被要求施以适当、便捷的方式,逐渐引起了世界各国的关注,尤其是将大部分刑事案件分流出刑事普通程序之外,以合理配置司法资源,有效矫正犯罪人,修复社会关系。程序分流呼之欲出且已被各国所接受。由此,大量的刑事案件在审前阶段即得到非刑罚化处理,一些案件在审判阶段采用更加简易的程序予以解决,从而提高诉讼效益。程序分流有广义和狭义之分,狭义的程序分流又可以称为非刑罚化,是指对特定的刑事案件,在侦查、起诉等诉讼阶段通过法定程序,施以非刑罚性处罚即告终结的制度。在狭义的程序分流机制中,刑事案件经历诉讼阶段少、诉讼程序简单,诉讼结果得到诉讼当事人及社会的认可,有可能不涉及被追诉人的罪行认定和刑罚处罚,体现了非刑罚化的刑事法思想。在通常情况下,狭义的程序分流可以分为以下几种:根据实施主体不同,可以分为由警察实施的程序分流和由检察官实施的程序分流;根据案件范围不同,可以分为对轻罪案件的分流、对未成年人犯罪案件的程序分流以及对其他案件分流;根据进行分流环节不同,可以分为侦查环节的程序分流和起诉环节的程序分流。此外,狭义的程序分流一般采取以下几种形式:警告、轻罪处分、缓诉、不起诉等方式。广义的程序分流,除了狭义上的程序分流之外,还包括审判阶段适用简化普通程序之程序而对案件进行审理,其中诸如轻罪案件、被告人认罪认罚案件、速裁案件、普通程序简化审等案件。在刑事司法实践中,主要有以下辩诉交易、简易程序、对普通程序的简易化、认罪认罚从轻程序、速裁程序等等。本文所论的程序分流仅限于在刑事庭前程序的程序分流,其显然属于除狭义的程序分流之外的程序分流。刑事庭前程序处于提起公诉之后、正式庭审之前,正是程序分流的最适宜时空,一方面对公诉进行审查,排除滥用公诉权案件、不符合开庭审判条件的案件,另一方面通过证据的预先审查,控辩双方易于辩诉交易、认罪认罚、刑事和解等简易程序或者径直进入量刑阶段,避免了复杂耗时的审判程序。如美国有 90% 以上案件在庭前程序中达成辩诉交易或者有罪答辩,放弃获得陪审团审判的权利。英国也在答辩和指导听审或者预先听审等庭前程序中设置刑事答辩程序,促使被告人认真思考、自愿选择有罪答辩或无罪答辩。针对有罪答辩的被告人,案件无需召集陪审团,也无需启动审判程序,而直接判断被告人的量刑。大陆法系国家虽然没有辩诉交易制度,但是大都设置了与此类似的简化程序,对刑事案件进行分流,实现案件的繁简分流,节约诉讼成本,提高诉讼效率,推进诉讼进程,并确保重大、复杂的案件获得完整的司法程序,获得公正审判。诸如近年来,我国刑事诉讼程序为实现程序分流,分别实施并逐步完善了被告人认罪的普通程序简化审、简易程序、刑事和解、速裁程序以及认罪认罚从宽程序等,加快案件的繁简分流,实现重者重之、轻者轻之的方法,实现司法资源有效配置,实现司法公正与效率的有机结合。

四、整理、明确案件争点功能

刑事案件,尤其是被告人不认罪的复杂案件,包含着繁乱复杂的证据资料和诉讼信息。2012 年《刑事诉讼法》恢复了全案移送模式,控诉方一股脑儿将所有的案件资料全部移送到法院,但是从法官庭审的角度而言,有些可有可无,有些则相互矛盾,不足为据。刑事庭前程序除了需要建构审查公诉权的司法审查机制之外,还要有提高诉讼效率之效。于正式审判之前通过梳理案件信息,筛选案件证据,明晰控辩双方之争议,整理控辩双方之争点,促使法庭审判有的放矢,提升审判质量,确保客观真实的发现;与诉讼结果有利害关系的控辩双方参与争点整理并充分表达意见,彰显程序公正。庭前案件整理有利于促进审判公正,这是其一。其二,庭前案件整理有利于提高诉讼效率。庭审围绕案件争点进行调查、辩论,缩短了开庭审理时间,提高诉讼效率。其三,庭前案件整理有利于保障权利。被告人在审前获知案件的信息,能有效维护权利;被告人获得答辩机会,阐述对指控事实的观点,参与整理争点,实现对审判内容的程序选择权。总之,构建价值多元、内涵丰富的刑事庭前程序案件整理机制,对于加强庭审实质化、深化刑事审判方式改革具有重要的理论和实践意义。

域外关于案件整理的研究成果集中体现在相关制度(程序)的构建上。英国通过答辩和指示听证程序、预备听证程序整理案件争点,增设审前裁断程序赋予治安法官所作决定之实效;美国在传讯、答辩、动议、庭前会议等程序中整理案件争点,法庭可以命令举行一次或者多次会议整理案件争点等促进公正、迅速审判类事项;德国法官可以在中间程序中查明控辩双方争议事实和证据,明晰诉讼争点;法国通过实体性的预审程序确保在案件正式审判之前控辩审三方明晰案件争点;日本 2004 年增设"争点及证据的整理程序",要求控辩双方于第一次公审日前或者公审日期间对适用裁判员制度和法院认为"对持续、有计划且迅速进行充分的公审审理"有必要的案件进行争点及证据整理;韩国 2007 年增设"公审前的准备程序",规定控辩双方于公诉后至第一次公审之前或者公审日期间针对国民参与的刑事裁决案件强制性整理案件的争点及证据;我国台湾地区 2003 年新增"准备程序",控辩双方可以于第一次审判期日前或审判日整理案件及证据之重要争点;香港地区实施审前讨论会制度,法官在庭审前确定控辩双方的态度、看法和异议,进行整理争点,借此提高诉讼效率。由此可见,域外国家(地区)在兼顾公正与效率的同时,通过架设案件争点整理制度,调整庭前准备程序,促进庭审集中、高效进行。

　　我国还没有建立刑事案件争点整理制度,在刑事诉讼法学领域内鲜有以"庭前争点整理"为主题的论文、专著,国内对此的探讨主要穿插在研究相关制度(程序)的过程中,诸如对域外案件争点整理介评:龙宗智教授分析域外庭前审查程序与明晰争议点相关内容,建议我国可以设立整理争点的制度。[①] 孙长永教授先后于 2001 年、2002 年、2003 年、2004 年在介绍英国"答辩与指示听证程序"和"准备性听证程序"中的争点整理内容,构思了我国争点整理制度的雏形。[②] 还有宋英辉教授、陈永生教授推荐英美德日庭前程序中的明确诉讼要点制度,主张我国设立案件争点整理制度;[③]陈卫东教授指出证据开示对整理案件事实、证据争点的作用,并提出在争点整理中应当制作《证据争议清单》,这对研究刑事案件争点整理制度提供了参考模板;[④]左卫民教授指出我国刑事庭前会议没有像德日等国家那样意在整理争点,明确庭审争议。[⑤] 此外,还有学者在庭前程序研究、审判中心主义研究中阐述了有关案件整理的观点,如汪建成指

---

① 参见龙宗智:《刑事诉讼庭前审查程序研究》,《法学研究》1999 年第 3 期,第 58 - 69 页。
② 参见孙长永:《刑事庭审方式改革出现的问题评析》,《中国法学》2002 年第 3 期,第 143 - 150 页;孙长永《当事人主义刑事诉讼中的法庭调查程序评析》,《政治与法律》2003 年第 3 期,第 87 - 91 页。
③ 参见宋英辉、陈永生:《刑事案件庭前审查及准备程序研究》,《政法论坛(中国政法大学学报)》2002 年第 2 期,第 65 - 75 页。
④ 参见陈卫东:《中国式的刑事庭前会议制度探索》,载《程序正义之路(第二卷)》,北京:法律出版社 2005 年版,第 246 - 277 页。
⑤ 参见左卫民:《当代中国刑事诉讼法律移植:经验与思考》,《中外法学》2012 年第 6 期,第 1153 页。

出庭前审查应贯彻明晰争议原则,发挥庭前会议吸收争议、整理争点的功能,确保庭审的对抗性和集中性。[1] 闵春雷教授指出我国庭前程序未能形成案件争点,应发挥庭前会议明晰事实及证据争点的功能,实现以庭审为中心的审判中心主义的路径。[2] 可见,审判中心应以庭审为中心,审前把握争点,提高庭审的针对性、时效性,推进庭审的实质化。

总之,国内外的研究成果为构建刑事案件审理机制铺垫了基础、提供了理性思索的平台。但就现有研究成果而言,还存在以下问题:(1)对该制度的研究是随着审判方式的改革而推进的,多数是在研究审判(庭审)中心主义、证据开示、庭前会议、审前程序中提及争点整理,专题性研究不强;(2)个别论著偶有涉及,则旁敲侧击、浅尝辄止,未成"体系化"研究。相反,在民事诉讼法领域内,对案件争点整理的研究业已从概念、运行等感性认识向以"突袭性裁判防止理论"为理论基础的理性思考上推进。现阶段开展刑事案件整理机制研究,诸如案件争点整理机制的功能和价值、案件争点整理机制与刑事审判原则的冲突和协调,我国案件争点整理机制的境况分析,鉴别、区分、固定、运用案件争点,构建案件争点整理的制度保障等,对优化审前准备程序和庭审程序举足轻重。

五、其他准备庭审功能

经过起诉审查,符合审判条件的公诉案件将被移交法庭审判。现代刑事诉讼法庭审判大都遵循集中审理原则。所谓的集中审理,就是指案件审理应当不间断地持续进行,直到审理完毕;与之相对应的则是间隔审理,即案件审理分数次进行,上下次审理之间有间断、间隔的审理。这也是这支诉讼及时原则在审判阶段的具体体现。学者对于集中审理原则的研究比较深入,德国法学家克劳斯·罗可辛(Claus Roxin)认为:"审判程序应尽可能一口气完成,亦即直到宣示判决均不中断。"[3]日本法学家田

---

[1] 参见汪建成:《刑事审判程序的重大变革及其展开》,《法学家》2012年第3期,第92页。

[2] 参见闵春雷:《以审判为中心:内涵解读及实现路径》,《法律科学(西北政法大学学报)》2015年第3期,第40页。

[3] [德]克劳斯·罗可辛:《德国刑事诉讼法》,吴丽琪译,台北:三民书局1998年版,第451页。

口守一认为,法院必须持续集中地审理案件,是实现迅速、公正审判的前提。[①] 归纳学者观点可得,集中审理原则要求如下:第一,审理时间的集中性,即法官审理案件不得拖延时日,案件一旦开始审理就应当不拖延地、适当地进行。第二,审理主体的集中性,即应当由同一个审判主体参与诉讼全过程,不得更换。第三,审理方式的集中性,即法官应当在公开地,并在当事人参与的情况下审理案件。集中审理有着丰富的价值基础。它不仅有助于法官形成心证,便于案件实体的发现,还在于其集中时间审理,加快地审理诉讼,节约了司法资源,有助于尽可能快地明确各种法律关系,确定诉讼主体的法律地位,实现被告人享有的获得公正的法庭公开、迅速审判的权利。

为了让刑事审判程序密集而不间断地进行,刑事诉讼程序应当在审判之前,即刑事庭前阶段为之相当之准备,提前处理案件中的辅助性或者烦琐性的事务性工作。从各国的情况来看,法院于开庭前通常需要处理以下工作:送达起诉书副本、告知被告人和辩护人选任权;确定审判日期,为此需要了解证人能够出庭即控辩双方可以出席法庭审判的日期,估计审判可能持续的时间长度,最后确定审判日期;证据准备性工作,如传唤证人、鉴定人人数、所有实物证据和表格,明确证人出庭作证顺序,要求诉讼双方提出证据调查的请求,确定证据调查的顺序和方法,等等,从而避免因为正式审判拖延时间太长,或经常中断,导致法官在以后审理时对已经经过程序的记忆模糊,进而造成法官实际上是凭借有关记录来进行审判。这是违背直接言词原则的。

第三节　刑事庭前程序之价值

价值一词的含义十分复杂。价值论著名学者弗兰克纳在总结西方使用价值一词的基础上认为,价值及其同源词、复合词,是一种被混淆和令人混淆而广为流传的方式,应用于我们的当代文化中——不仅应用于经

[①]［日］田口守一:《刑事诉讼法》,刘迪等译,北京:法律出版社 2000 年版,第 161 页。

济和哲学中,也应用于其他社会科学和人文科学中。对价值概念的具体含义,起初是政治经济学领域中的个别意义具体名词,意指劳动产品和商品的内在社会本质特征;随后,被一些社会科学或日常生活中所用作"有用"或"有功效"之义。这是结合具体的事实对象,对一个物质或精神的对象满足我们需求的评价;再发展到后来,就是哲学抽象意义上所理解的"价值",这种价值概念涵摄了"功利、道德、审美等在内的所有具体价值的共同概括"①。后两种价值概念具有本质上一致性,即都是在主体与客体的关系中理解价值之内涵,把价值看作客体的有用性,或者称之为客体对主体的意义。正如马克思所说的,"价值这个普遍的概念是从人们对待满足他们需要的外界物的关系中产生的。"②

价值是客体对主体的有用性。这里的主体主要是人或者人之延伸与结合。此时的客体主要是物,不仅仅是物理学意义上的物,主要指哲学意义上的物,即人类主观世界以外的客观现实存在。该"物"可以是物理形态也可以是意识形态,如道德、宗教、政治规范,这当然包含法律规定。价值的前提是人的需要,没有人之需要就无法体现客体的有用性,也就无价值可言。价值的内涵包含着两个方面:一是客体对主体的需要的满足;二是主体关于客体的绝对超越指向。前者是价值的直观表现,后者中的"绝对"是指价值具有永远的、不断递进的,而又不可彻底到达其极致的性质;"超越"是指人总是无限地接近价值,并在这种无限接近中得到发展,也是指价值的实现状况总是无限地接近于理想的状态;"指向"是指价值具有目标、导向等含义。也就是说,价值是指在主体处理主客体关系时对主体始终具有的不可替代的指导和目标意义,甚至是人的精神企求与信仰。

因此,法的价值,又称为法律价值,即是以法律与人的关系为基础的,法律对人的需要的满足和人对法律的绝对超越指向。③ 在理解法律价值的含义时,要强调以下几点:首先,法律价值的基础是法律与人的关系。

---

① 参见李德顺主编:《价值学大词典》,北京:中国人民大学出版社 1995 年版,第 261 页。

② 《马克思恩格斯全集》(第 19 卷),北京:人民出版社 1963 年版,第 460 页。

③ 在通常情况下,人们可以将"法"等同于"法律",进而将法的价值相等同于法律价值,尽管"法"的外延要大于"法律"的外延。法律价值的含义,参见卓泽渊:《法的价值论》(第二版),北京:法律出版社 2006 年版,第 52 页。

这有两个方面的理解：一是，法律价值是主客体关系。换言之，法律价值等于法律与人的关系。法律价值就在于法律的有用性，或者称为功能和作用，如法律在效益、法治等方面的功能和作用。这种价值被统称为是法律价值的工具性价值。将法律价值等同于主客体关系的观点似乎将法律价值存在的基础等同于法律价值本身，失之偏颇，尽管学界将法律的功能和作用作为法律价值已经是常规思维。二是，法律价值是法律与人之间关系的产物。即法律价值是客体与主体之间关系的产物，而不是该种关系本身，更言之，法律价值就是法律之所以成为法律的本来属性，如法律对生命、自由、平等、秩序、公平以及人的全面自由发展的意义。其次，法律价值的主体是人。法律价值主体为人，视为具有社会性的个体与群体的综合体，其中法对人的需要意义，一是将人的需要法律制度化，得以为合法的法律所保护；二是将法律制度化的需要现实化，满足主体对法律需求。人对法律价值的绝对超越指向是指法律制度在人与法的关系中处于不可替代的地位，且始终作为人行动和思想的指南。最后，法律价值的客体是法律。该法律既可以是法律体系、法律制度，又可以是法律规范、法律事实等等。无论法律价值的客体为何，任何法律价值都是客体自身属性的外向化。也就是说，法律价值存在于法律本身所具有的属性之上，法律价值是法律本质属性在客体作用于主体时转化为现实的价值，法律本身属性即为潜在的价值，而法律价值即为现实的价值。所以，有学者说："法律价值是法的一种内在属性。"[1]

人类对法的价值的追求未曾停止，亦未中断，且历久弥新。在古希腊，苏格拉底以身试法表明了他关于法的价值的认知，柏拉图认为法律是一种关乎公道与正义的社会行为准则，亚里士多德以正义论为核心研究价值理论。亚里士多德认为法律是正义及对正义的权衡，他认为："人类所不同于其他动物的特征就在于他对善恶和是否合乎正义以及其他类似观点的辨认，而家庭和城邦的结合正是这类义理的结合。""人类由于志趣善良而有所成就，成为最优良的动物，如果不讲礼法、违背正义，他就堕落为最恶劣的动物。……城邦以正义为原则。由正义衍生的礼法，可凭以

---

① 谢晖：《法律信仰的理念与基础》，济南：山东人民出版社1997年版，第148页。

判断是非曲直,正义恰正是梳理社会秩序的基础。"①古罗马的西塞罗也把法与正义紧紧绑在一起,他认为公正是法律的本质特性,不公正的法律不是法律。"那些违背自己的诺言和声明,给人民制定有害的、不公正的法规的人立法时,他们什么都可以制作,只不过不是法律。""法律是根据最古老的、一切事物的始源自然表述的对正义的和非正义的区分,人类法律受自然指导,惩罚邪恶者,保障和维护高尚者。"②

法的价值被抽象为正义在一定程度上揭示了法的价值的内涵,其一,正义具有很大的概括性,几乎所有的价值都可以被归结于正义;其二,主体需求最大化体现就是对正义的追求。但是,将法的价值总体抽象为正义,也不免有失妥当。如人类对从古希腊形式平等到马克思的实质平等的追逐;对从斯宾塞、康德笼统的自由理念到哈耶克的个人自由的执着;对从威廉·索利的自由与平等的协调正义到约翰·罗尔斯的自由优先平等的分配正义,以及霍布斯、边沁等人以安全作为正义的首要目标的正义追求,除此之外,人类还有对生命、自由、平等、秩序以及人的全面自由发展的需要。生命是万事万物最神圣之物,是法律的第一价值。"就法律本身而言,只要是世俗的法律,毫无疑问,它必然会用类似的用语将生命价值放在第一位。"③对人类而言,自由是须臾不可缺少的,是人生存的应然也是人类不断地憧憬与向往的。卢梭称"人是生而自由的,但无往不在枷锁之中。"④黑格尔认为自由是人的本质,"禽兽没有思想,只有人类才有思想,所以只有人类——而且就因为它是一个有思想的动物——才有自由。"⑤平等是人与人对等对待的社会关系,如果说人类追求自由是本性,那么实现平等就是人类理性发展的必然产物。"历史表明,凡是在人类建立了政治或社会组织单位的地方,他们都曾力图防止出现不可控制的混乱现象,也曾试图确立某种适于生存的秩序形式。这种要求确立社会生

---

① [古希腊]亚里士多德:《政治学》,吴寿彭译,北京:商务印书馆1997年版,第8-10页。
② [古罗马]西塞罗:《论共和国·论法律》,王焕生译,北京:中国政法大学出版社1997年版,第203页、第219-220页。
③ [英]彼得·斯坦、约翰·香德:《西方社会的法律价值》,王献平译,北京:中国人民大学出版社1990年版,第199页。
④ [法]卢梭:《社会契约论》,何兆武译,北京:商务印书馆1980年版,第8页。
⑤ [德]黑格尔:《历史哲学》,王造时译,台北:三联书店1956年版,第111页。

活有序模式的倾向,绝不是人类所作的一种任意专断的或违背自然的努力。"①

对刑事庭前程序的研究也不能离开对该程序价值的分析,因为法的价值是任何法律创制时就必须被考虑的重大问题,既是立法的动力也是弥补或修正立法的根本措施。立法中价值认识的缺位或疏漏必然导致立法的失误,使得法律在价值上缺失。也正是在这层意义上,所有法律上的问题归根结底都是法的价值上的问题,法律上的失误也都是法的价值上的失误。这一论断不无道理。美国社会法学的代表人物庞德认为,"价值是一个法律科学不能回避的困难问题,即便是最粗糙、最草率的或最反复无常的关系调整或行为安排,在其背后总有对各种互相冲突和互相重叠的利益进行评价的某种准则。在任何场合中,人们都能使各种价值准则适用当时之法律任务,并使他们符合一定时空的社会理想。"②"法律是人的创造物,只能根据人的理念,也即创造的目的或价值来理解,所以对任何法律现象不可能采取价值盲的观点。"③刑事庭前程序的价值,就是指刑事庭前程序与人之间关系的基础上,该程序对人的需要的满足和人对该程序的绝对超越指向。

首先,刑事庭前程序价值的第一层含义,就是刑事庭前程序对人的需要的满足。此处的"人"是指刑事庭前程序中的专门机关和诉讼参与人,最为常见的即为控辩审三方,即检察机关、被告人及其辩护人和审判机关。在确定了人之后,梳理控辩审各方对刑事庭前程序有何需要是确定刑事庭前程序价值的必要前提。

作为控诉方的检察机关对刑事庭前程序的需要可以分为这几个部分:第一,有对指控诉讼行为确认合法的需要;第二,有对移交案件材料确认真实有效的需要;第三,有获得司法协助的需要;第四,有正式审判前准备庭审的需要;第五,有尽快正式审判指控犯罪行为的需要。与此同理,

---

① 〔美〕E·博登海默:《法理学:法律哲学与法律方法》,邓正来译,北京:中国政法法学出版社2004年版,第228页。
② 〔美〕庞德:《通过法律的社会控制·法律的任务》,沈宗灵、董世忠译,北京:商务印书馆1984年版,第55页。
③ 沈宗灵:《现代西方法理学》,北京:北京大学出版社1992年版,第41页。

作为辩护方的被告人和辩护人对刑事庭前程序的需要可以分为以下几个部分:第一,有确认指控行为非法的需要;第二,有获得被追诉犯罪行为所有信息的需要;第三,有获得司法协助的需要;第四,有排除非法证据的需要;第五,有正式审判前准备庭审的需要。作为审判方的法院机关对刑事庭前程序的需要可以分为这几个部分:第一,有审查公诉的需要;第二,有准备庭审的需要;第三,有获得司法协助的需要;第四,有排除非法证据的需要;第五,有准备庭审的需要。当然,这也许没有完全覆盖控辩审对刑事庭前程序的所有需求,不够周延,但是这些足以涵盖了刑事诉讼专门机关和诉讼参与人对刑事庭前程序的基本需要。从上面的分析可以得出,刑事诉讼中的专门机关和诉讼参与人对刑事庭前程序的需要大致分为:第一,对追求案件事实真相的需要。控辩审三方无论是对卷宗资料的审查、过滤还是对证据的知悉、非法证据的排除,其目的就在于确保案件事实的真实性,防止将不当之案件付诸审判,避免刑事诉讼程序无效性和错误性的展开。第二,对维护诉讼程序公正的需要。审判方对提起公诉的审查、控诉方对确认公诉有效的需求以及三方对诉讼程序司法协助的需要均表明,控辩审三方对刑事庭前程序的要实现公正,而且要以看得见的方式实现正义有着共同的追求,刑事庭审程序遵循罪刑法定原则、无罪推定原则、程序参与原则等涉及程序公正的理念和原则,责无旁贷。第三,对保障被告人诉讼权利的需要。刑事诉讼程序保证刑法的正确实施,所要解决的实体问题是追诉犯罪和犯罪嫌疑人、被告人的刑事责任,犯罪嫌疑人、被告人是刑事诉讼中的核心人物,具有十分重要的诉讼地位。被告人的诉讼地位由纠问式诉讼下的诉讼客体到现代诉讼普遍确立其诉讼主体地位,并不断通过刑事司法改革使得这种诉讼主体地位得到巩固、提高和加强。"在某种程度上说,刑事诉讼法的发展史实际上就是被告人人权保障不断得到加强的历史,也就是被告人诉讼地位不断得到提高的历史。"[1]刑事庭前程序是刑事诉讼程序中连接公诉与审判的关键环节,对被告人权保障仍为其不可推卸之职责。刑事庭前程序通过公诉审查程

---

[1] 陈光中主编:《刑事诉讼法》(第四版),北京:北京大学出版社、高等教育出版社 2012 年版,第 71 页。

序,防止公诉权之滥用;通过证据展示、证据保全以及非法证据排除,被告人充分参与、积极对话;通过刑事和解、认罪认罚从宽等程序,实现繁简程序分流;通过庭前会议,程序动议和整理案件争点等程序,提高正式庭审速度,等等。这些都能实现被告人诉讼权利保障,尤其是被告人的人权得以保障。第四,对提高诉讼效率的需要。诉讼效率是指诉讼中所投入的司法资源与所取得的成果的比例。投入司法资源越少而所得成果越多,则比例越高,诉讼效率越高;反之亦然,投入大量司法资源却取得很少的成果,则比例低,诉讼效率低。现代法治国家都在构建各种有利于提高诉讼效率的机制,尽可能地提高单位时间内的成果,促使在一定的司法资源前提下,加速诉讼进程、分流程序,提高更多的诉讼成果,进而提高诉讼效率。提高诉讼效率不仅为了节约司法资源,缓和办案经费,更重要的是为了使犯罪分子及时得到惩罚,无罪的人早日免受刑事追究,被害人也可及时得到精神上或物质上的补偿,从而更有效地实现刑事诉讼法的任务。刑事庭前程序中公诉审查、非法证据排除、证据展示、程序分流以及争点整理等都可以使得投入的诉讼资源越小而取得诉讼结果越大。

其次,刑事庭前程序价值的第二层含义,就是人对刑事庭前程序的绝对超越指向。刑事庭前程序的第一层含义表明了其对诉讼专门机关和诉讼参与人而言所拥有的正面意义,体现了刑事庭前程序的本质属性为诉讼专门机关和诉讼参与人所重视的部分,能够满足他们的需要。这是刑事庭前程序价值的应然性。所谓的"应然性是指法的价值是以应然作为自己的立足点来确立自身并发挥作用的"。[①] 应然的刑事庭前程序价值是诉讼专门机关和诉讼参与人对刑事庭前程序的价值理想,为其提供了精神层面上的追求,以便使之在刑事庭前程序的现实中获得满足,并运用该价值本身评价刑事庭前程序的现实状况。

刑事庭前程序价值在具有应然性的同时也具有实然性。其实然性就是指刑事庭前程序具有转化为客观现实的必要性、可以转化为客观现实的可能性及其已经转化为客观现实的客观性。"法的价值只有转化为客观现实,我们才可以说,法的价值在现实社会中被真正实现了。……在法

---

① 卓泽渊:《法的价值论》(第二版),北京:法律出版社 2006 年版,第 60 页。

律实践中,法的价值也无时无刻不在发挥其拥有的作用。或者是被转化为法律实践,被直接实现;或者是被用来评价法律实践,使其在另一个层面得以实现。"①刑事庭前程序价值是诉讼专门机关和诉讼参与人关于刑事庭前程序的绝对超越指向,表明刑事庭前程序在满足诉讼专门机关和诉讼参与人的需要后,诉讼专门机关和诉讼参与人关于刑事庭前程序的期望与理想。换言之,刑事庭前程序的价值既包括对实然的认识,也包括对应然的追求,其价值研究不能只限于现实实在刑事庭前程序,还必须秉持对刑事庭前程序应然价值的追求,采用价值分析、价值判断、价值权衡等方法寻找什么样的刑事庭前程序才是最能符合人的需要。

鉴于刑事庭前程序价值这种"绝对超越指向"的形而上的认识,法学界一直在有意无意中予以忽视,本文着重对"刑事庭前程序对人的需要的满足"这一层面展开阐述。综合上文所述,在刑事庭前程序中诉讼专门机关和诉讼参与人对其的需要,大致可以分为追求审判公正、维护程序公正、保障被告人人权以及实现诉讼效率四个方面的需求,进而刑事庭前程序的价值也就有促进司法公正的价值、保障人权实现的价值和提高诉讼效率的价值。

一、促进司法公正

公正(Justice)或称之为正义,是以人的自由、平等权利的获得为前提,国家、社会应然的根本价值理念。"正义有着一张普罗透斯似的脸,变幻无常、随时可呈不同形状并具有既不相同的面貌。"②公正具体指向为何,许多思想家和法学家都提出了各种各样的不尽一致的正义观,这些"各种理论不过是反映了其各自倡导者所具有的非理性偏爱的一个原因"罢了。无论公正为何,它是人类追求的首要价值目标已是毋庸置疑的。在诸多自然正义、分配正义、报应正义、社会正义当中,社会基本结构的公正起到决定性作用。"正义是社会制度的首要价值,正如真理是思想体系

---

① 卓泽渊:《法的价值论》(第二版),北京:法律出版社 2006 年版,第 61 页。
② [美]博登海默:《法理学:法律哲学与法律方法》,邓正来译,北京:中国政法大学出版社 1999 年版,第 252 页。

的首要价值一样。一个理论，无论它多么精致和简洁，只要它不真实，就必须加以拒绝或修正；同样，某些法律和制度，不管它们如何有效率和有条理，只要它们不公正，就必须加以改造或废除。"①"正义的主要问题是社会的基本结构，或更准确地说，是社会主要制度分配基本权利和义务，决定社会合作生产的权益之划分的方式。"②法律制度是社会制度中不可或缺的重要组成部分，法律公正与否也就决定了社会制度是否公正。法律公正由立法公正、执法公正和司法公正组成。立法公正是指法律制定上的公正，执法公正和司法公正是指法律实施上的公正，前者是法律公正的基础，后者是法律公正的保障。就执法与司法而言，两者同属于法律的具体实施，广义上的执法包含司法，而狭义上的执法则仅仅司法机关的司法活动，尤其是法院的审判活动。司法公正也就仅限于司法机关的司法公正，其中集中体现为审判公正。本文所称的司法公正即指审判公正，此为司法公正的核心内容。

审判公正，其基本内涵是指在审判的过程和结果中坚持和体现公平、平等、正当、正义的精神，其包含着审判过程的公正和审判结果的公正，前者称之为程序公正，后者称之为实体公正。在刑事诉讼领域内，实体公正即指刑事诉讼的结果处理要体现公正，其主要体现为：首先，实体公正要求严格遵守罪刑法定原则，即准确适用刑法认定犯罪嫌疑人、被告人是否有罪及其罪名，并且定罪量刑的犯罪事实必须做到案件事实清楚、证据确实充分；其次，实体公正要求按照罪行相当原则，依法适度判定罪行；最后，实体公正要求无罪推定，疑罪从轻，这就是说，刑事诉讼程序在未经审判证明有罪之前，推定被告者无罪，在认定被追诉人有罪或罪重在事实上或法律上发生疑问的，应当作出有利于被告人的裁判。程序公正即要求司法尤其是刑事诉讼程序方面要体现公正。程序公正主要分为形式上的程序公正，要求所有的刑事诉讼案件都应当严格遵守刑事诉讼法的规定。还有一种就是实质上的程序公正，它具体指严禁刑讯逼供和以其他非法

① ［美］罗尔斯：《正义论》，何怀宏、何包钢、廖申白等译，北京：中国社会科学出版社 1998 年版，第 3 页。

② ［美］罗尔斯：《正义论》，何怀宏、何包钢、廖申白等译，北京：中国社会科学出版社 1998 年版，第 7 页。

手段取证、司法机关独立行使职权、审判程序公开、控辩平等对抗、审判中立以及保障当事人和其他诉讼参与人的诉讼权利，尤其是犯罪嫌疑人、被告人的诉讼权利。

实体公正和程序公正各有其内容与标准，两者不能互相代替，但是，在实体公正与程序公正的关系上，历来就有不同的观点。美国大法官杰克逊曾说："程序的公平性和稳定性是自由的不可或缺的要素。只要程序适用公平，不偏不倚，严厉的实体法也可以忍受。事实上，如果要选择的话，人民宁愿生活在忠实适用我们英美法程序的苏联实体法制下，而不是由苏联程序所实施的我们的实体法制度下。"①也有学者强调程序的手段作用，"尽管程序也促进了一些独立于实体目标的价值，但是庞德归纳出了一切程序性体系以实现实体法为存在理由之一特征，在这一点上他无疑是正确的。"②与此相反的是，大陆法学者大多数都持有实体公正和程序公正并重之观点。如德国学者罗科信曾经指出："在法治国家的刑事诉讼程序中，对司法程序之合法与否，被视为对有罪之被告、有罪之判决即发和平之恢复，具有同等之重要性。"③刑事庭前程序作为公诉程序和审判程序的衔接程序，对保障审判公正具有重要意义，具体表现为：

1. 通过庭前公诉审查，防止公诉权滥用，"过滤"案件，促进审判公正。公诉审查是刑事诉讼民主化过程，顺应控审分离、保障人权、公正审判等客观需要而产生，其主要理论依据是控审分离、不告不理的现代刑事诉讼基本原理。④ 公诉审查机制是法庭审判程序之前一种过滤程序，其主要意图在于对控诉方公诉权的进行审查，过滤部分不符合开庭条件的案件，排除正式庭审的影响因素，保证审判的公正与庭审活动的顺利进行。公诉审查机制是通过确定对被告人的公诉是否具有正当理由、合理

---

① 宋冰主编：《程序、正义与现代化——外国法学家在华演讲录》，北京：中国政法大学出版社1998年版，第375页。

② ［美］维恩·R.拉费佛、杰罗德·H.伊斯雷尔、南希·J.金：《刑事诉讼法》（上册），卞建林、沙丽晶等译，北京：中国政法大学出版社2003年版，第28页。

③ 参见［德］克劳斯·罗科信：《刑事诉讼法》，吴丽琪译，北京：法律出版社2003年版，第5页。

④ 参见甄贞、汪建成主编：《中国刑事诉讼第一审程序改革研究》，北京：法律出版社2007年版，第203页。

根据以及公诉是否具备交付审判的条件,通过排除不必要或无根据的案件进入审判程序,使得被告人免受草率、预谋、浪费和暴虐的指控,进而实现审判公正。这是其一。其二,公诉审查机制是辩护方第一次与控诉方的真实接触,公诉方对公诉合法性的举证证明以及辩护方对其意见的质疑与反驳。因为控辩双方已经在公诉审查的过程中知悉了案情、了解了证据,尤其是辩护方对控诉方的指控方向与依据有所了解,这为随后的正式审判的公正性奠定了根基。

公诉审查机制发轫于罗马共和国时期,在此时期,刑事诉讼实行私人自诉形式,刑事审判要经过法律审和事实审两个阶段,前者是由裁判官对私人自诉进行审查,通过审查的案件才能提交法庭审判。这时裁判官的法律审是公诉审查制度的萌芽,通过法律审和事实审双重审理,保证了刑事案件的正确性。随着历史车轮的不断前行,国家专门设立公诉机关,预审制度正式登上历史舞台,预审制度开始了对控诉机关提交的刑事案件进行预先审核。例如,英国的大陪审团审查制度,和后来的治安法官审查制度;美国的大陪审团审查与治安法官预审审查双重机制;法国在大陪审团审查被取消后的预审法官审查制度,并对预审法官审查制度不断地修改完善。时至今日,法国的预审制度是世界各国迄今为止最为全面、彻底的公诉审查机制;以及德国中间程序,即案件经过检察官提起公诉后,要经过中间程序,由法官对检察官提起公诉的案件进行审查,决定是否进入法庭审判程序。尽管由于历史、传统、文化、诉讼模式及诉讼制度等多方面因素的左右,两大法系主要国家都在刑事案件提起公诉和正式开庭审判之间建构起不同形式的公诉审查机制,旨在保证正式庭审顺利进行和刑事审判的公平。在我国,庭前公诉审查是指人民法院对人民检察院提起公诉的案件依法进行庭前审查,并决定是否开庭审判的一种诉讼活动。该机制在三部刑事诉讼法中都有规定,简要概述为:1979年的实质性审查,1996年的程序性审查以及2012年恢复案件全面移送的做法,保留了程序性审查。

2. 通过庭前证据的保全、展示、检验和排除,实现平等武装,促进审判公正。正如学者所说:"司法公正则在社会公正中占有十分重要的地位,它是维护社会公正的最后一道屏障,是体现社会正义的窗口,是司法机关的灵魂和生命线。"①刑事庭前程序中还包含着证据保全、证据展示、证据调查以及证据的排除等程序,也正是这些不可或缺的组成部分防止了公诉审查的简易化、庭前准备的形式化,避免审判程序的已发性,为审判公正奠定了基础。第一,为避免关键证据的灭失或毁损,通过设置证据保全制度能够有效弥补辩护方取证手段的不足,既有效制衡控诉方取证的随意性又强化了辩护方对抗控诉指控的能力,实现控诉平等对抗,促进审判公正。第二,证据展示制度除了确保控辩双方能够拥有平等的"竞技"能力之外,其还能让事实本身,而不是突袭或技巧,来决定审判的命运。证据展示就是指将证据清楚、明显地摆出来,并通过控辩双方互相将证据交给彼此,实现证据的展示与交换。通过证据展示,控辩双方能够互相了解对方的证据,尤其是辩护方能够清楚控诉方指控被告人有罪的证据,进而进行有效的辩护准备,有利于保障辩护方尤其是被告人的诉讼权利。另外,通过证据展示,控诉方也能知悉辩护方的相关证据,尤其是被告人无罪或免除刑事责任的证据,既能够防止庭审中可能出现的证据突袭,又能规避庭审时辩护方突然拿出被告人不在犯罪现场等证据而仓促应对的风险。因此,证据展示对控诉方也具有举足轻重的意义。除此之外,证据展示制度还有促进实时发现的意义。美国大法官雷特说:"真实最可能发现在诉讼一方合理地了解另一方时,而不是在突袭中。"②证据开示可以让诉讼各方在审判之前知悉案情与证据,既可以使得庭前证据调查更加彻底与全面又可以让诉讼双方做好审判的准备。因此,刑事庭前程序中的证据开示也能促进审判公正。第三,通过非法证据排除规则,阻断司法机关采取分发手段获得的证据进入正式庭审的机会,防止其污染正式庭审程序中的审判法官,从另一个侧面也促进了审判的公正。总之,刑事庭前程序中的证据保全制度、证据展示制度、证据调查制度和证据排除制度,既能实现控辩双方的平等武装,又能促进正式审判的公正。

---

① 陈光中主编:《刑事诉讼法》(第四版),北京:北京大学出版社、高等教育出版社 2012 年版,第 12 页。

② Roger J. Traynor, *Ground lost in Criminal Discovery*, 39 N. Y. U. L. Rev 228, 249(1964).

二、实现人权保障

揆诸史乘,古希腊悲剧作家索福克勒斯最早使用人权一词,随着西方文化的盛行,近代人权逐渐清晰,再经过古典自然法理论,尤其是自然权利的锻造,形成系统的西方人权概念。人权理论和人权学说形成的人权学说有意无意中参与西方民主国家的政治建设,其已经内化为独具西方色彩的经验和传统。但是,无论如何人权如同其他社会科学是历史生成的概念,其经历从古代到中世纪再到现代、从宗教到世俗、从西方欧美国家人权观到世界普遍性人权观的变迁过程。具体到人权的内涵上,可谓人权有着普罗透斯似的脸,在不同历史时期、不同阶段以及不同学科都可以拿来用之,并按照自己的理解加以修饰。所以有关人权的含义,莫衷一是,观点纷呈。

《布莱克威尔政治学百科词典》认为:"人权思想乃是权利思想,而权利是'自然的',因为它被设想为人们作为人凭借其自然能力而拥有的道德权利,而不是凭借他们所能进入任何特殊程序或他们要遵循其确定的特定的法律制度而拥有的权利。"[1]这种观点认为人权是道德的,也只有在道德的范围内使用,除此之外别无人权可言。也有学者认为:"人权同时具有道德性质和法律性质,就是说人权既是法律权利也是道德权利。就其道德属性来说,人权就是人作为人应当享有的,不可由他人非法、无理剥夺,也不可由本人转让的权利,是做人的权利。"[2]这种观点认为,人权同时具有道德性和法律性,是道德权利和法律权利的双重综合体。人权具有的综合性特征意味着其具有利己性和利他性,如果利己性和利他性有一方面被取消了,人权都是令人厌恶的。假设人权没有利己性,那么他就成为社会或国家打击自己的工具,此时人们宁愿不要人权;假设人权没有利他性,那么它也不会受到别人的尊重,此时的人权必然被异化。这是从道德层面上理解人权内涵的意义。从法律层面上,人权的双重属性

---

[1]《布莱克维尔政治学百科全书》,北京:中国政法大学出版社1992年版,第337页。

[2] 张文显:《法哲学范畴研究》,北京:中国政法大学出版社2001年版,第400页。

归根结底是对人的尊重,而且这种尊重是在对他们权利尊重的基础上然后达到对人的尊重,这就超越道德的意义,而已经进入的不得侵犯和不可侵犯的法律领域,是通过对法律的尊重而被强制进行的。此时他人受尊重也就变成了道德和法律的双重义务。

但是,人权是人类共同的价值追求,正如学者所言:"不知人权、忽视人权或轻蔑人权是公众不幸和政府腐败的唯一根源。"[1]人的各项权利和自由是一个相互依赖、不可分割的整体,而个人权利的实现与否与他身处的国家制度、社会文明程度又有着不可分割的联系。人权的问题来自人、来自人的尊严和自我实现;并且,人权的问题本身也是对社会现实的一种反映。它关系到每一个人,也关系到全体人类社会。对每一个人的自由和尊严的侵犯,最终也是对人类社会整体的损害。可以说,人权实际是社会文明进步的成果和反映。

对刑事诉讼程序中犯罪嫌疑人、被告人的人权给予关注已有相当长的历史,并已在国际社会形成共识。自英国 1215 年大宪章始,在英国 1627 年权利请愿书、1679 年人身保护令、1688 年权利法案、1789 年法国人权宣言、美国宪法修正案、1947 年日本国宪法、1947 年意大利宪法、1949 年德意志联邦共和国基本法等宪法和宪法性文件中,都有关于在刑事程序方面保障基本人权的规定。1948 年 12 月 10 日联合国大会通过的《世界人权宣言》和 1966 年 12 月 9 日在纽约开放签字的《联合国人权公约》,也都将改善刑事程序对犯罪嫌疑人、被告人的人权保障作为所有人民和所有国家共同努力的目标。这表明,刑事诉讼中犯罪嫌疑人、被告人享有的各项权利,已不仅仅是一种诉讼权利,而且是受宪法保障的宪法性权利。刑事诉讼法中人权保障的内容,以《公民权利和政治权利国际公约》第 14 条的内容为集中表现。这些权利包括:(1)所有的人在法庭和裁判所前一律平等。在判定对任何人提出的任何刑事指控或确定他在一件诉讼案件中的权利和义务时,人人有资格由一个依法设立的合格的、独立的和无偏倚的法庭进行公正的和公开的审讯。由于民主社会中的道德的、公共秩序的或国家安全的理由,或当诉讼当事人的私生活的利益有此

---

[1] 徐显明主编:《人权法原理》,北京:中国政法大学出版社 2008 年版,第 10 页。

需要时,或在特殊情况下法庭认为公开审判会损害司法利益因而严格需要的限度下,可不使记者和公众出席全部或部分审判;但对刑事案件或法律诉讼的任何判决应公开宣布,除非少年的利益另有要求或者诉讼系有关儿童监护权的婚姻争端。(2)凡受刑事控告者,在未依法证实有罪之前,应有权被视为无罪。(3)在判定对他提出的任何刑事指控时,人人完全平等地有资格享受以下的最低限度的保证:①迅速以一种他懂得的语言详细地告知对他提出的指控的性质和原因;②有相当时间和便利准备他的辩护并与他自己选择的律师联络;③受审时间不被无故拖延;④出席受审并亲自替自己辩护或经由他自己所选择的法律援助进行辩护;如果他没有法律援助,要通知他享有这种权利;在司法利益有此需要的案件中,为他指定法律援助,而在他没有足够能力偿付法律援助的案件中,不要他自己付费;⑤询问或业已询问对他不利的证人,并使对他有利的证人在与对他不利的证人相同的条件下出庭和受询问;⑥如他不懂或不会说法庭上所用的语言,能免费获得译员的援助;⑦不被强迫作不利于他自己的证言或强迫承认犯罪。(4)对少年的案件,在程序上应考虑到他们的年龄和帮助他们重新做人的需要。(5)凡被判定有罪者,应有权由一个较高级法庭对其定罪及刑罚依法进行复审。(6)在一人按照最后决定已被判定犯刑事罪而其后根据新的或新发现的事实确实表明发生误审,他的定罪被推翻或被赦免的情况下,因这种定罪而受刑罚的人应依法得到赔偿,除非经证明当时不知道的事实的未被及时揭露完全是或部分是由于他自己的缘故。(7)任何人已依一国的法律及刑事程序被最后定罪或宣告无罪者,不得就同一罪名再予审判或惩罚。①

在我国,2004年"国家尊重和保障人权"写入宪法,2012年刑事诉讼法修改,"尊重和保障人权"写入刑事诉讼法。十八届三中全会《决定》明确指出,要"完善人权司法保障制度",党的十八届四中全会《决定》进一步强调,"加强人权司法保障"。刑事诉讼法被誉为小宪法,是保障人权的途径之一。刑事诉讼之所以要以保障人权为中心,主要是因为国家专门机关在追究刑事犯罪的过程中,往往会超越职权、滥用权力,侵犯诉讼参与

① 《公民权利和政治权利国际公约》第十四条。

人的权利,尤其是犯罪嫌疑人、被告人的权利,导致错追错判,严重损害的司法权威。另外,权利和义务的法律关系应当以权利为本位,构建平衡、和谐的权利义务法律关系。从本质上说,义务是更好地保障公民的权利,并不断满足公民权利的要求。因此,国家专门机关追究、惩罚刑事犯罪的过程,根本上就是为了保护人民群众的利益,保障其权利不受侵犯。刑事诉讼法目的在惩罚犯罪与保障人权的关系中,惩罚犯罪的目的即恢复被犯罪行为打乱的社会秩序,使已经受到干扰的社会关系重新恢复原位,实现保护人民利益,保障其权利的行使。刑事诉讼领域的人权保障,可以从三个方面理解:第一,保障犯罪嫌疑人、被告人的权利,避免无罪之人受到刑事追究,受到不公正待遇;第二,保障所有诉讼参与人的权利,尤其是被害人的权利;第三,通过惩罚犯罪保障全体人民的权利。其中保障犯罪嫌疑人、被告人的权利是刑事诉讼保障人权的关键所在。犯罪嫌疑人、被告人的人权保障的基本内容包括两个方面:第一,防御性权利的保障是指针对可能发生的直接侵害犯罪嫌疑人、被告人人身及自由的司法权滥用以及为使犯罪嫌疑人、被告人得以充分行使辩护权而设立的程序保障。第二,救济性权利保障:是指法律赋予犯罪嫌疑人、被告人认为司法权运作错误对其已造成侵害的情况下要求专门机关予以纠正和赔偿损失的权利。

刑事庭前程序作为刑事诉讼不可或缺的组成部分,也必然将保障被追诉人人权视为其价值目标之一。刑事庭前程序保障被追诉人人权主要体现在以下两个方面:

1. 公诉审查程序防止公诉权滥用,实现人权保障。公诉审查机制旨在构建一种类似于司法审查制度的装置,审查控诉机关之公诉行为合法与否。其一,在于公诉行为是国家权力对公民个人权利的强制性处分,为杜绝"有权任性"积弊而为之司法审查,确有必要,毕竟"权力被滥用是亘古不变"之道理;其二,在国家权力逐渐集中的当代社会中,尤其是在社会转型且法治尚不健全的国家中,公民个人权利疲软性逐渐凸显,国家权力一旦滥用,公民个人权利的保障可谓水中月镜中花,控诉机关滥用公诉权给公民个人所带来的是无尽折磨。"草率、恶意、政治或宗教迫害的起诉,非但浪费国家公帑,又使人民遭受无谓的财产损失,蒙受不必要的羞辱与焦虑。"①公诉权的滥用将导致被告人在正式庭审前遭受无限羁押的可能性。身体自由受限下的等待庭审,或许是人最为煎熬的时刻,此时惩罚的不确定性导致被告人及其家属身心煎熬,承担着极大的压力。鉴于身处被追诉的地位,随时被传唤、拘传等强制措施,被告人面临的是失业,更为不利的是,社会公众"敌人刑法"观念的作祟,直面公众道德上的审判。美国大法官鲍威尔指出:"审前羁押对嫌疑人具有广泛的消极影响,它通常意味着嫌疑人失去工作、正常的家庭生活秩序被打乱,在狱中无所事事、虚度光阴,并且始终处于焦虑、怀疑和敌意的状态。"②所以,防止具有天然扩张性的控诉权滥用,就需要对控诉机关公诉行为进行审查,保障被告人免受不当公诉作招致自由受限、名誉受损等的诉讼拖累。在被告人被羁押的状态下,冗长的诉讼程序以及控诉机关不当公诉的侵害对被告人是个巨大的灾难。公诉审查机制就是具有防止公诉权滥用,过滤不当之公诉之功效。公诉审查机制的目的主要是为了保护被告。公诉审查机制在审查、过滤不当公诉行为的同时就意味着维护了被告人的权利,保障了被告人人权。

2. 庭前程序实现被追诉人诉讼主体地位,实现人权保障。除了公诉审查机制外,刑事庭前程序还包含着诉讼证据的预先处理、诉讼程序的选择权以及整理案件争点等机制,如果说公诉审查机制主要在于通过中立的司法机关审查控诉机关公诉行为是否具有合法性,而被告人实质性参与较少的,那么在随后的几个诉讼机制中,被告人作为主要参与的不可缺少的诉讼主体,是显而易见的。证据保全赋予了辩护方对灭失或毁损证据保全的申请权,证据展示使得被告人知悉就被指控行为的控诉方意见与证据,同时被告人也拥有申请证据调查和排除非法证据的权利,这对被告人增强诉讼能力,平衡控辩竞技举足轻重。这些机制使得被告人及其辩护人在正式的审判之前能够制定出合理的对抗诉讼策略来保障被告人的诉讼权利。其次,在诉讼程序选择权上也是如此。根据案件繁简程度进行诉讼程序分流的前提即是被告人的同意或者说被告人的认可,后者

① 王兆鹏:《当事人进行主义之刑事诉讼》,台北:元照出版有限公司 2002 年版,第 180 页。
② 参见李学军:《美国刑事诉讼规则》,北京:中国检察出版社 2003 年版,第 333 页。

对诉讼程序分流具有决定性作用。从"被告人认罪案件普通程序简易审"、简易程序、速裁程序、刑事和解程序以及被告人认罪认罚从宽程序可以看出,被告人的同意或认可是这些程序适用的前提条件。而在刑事庭前程序中实行诉讼案件按照目前程序分流类型来看,也必须得到被告人的同意或认可,否则程序分流子虚乌有。可见,刑事庭前程序诉讼程序分流机制是在被告人承诺的前提下的分流,实现被告人诉讼主体地位实质化,有利于保障被告人诉讼权利。此外,在案件争点整理上,被告人的诉讼主体地位也具有了实质化。刑事庭前程序中的庭前会议阶段,被告人是庭前会议的主体之一,可以对案件的程序问题提出异议。其实案件争点整理是庭前会议必不可少的部分,所谓的争点整理也就是控辩双方对案件的事实、证据和法律适用不同意见的提前归纳整理。被告人对案件争点的异议是案件争点整理中的一方主体,被告人若不提出任何异议或者不参加案件争点整理,该程序所具有的提前整理、便于庭审集中进行的效能也就无法实现。

三、提高诉讼效率

诉讼效益是指诉讼成本的投入与诉讼成果的产出之比。投入的诉讼成本少而诉讼成果产出的多,两者之间的比例值高,诉讼效率就高;相反诉讼成本投入的多而诉讼成果产出的少,则两者之间的比例值即低,诉讼效率就低。这种投入产出比包含了两个方面的内涵:一是诉讼经济,即以最小的成本投入实现最大的成果。诉讼经济要求司法机关和诉讼参与人以最小的人力、物力和财力消耗来完成诉讼的任务,并实现诉讼的客观与公正。美国法学家贝利斯认为,经济分析方法寻找经济效益的最大化,效率问题是对法律程序进行评价所要考量的重要因素。[①] 波斯纳曾经指出,诉讼程序的成本可以分为法律纠纷解决机制运作的直接成本和错误成本。前者指社会、国家及其诉讼参与人为纠纷解决机制的运行而投入

---

① Micheal D. Bayles, *Principlesn for Legal Procedure, Law and Philosophy*, D. Reidel Publishing Company, 5(1986), p.41.

的直接成本,如国家设置法律程序和法官费用的成本、诉讼当事人参与诉讼的成本、辩护律师的成本等。后者指司法系统不能有效配置资源和发挥何种社会功能给整个社会所增加的成本。如法律错误裁判给社会、国家、个人造成的损失,以及不合理或不必要法律程序运行的成本,甚至还有一些诸如司法公信力降低的不良社会效果等。[1] 首先,诉讼经济源于司法资源的有限性。现代各国犯罪数量的激增必然导致诉讼资源的紧缺,有限的诉讼资源与日益增加的案件数量之间的矛盾已经成为世界各国不得不直面解决的棘手问题。其解决的决定性方向是,在确保司法公正的前提下,用有限的司法资源尽可能多地解决纠纷。这样就涉及诉讼案件的审判时长问题,即审判时长越短越好,避免冗长程序所带来的诉讼浪费。其次,诉讼程序的繁简问题。诉讼程序应当繁简适当,能简则简,避免所有的案件都适用通常程序,致使诉讼资源不必要的投入。再次,解决纠纷所投入的人力资源和物力的问题。诉讼经济讲究的是投入越小而产出越大,所以诉讼程序的所有人力与物力务必越少越好,只有这样才能所得的产出比高,诉讼经济就高。二是诉讼及时,即诉讼程序无正当理由应当不拖延地进行。诉讼效率要求的降低诉讼成本,提高诉讼成果产出,即诉讼经济高。但是诉讼效率不仅仅为了节约成本,更重要的是加速诉讼运行,减少案件拖延和积压,使得犯罪分子及时得到惩罚、无罪之人早日免受追究,被害人亦可得到精神上和物质上的补偿,从而实现刑事诉讼的任务。有关诉讼及时原则主要体现在诉讼期间、集中审理和程序分流的规定上。诉讼期间规定了办理案件的时间限制,防止诉讼的拖延。集中审理要求法庭审理无正当理由应当不中断地持续进行直至裁判的作出。根据案件的复杂与繁简程度,区别对待,比较简单的案件设立相对简化的诉讼程序,复杂、疑难等案件遵循诉讼程序的要求,从而实现公正与效率的有机统一。

诉讼及时是诉讼中人权保障的内在要求又是诉讼公正、效率等价值的必然要求。"无论对于国家或者被告人之利益,迅速裁判对于刑事司法

---

[1] Richard A. Posner, *An Economic Approach to Legal Procedure and Judicial Administration*, Journal of Legal Studies, Vol. 2, Issue2(1973), p.400.

而言至关重要——如何使迅速裁判之目的与其他刑事诉讼目的相配合，不失为今日刑事司法最迫切之课题。"①"迟来的正义等于非正义"一句即彰显了诉讼及时对诉讼公正的保障。陈朴生教授认为："刑事诉讼之机能在于维护公共福祉，保障基本人权，不仅程序之烦琐，进行之迟缓，亦属于个人无益，于国家、社会有损。故诉讼经济于诉讼制度之建立实不可忽视。"②诉讼及时也是诉讼中人权保障的内在要求。"犯罪与刑罚之间的时间间隔越短，在人们心中，犯罪与刑罚这两个概念的联系就越突出、越持续，因而，人们就很自然地把犯罪看做起因，把刑罚看做不可缺少的必然结果。……只有使犯罪和刑罚衔接紧凑，才能指望相邻的刑罚概念使那些粗俗的头脑从诱惑他们的、有利可图的犯罪图景中立即梦醒过来。推迟刑罚指挥产生使两个感念分离开来的结果。推迟刑罚尽管也给人以惩罚犯罪的印象，然而，它造成的印象不像是惩罚，倒像是表演。"③"诉讼本身应该在尽可能短的时间内结束。法官懒懒散散，而犯人凄苦不堪；这里行若无事的司法官享受着安逸和快乐，那里，伤心落泪的囚徒忍受着痛苦，还有比这更残酷的对比吗？"④

综上所述，诉讼效率的两个方面内容既要求单位范围内减少诉讼资源的投入，提高诉讼成果的产出，又要求诉讼程序不拖延地持续进行。但是，公正与效率的关系，应当是公正第一，效率第二。罗尔斯说："某些法律和制度，不管人们如何有效率和有条理，只要他们不正义，就必须加以改造和废除。"⑤在刑事司法中，也应当在保证司法公正的前提下追求效率，而不能因为图快求多，草率办案而损害程序公正和实体公正，甚至于发生错案现象。当然，公正的优先性也不是绝对的，在一定情况下，为了效率，不得不对公正的价值做出适当的牺牲，但是这种牺牲不能过分，否则，即违反了司法的基本要求了。

① 蔡墩铭：《刑事诉讼法论》，台北：五南图书出版有限公司 1993 年版，第 22 页。
② 陈朴生：《刑事经济学》，台北：正中书局 1975 年版，第 327 页。
③ ［意］贝卡利亚：《论犯罪与刑罚》，黄风译，北京：中国大百科全书出版社 1993 年版，第 70 - 71 页。
④ ［意］贝卡利亚：《论犯罪与刑罚》，黄风译，北京：中国大百科全书出版社 1993 年版，第 56 页。
⑤ ［美］罗尔斯：《正义论》，何怀宏、何包纲、廖申白译，北京：中国社会科学出版社 1998 年版，第 3 页。

刑事庭前程序的架构也要以提高诉讼效率为兼职目标之一。具体表现在以下两点：

第一，实行庭前程序中的案件繁简分流，提高诉讼效率。在刑事庭前程序中，控辩双方在证据展示与交换过程中或过程之后，双方对彼此所掌握的证据有充分的了解，尤其是被告人在辩护律师的帮助之下对诉讼程序的结果有了初步的判断。当然，控诉方经过证据展示与交换中看到辩护方的证据，听到辩护方的辩论，自然也会预测诉讼的结果。因此，在刑事庭前准备程序中，控辩双方在法官的主持下或者不在法官的主持下，容易达成共识，双方观点协商一致。那么，刑事庭前程序应充分利用这一有利的时机促使控辩双方协商一致，以至于适用简易的程序处理案件，加速审判程序的进行。可见通过证据保全、展示等方式，控辩双方在意见一致时，根据案件情况可以采取与普通程序不同的程序，实现案件审理的繁简分流，如简易程序、认罪认罚从宽程序、速裁程序、刑事和解程序等，这将大大提高刑事诉讼的效率。在其他国家刑事诉讼中，刑事庭前程序也有分流程序，提高诉讼效率的价值。如美国预审程序中就有辩诉交易程序，分流绝大部分案件，提高诉讼效率。德国刑事诉讼法，我国台湾地区刑事诉讼法在刑事庭前程序中相继出台了刑事和解制度，分流和解案件的诉讼程序。

第二，实行庭前准备程序的争点整理等准备事项，提高诉讼效率。刑事庭前程序有整理案件争点的功能，也就是说，刑事案件可以通过刑事庭前程序这个平台，营造控辩双方对案件信息交流与沟通氛围，其中就有在庭前会议上双方对案件事实、证据和法律适用表达意见或提出异议。对于双方没有异议的部分，庭审时可以通报情况而不再作控辩对抗式的质证；对于双方有异议的部分，庭审将之作为重点，进行举证、质证和认证，开展系统的司法证明体系，进行证明。如此这般，刑事审判程序将庭审重点放在控辩双方有异议的部分，这必将不会导致诉讼拖延，也在减少单位范围内的诉讼资源投入而提高诉讼成果的产出的同时，提高诉讼经济。那么，诉讼效率也水涨船高。在整理案件争点的法律构建上，日本的刑事诉讼庭前程序最具特色。日本刑事诉讼法为排除预断，审判法官对复杂案件可以在第一次开庭审判之前进行争点和证据整理。"第一次开庭后，为了迅速连续审理,对于复杂的案件应当整理案件的争点和证据。这种整理争点和证据的程序,称为'准备程序'。准备程序应当让检察官、被告人和辩护人到场。这种准备程序不受预先判断排除原则的限制,法院可以在一定范围内积极开展活动。""准备程序的目的不仅是为了实现迅速审理、持续审理,提高审理的效率,而且是在相互沟通的基础上进行充分的进攻和防御,实现充分的审理。"[1]复杂案件,单凭第一次审判日前之准备程序,未必得以将全部的争点与证据全数整理清楚。因此,在第一次审判日期后,受理案件之法院认为有必要时,随时得要求诉讼关系人予以协助,进行相关之准备程序。[2]

---

① [日]田口守一:《刑事诉讼法》,北京:法律出版社 2000 年版,第 199 页。
② 参见黄朝义:《修法后准备程序运作之剖析与展望》,《月旦法学杂志》2004 年第 113 期,第 9 - 26 页。

第二章

境外刑事庭前程序的比较分析

正如"世界上没有两片完全相同的树叶"一样,世界上也几乎不存在完全相同的刑事庭前程序。以英国和美国为代表的当事人主义诉讼模式、以法国、德国和我国澳门特别行政区为代表的职权主义诉讼模式以及以日本和我国台湾地区为代表的混合式诉讼模式,关于刑事庭前程序的基本理念、立法架构以及司法实践互不相同,且差异明显。考察其刑事庭前程序之目的在于通过比较不同国家或地区的制度与程序,学习先进经验,借鉴成功做法,为完善我国刑事庭前程序树立靶子、奠定基础。

第一节 当事人主义模式下的刑事庭前程序

一、英国刑事庭前程序

英国现有刑事司法体系包括苏格兰司法体系、北爱尔兰司法体系以及英格兰和威尔士司法体系,既有论著中所称的英国刑事司法体系,通常仅指英格兰和威尔士司法体系,在没有特殊说明的情况下不包括苏格兰司法体系、北爱尔兰司法体系。英国的刑事审判程序主要分为依据控告书(Information)简易审判程序(以下称为简易审判程序或控告书审判程序)和依据起诉书(Indictment)审判程序(以下称为起诉书审判程序)两种类型,其中起诉书审判在皇室法院(Crown Court 又可以称为皇家法庭、刑事法院或刑事法庭)进行,用于审理较为严重的犯罪,而简易审判程序在治安法院(Magistrates' Court)进行。这样的程序划分是与实体法上的罪行等级划分相适应。英国刑法有过重罪与轻罪的划分,其中重罪(Felony & Felony Offense)是指涉及没收罪犯的土地与财产归国王所有,并根据其犯罪行为的轻重另行处以死刑或其他刑罚的严重犯罪。二十世纪六十年代以后,"可捕罪"与"不捕罪","可诉罪"与"简易罪"取代了重罪与轻罪的划分。现行刑事司法体系,根据案件严重程序确定起诉方式和管辖法院,刑事案件大致被划分为三种类型:第一种是可诉罪(Indictable Offence),又称之为"可控诉罪行",只能依据起诉书(Indictment)形式正式起诉并在皇家法庭进行审判的犯罪,这种主要是重罪,尤其是成年被告人被指控犯有这类罪;第二种是简易罪(Summary Offense),又称之为"简易罪行",治安法院根据控告书(Information)依照简易程序进行审判的犯罪,这种主要涉及轻微犯罪,其适用范围限于罪行处 6 个月以内的监禁或 5000 英镑的罚金,对于两项或以上此类犯罪,总计监禁刑期 12 个月或每一罪行 5000 英镑罚金(这也是"可任选方式审判罪"适用简易审判程序的案件范围)。第三种是"可任选方式审判罪"(Alternative Trial Offences; & Offences that may be Tried in any Manner),又称之为"任选罪行",是"可以依两种起诉方式任选其一进行审判的犯罪,被告人被指控犯有这类犯罪,通常可以选择根据正式指控进行审判,尽管这类案件可能在治安法院进行审理,如果被告人与治安法院都同意的话。"①换言之,此类犯罪严重程度介于重罪与轻微犯罪之间,既可以由治安法院审理也可以由刑事法院审理,由治安法院审理时则须治安法官和被告人的同意。英国 1980 年《治安法院法》附件 1 规定,其中第 17 条规定了"附件 1 列举的罪行……为可以任选方式审判",以列表的形式对其范围进行了明确规定。

治安法院负责审理大量的、不严重的案件或者是普通的案件;刑事法庭负责审理相对少量的、较严重的刑事犯罪案件。治安法院审理的案件占刑事案件的绝大多数,通常被引用的数字显示,整个刑事案件的

---

① See Kris Gledhill, *Crown Court: Practice & Procedure*, Tolley Publishing Company Limited, 1993, p.3;参见张建伟:《轻罪治理的司法逻辑、法律调整与程序配置》,《中国刑事法杂志》2024 年第 2 期,第 65 页。

95％—97％是由治安法院审理的,刑事法庭审理的案件不到整个刑事案件的 3％—5％。[①] 治安法院在英国的刑事司法系统中占据着重要地位,但由于治安法院审理的简易罪种类繁多、罪行各异,其刑事诉讼程序主要是简易审理程序,况且其程序也随案件的不同也有不同的变化。譬如,除了不采用陪审团审理方式,根据被告人的无罪答辩或有罪答辩进行裁决或量刑之外,治安法院可以在控辩双方或单方缺席审判法庭时进行缺席审判。因此,虽然治安法院审理刑事案件占据着绝大多数是刑事案件,但是治安法院适用简易程序审理刑事案件或者其所适用的诉讼程序"因事制宜"呈现出变动性特征,所以治安法院审理简易罪的诉讼程序难以全面彰显英国的刑事诉讼程序,其刑事庭前程序也不具有代表性。与之相对的是,治安法院审理可诉罪所适用的诉讼程序,以及刑事法庭审理必诉罪所适用的诉讼程序,因其诉讼程序的相对完整性,尤其是刑事法庭审理必诉罪的诉讼程序,能够呈现英国刑事诉讼程序的全貌,其刑事庭前程序也独具特色。故,在本部分就治安法院审理"可任选方式审判罪"诉讼程序以及刑事法庭审理可诉罪诉讼程序中所涉及的刑事庭前程序展开阐述。总体而言,英国刑事庭前程序主要有治安法院的预审程序、控辩双方的证据开示、刑事法庭的答辩与指导听审、预备听审、审前裁决、答辩与案件管理听证制度以及对被告人人权保障等部分组成。

(一) 预审程序(Preliminary Inquiry)

无论是"可任选方式审判罪"确定的起诉书审判程序还是可诉罪的起诉书审判程序都是在刑事法院进行。但是,大多数起诉书审判都将治安法院的预备程序作为先导。换言之,该类案件的审判程序首先由治安法院的治安法官开展初步审查和批准(此时的治安法官有时又被称为审查法官),经审查符合移送条件的案件才移送到刑事法院,此类预备程序在英国被称为 Committal Proceeding 或者 Committal for Trial,被译为转交程序或移交程序,理论界又称之为移送审判听证、交付审判听证或预审

---

① 参见[英]麦高伟、杰弗里·威尔逊主编:《英国刑事司法程序》,姚永吉等译,北京:法律出版社 2003 年版,第 7 页。

程序。

第一,"可任选方式审判罪"移交刑事法院审判的案件须经过治安法院法官的预审程序。1980 年《治安法院法》第 18—21 条和第 23 条规定此类罪行审判方式的确定程序。"可任选方式审判罪"的审判方式须在治安法官面前为移交程序或简易审判程序而出示所有证据之前完成。被指控者在决定审判方式的过程中起到重要的作用,因为被指控者享有对任选方式审判的罪行选择刑事法院审判的权利。为了在信息充分的基础上行使选择权,被指控者必须了解控方依赖的证据。这种了解之所以重要的其中一个理由是控诉方有义务在将案件移送给刑事法院之前披露有关案件证据的信息。如果被指控者不了解控诉方案件的证据,被指控者就会受到选择刑事法院审判的诱惑。此时先期信息主要是控诉方准备提出的指控单、任何已经准备好的控方案件摘要、关键证人的陈述和打印出来的先前定罪记录,以让被指控者掌握并了解先期信息,从而作出必要的、适当的选择。"先期信息正在以惊人的速度成为治安法院程序中一个常见的部分。"①如果被指控者有罪答辩,治安法院据之适用简易审判程序,要么径直予以量刑,要么为简易审判程序而准备证人出庭而不得不休庭;如果被指控者无罪答辩,控诉方和辩护方有机会以适用起诉书审判程序或简易审判程序进行陈述,治安法官考虑这两种审判方式哪一种更合适。如果治安法官认为公诉书审判更合适,则在该决定告知被指控者后被移交刑事法院;如果治安法官认为罪行更适合于简易审判程序,法官助理告诉被指控者治安法官的这种观点。如果被指控者同意,可以被治安法官审判,但是如果他希望也可以选择由公诉书审判。由此可见,对"可任选方式审判罪",只有治安法官和被指控者同时同意才能进行简易审判程序。如果被指控者不同意简易审判程序,那么治安法院则必须在移送刑事法院之前进行移送审判听证。此后的移送审判听证与可诉罪起诉书审判程序的移送审判听证所进行的事项一样。

第二,就起诉书审判的可诉罪案件而言,在绝大多数案件中,除高等

---

① 〔英〕约翰·斯普莱克:《英国刑事诉讼程序》,徐美君、杨立涛译,北京:中国人民大学出版社 2006 年版,第 156 页。

法院法官命令以起诉书审判被指控者之外,起诉书审判之前都存在着会把被指控者移交审判的移交程序或预审程序。换言之,该程序意指起诉书审判程序的案件现由治安法院先进行审查,再决定是否将其送交刑事法院审判。从历史渊源的角度来看,预审程序无疑是司法权制约行政权的表现,是司法审查机制在刑事司法领域的具体运用;从该程序的具体适用来看,预审程序则是刑事法院对刑事案件的过滤,排除不具备条件的案件进入刑事法院审判的资格,从而一方面保证被告人免受不公正的起诉和审判,另一方面也为国家节省司法资源。

　　英国预审程序的主要内容包括:(1)主体。预审程序由治安法官主持,控诉方和辩护方参与,被指控者非必须可以不在场,其中,就治安法官而言,"治安法院不应简易地审判控诉书……除非由两名以上的法官组成……",①通常情况下,根据 1980 年《治安法院法》第 121 条的规定,英国治安法院开庭审判时坐在审判席上的最多人数是三人,避免裁决的平等分割。其人员组成有至少两名治安法官或一名地区审判法官。(2)内容。预审程序的主要内容即治安法官根据控诉方提交的证据,判断是否将案件移交刑事法院。根据 1980 年《治安法院法》第 7 条的规定,第一,控诉方概述案件事实和证据,并以书面形式提交案件卷宗和证据资料。第二,控诉方在法庭上宣读或总结书面陈述,出示证据,辩护方不允许交叉询问和提交证据。此时提交证据有两个必然前提,即预审程序提出的证据必须在被指控者在场的情况下才能给出,除非治安法官认为,被指控者的"混乱行为使之不切实际,或者他因健康原因而不能出席但被合法地代表并同意在他缺席时给出证据"。② 这是其一。其二,移交中的证据必须属于 1980 年《治安法院法》第 5B、5C、5D 和 5E 条定义的证据范畴。其中,第 5B 条规定的证人陈述形式(证据出具者签名,出具者声明,控方交给每一方当事人一份复印件);第 5C 条规定允许控方证人不愿意提供书面陈述时,通过在移送前记录宣誓证词的方式获取证据;第 5D 条规定允许案

①　［英］约翰·斯普莱克:《英国刑事诉讼程序(第九版)》,徐美君、立涛译,北京:中国人民大学出版社 2006 年版,第 193 页。

②　［英］约翰·斯普莱克:《英国刑事诉讼程序(第九版)》,徐美君、立涛译,北京:中国人民大学出版社 2006 年版,第 183 页。

件被审判时可以采纳第一手传闻证据;第 5E 条规定可以采纳"自己证明自己"的文件或由其他立法规定可采纳的文件。第三,辩护方答辩。在控诉方陈述之后,辩护方有答辩的机会,辩护方可以进行有罪答辩或无罪答辩。若有罪答辩,治安法官可以量刑,并向刑事法院移交量刑,或者将案件移交刑事法院进行审判;若无罪答辩或无案可答(No Case to Answer),治安法官应命令控诉方对辩护方进行回应。如果控方改变指控(通过添加新的指控,或者不进行原来的指控),应当向合议庭解释,但任何额外的指控都要被写成文字并交给助理,以使他向被指控者宣读。随后,治安法院就对起诉案件中的证据是否达到了表面上成立的标准进行审查。如果符合表面上成立的标准,裁决移交刑事法院审判;如果不符合,案件被撤销,释放被指控者。其中就辩护方无案可答的提议而言,治安法院在"没有证据证明被宣称罪行的主要要件""控诉方举出的证据由于交叉询问已失去可行性或者明显地不可靠,以至于任何理性的法庭都不会据此安全地定罪"是理应被支持。此外,辩护方的答辩不能针对例如被指控者宣称是通过压迫或造成证据不可靠的情形中获取的供述的可采性,即使有此类的相关证据,也必须等案件到刑事法院后,才有机会在法官面前争论该供述是不可采纳的。第四,治安法官可以审阅任何原始证据并将它们保留,并对案件做出是否将案件移交刑事法院的裁决。如果做出不移交刑事法院审判的裁决,则将撤销案件并释放被指控人。(3)方式。现行的预审程序实行书面审理。1968 年《刑事审判法》颁布之前,英国预审程序实行言词审理,控诉方要传唤足够的证人出庭,并接受控辩双方的交叉询问(Cross - examination);辩护方也可以要求向法庭提供证据,并对出庭证人进行交叉询问;治安法官综合双方所有的证据作出是否将被告移交刑事法院审判的决定。1968 年《刑事审判法》实施之后,预审程序可以采取书面的方式进行。也就是说,在预审程序中,控辩双方无须再传唤证人出庭并进行交叉询问,只需要向法庭提交证人的书面陈述即可。尤其是 1980 年《治安法院法》颁布之后,书面陈述要符合 1980 年《治安法官法》第 102 条的规定,即书面陈述必须签署姓名;书面陈述必须辅助申诉人声明,声明内容为其所言基于其所知和出于信任,并愿意接受出于故意做出错误或不真实陈述而招致的诉讼;将书面陈述的复印件交至对方;控辩双方不得根据本条反对提出陈述。治安法官根据 1980 年《治安法官法》的规定,审查双方提供的书面陈述是否符合规定。如果治安法官认为符合规定,且被指控者(或者如果不止一个被指控者,每一个被指控者)在案件中都有为他服务的事务律师,而无论是否在法院出席,和被指控者(或任何一个被指控者)的事务律师都没有提出无案可答,则不审查陈述之内容而将案件直接移交刑事法院审判。1996 年《刑事诉讼与侦查法》取消了言词预审方式,所有的预审程序都采用书面方式进行。1996 年《刑事程序与侦查法》规定在预审程序中进行审查的证据全部限制为书面方式,而且这种程序审查的只能是控诉一方的证据——基本上为控方证人的书面陈述,辩护一方不得向法庭提出证据,不能进行交叉询问,但可以提出有关指控"无案可答"(No Case to Answer),从而要求法庭直接撤销案件的申请。① (4)标准。英国预审程序标准为"案件表面上成立"(Prima Facies Case),即控诉方是否提出了被指控者实施被指控罪行表面上成立的证据。"案件表面上成立"概指只要是理性的审判人员都能对被指控者定罪,如果治安法官认为控诉方的证据达到了该标准,则把案件移交刑事法院进行正式审理;如果不是,治安法官将撤销案件并释放被指控者。但是,由于"表面上的证据"标准没有可操作性,或者说随意性很大,案件是否被移交刑事法院完全由"理性的治安法官"来决定。严格上说,治安法官不关心被指控者是否在证据上被定罪,他们会发现,虽然"我发现控方证据不令人信服",但是除非证据非常缺乏和不可信以至于没有理性的人会据此定罪,则将案件移交刑事法院审判。可见,该标准随意性很大,以至于导致大多数刑事案件都被移交刑事法院审判。(5)结果。预审程序的结果表现为移交刑事法院审判或不移交刑事法院审判。对于移交审判的案件,由刑事法院决定随后的答辩与指导听审、预先听审、审前裁决、答辩与案件管理听证等诉讼程序;对于不移交审判的案件,治安法

① 关于英国移送审判程序的情况,See John Sprack: *Emmina on Criminal Procedure*, p176 - 192; John Hatchard, *Barbara Huber and Richard Vogler: Comparative Criminal Procedure*, the British Institute of International and Comparative Law, 1996, p.200; Onsea, I. John Hatchard, Barbara Huber and Richard Vogler: Comparative criminale procedure. The international and comparative law quarterly. – London, 1952, currens 1998(1998):485.

官应撤销案件并释放被指控人。然而,此时的撤销案件并不受一事不再理原则的约束,若控诉方日后掌握了新的证据还可以再次提起控诉。与此同时,被指控人被释放也不等同于无罪释放,控诉方可以对其因相同的一项或数项罪行提出新的指控。另外,对于不移交刑事法院审判的案件,控诉方也可以根据案件情况申请高等法院法官作出强制起诉令指令直接引发将案件移交刑事法院的后果。甚至,治安法院合议庭认为提交的证据不能证明被指控者被指控犯罪,而能够证明其他的任何可控诉的罪行,则允许以能够证明的可控诉的罪行继续诉讼。(6)救济。预审程序的救济大致分为两部分内容:一是控诉方的救济;二是被指控人的救济,前者体现为对司法审查权力的制约,后者体现为对被指控者人权的保障。在通常情况下,对移交审判的决定或根据案情予以释放的决定不能提起上诉。对于不移交审判的案件,控诉方可以申请高等法院接受控诉书而启动强制诉讼,使得治安法官的不移交裁决失效而直接将案件移交审判;或者控诉方提交的证据不能证明被指控的犯罪而能够证明其他任何可控诉的罪行,则允许控诉方以能够证明的可控诉罪行继续诉讼;或者检控方对同一罪行提出新的指控并希望第二组治安法官会认为有案可答。对于被指控者而言,治安法院可以继续羁押或保释,甚至享有不听取控诉方任何证据就将被指控者释放的自由裁量权,尤其是提起诉讼有严重的拖延以至于构成对法院诉讼程序的滥用时,治安法院行使该权利以保护被指控人的权利。而检察长对治安法院不听取证据而自由裁量释放被指控者的中止程序权能可以申请司法审查。

综上所述,英国预审程序始终处于变动之中,英国有关刑事诉讼程序、证据以及警察和侦查的法案对预审程序逐步有所突破,其运行空间不断受到压缩,甚至一度被架空。首先是不考虑证据的预审程序。1967年《刑事司法法》引入辩方同意治安法官不考虑针对他的证据而将被指控者移交审判的程序,1980年《治安法院法》法案的第6(2)条和1982年《刑事司法法》第61条又有所修改。如果被指控者在案件中都有为他服务的事务律师,而无论是否在法院出席,并且被指控者的事务律师都没有提出无案可答,那么治安法官可以不考虑针对被指控者的证据而将案件移交审判。不考虑证据的移交是一种纯粹的程式。其次是移送通知。1987年

《刑事司法法》规定具有复杂、严重欺诈的案件应毫不延迟地由刑事法院处理。法案防止该类案件的延迟，赋予控诉方有权回避预审程序而将案件直接移交给刑事法院审判，对治安法院仅仅履行通知义务即可。1991年《刑事司法法》将移送通知扩展至涉及儿童证人的性犯罪和暴力犯罪中，其意图保护儿童不被强迫在预审程序中给出证据，以至于不可避免地再次造成伤害。再次是预审程序被架空。1998年《犯罪和骚乱法》第51条规定，那些只能以公诉书审判的犯罪和与它们相关联的犯罪，必须从治安法院的预审程序中立即被送交刑事法院。2012年《刑事诉讼规则》使得预审程序于2013年5月28日被彻底架空。① 严重刑事案件不再由治安法院进行预审程序，而是根据第9部分"案件分配与移送"的规定进行。这意味着严重的刑事犯罪可以直接被移送刑事法院审判，而无需治安法院的预审程序环节。之所以如此，其原因在于：一方面，英国预审程序的演变与该国的侦诉机关的职能及机构发展密切相关，2003年以来皇家检控署在作起诉决定时对证据审查权力逐渐扩大，建构了控诉方审前会见证人的制度，在英格兰和威尔士经历了从试点到全面推行的变革过程；另一方面，随着与日俱增的案件数量与有限的司法资源之间的矛盾加剧，预审程序在诉讼效率方面的问题更加凸显，为避免诉讼过分迟延，预审程序经历了从增加不审查证据的移送到以不审查证据的移送为主，再到废除移送审判制度，明确规定刑事法院直接受案范围。②

（二）证据开示（Discovery）

根据《布莱克法律辞典》，Discovery的原义是指："了解原先所不知道的，揭露和开示原先隐藏起来的东西。"而在审判制度中，"它是一种审判前的程序和机制，用于诉讼一方从另一方获得与案件有关的事实情况和其他信息，从而为审判做准备。"③从本质上而言，证据开示是庭审前控辩

---

① *Faster justice as unneccessary committal hearings are abolished*. https://www.gov.uk/government/news/faster - justice - as - unneccessary - committal - hearings - are - abolished.

② 参见邓陕峡：《英国刑事庭前程序的发展及对我国的启示》，《法学杂志》2016年第9期，第127页。

③ See Bryan A. Garner ed., Black's Law Dictionary 11th edition, Thomson Reuters West, 2019, p.584.

双方相互获取案件的信息、展示证据的一种诉讼制度。

英国的证据开示制度从预审程序开始一直延续到整个审判阶段。1996 年《刑事诉讼和侦查法》对证据开示制度作出了明确和具体的规定。在整个证据开示制度内,分为三个步骤:第一,控诉方的初次展示。该法要求控诉方必须向辩护方展示那些有可能削弱指控的材料,尤其是那些很可能在审判中不被控诉方使用的证据材料。这次展示的证据资料应该是控诉方已经掌握的证据,控诉方可以将证据资料直接交给辩护方也可以允许辩护方在合理的时间和地点查阅这些资料。初次展示的证据资料是"对支持控诉方的指控具有不利影响的"证据,他们不限于"对指控提出基本问题的材料",而主要是"有助于辩护方的辩护的资料"。所以,控诉方如果没有这方面的证据资料,则必须向辩护方提供一份书面的说明。第二,辩护方的证据开示。控诉方的初次展示通常是在预审程序中进行的,一旦案件被移交给刑事法院审判后,在控诉方初次展示后就轮到辩护方展示其所掌握的证据。辩护方的展示是以向控诉方和法庭提交辩护陈述(Defence Statement)的形式完成的。辩护陈述是一份记载着辩护要点以及辩护方与控诉方主要争执点和理由的书面陈述。辩护方的展示具有几个方面的强制性义务:首先辩护陈述中含有不在场证据的强制其完整地展示,如被告人必须举出能够证明其不在现场的证据,包括证明不在犯罪现场证人的姓名和住址,或者可能对发现证人有用的信息;其次辩护方掌握专家证据的展示义务;再次辩护方证据开示与否决定着控诉方是否进行第二次证据开示;最后辩护陈述具有时间限制。辩护方的证据开示须在控诉方初次展示完成之后的 14 天之内进行,当然可以申请延长。第三,控诉方的第二次展示。在辩护方展示证据之后,控诉方有义务进行第二次证据开示,这次主要展示那些有可能或合理地帮助被告人辩护,且以前没有向被告人展示过的证据材料。如果没有这样的证据资料,控诉方也要向辩护方出具一份书面声明说明此类证据材料不存在。

英国证据开示制度还需要关注以下几个要点:第一,英国的证据开示制度有个逐渐完善的过程,从控诉方向辩护方单向开示逐渐过渡到控诉方与辩护方之间的双向开示。"长期以来只要求控诉方向辩护方开示证据,而辩护除少数情况外不承担一般的开示责任。其理由一是根据所谓'自然正义'要求控诉方不得利用其资源优势而不公平地处于审判上的有利地位,为此辩护方在审判阶段应得到某些手段补偿以实现控辩双方的'平等武装'(Equality of Arms);二是根据无罪推定原则被告没有责任向检控方说明情况,也不必回答对方的问题,直到'初步证据事实'(Prima Facie)已由检控方确立。"①随着刑事司法改革的推进,英国证据开示制度逐渐走向双向开示。第二,控诉方负有持续展示义务。也就说控诉方在诉讼过程中负有对证据材料"连续性展示的义务"(the Continuing Duty to Review)。换言之,控诉方在被告人被宣告无罪和有罪之前,若存有可能削弱控方案件或被合理的预期对被告人的辩护有帮助的证据材料,那么其就必须在合理的期限内尽快展示给辩护方。第三,公共利益豁免原则。"公共利益豁免"(Public Interest Immunity)控诉方可以基于可能有损于公共利益的原则免于展示有关证据资料,无论是初次展示还是二次展示。第四,辩护方不展示证据资料的不利推论。辩护方若不展示或不完全展示其承担的证据开示义务,法庭可以做出证据开示不充分的评论并对其作出不利的推论。第五,法官不参与证据开示,但对有关证据开示争议问题居中裁判。如辩护方展示证据后,若认为存在可能合理帮助辩护方的证据材料,但控诉方没有展示,可以向法庭提出申请,法官认为情况属实则会签发要求控诉方展示的命令。再如控诉方援引"公共利益豁免",而辩护方持有异议,法庭可以审查控诉方的申请和辩护方的理由,进而决定展示与否的命令。

(三) 答辩与指导听审(Plea and Directions Hearing)

从刑事案件被移交刑事法院之后至刑事法院正式开庭之前,刑事法院还要根据案件情况使法官能够在审判开始之前启动案件事宜管理,以确保审判程序的高效进行,其中答辩与指导听审就是法庭要确保做好的必要安排之一。英国刑事诉讼程序于1995年引入答辩与指导听审,该程序已经成为除了复杂、严重诈骗案件之外的所有案件的必经程序。答辩

---

① 龙宗智:《刑事诉讼中的证据开示制度研究(上)》,《政法论坛(中国政法大学学报)》1998年第11期,第6页。

与指导听审的目标就是要确保刑事法院正式审判之前,控辩双方以及审判所必需的所有步骤都已经准备完毕。答辩与指导听审可以由正式审判的法官之外的一名法官来主持进行,辩护人要尽可能地出席答辩与指导听审程序,除了法庭准许之外,被告人也应当在场。

在答辩与指导听审中,辩方必须提供一份完整的他们要求出席审判的控方证人名单。控方和辩方都必须向法院和各方提交一份要寻求法院指令的议题的摘要,同时指出所依赖的理由。对严重、冗长或复杂的案件,控方必须准备一份摘要以供法官在答辩与指导听审中使用。在答辩与指导听审中,通常会传讯,若被告人作出有罪答辩,必须尽可能快地通知法院、控方以及缓刑服务处,法院应当在可能的时间内进行量刑;若答辩无罪或答辩不能为控方接受时,各方应当通知法院(包括但不限于)以下事项:案件中的问题(包括任何关于被告人或任何证人的精神或身体状况的问题)、证据将在法庭前提交的证人的数目、任何证据或时间表、可能被传唤的控方证人的顺序、任何预期的法律问题、任何证据可采性的问题以及任何依赖的原因、应当已经披露的不在犯罪现场的证据、任何通过直播的电视连接或以事先录像会谈的方式给儿童证人的申请、审判的预计长度、证人和律师有空的日期。

在随后的多年内,刑事法院一直使用答辩与指导听审汇集审判要素于审前,便于审判顺利推进。2005年《刑事诉讼规则》规定了法院的案件管理权,赋予法院在案件管理中积极主动地履行职责的权力。2010年《刑事诉讼规则》在案件管理部分专门规定了答辩与案件管理听证制度(Plea and Case Management Hearing),代替答辩与指导听审。答辩与案件管理听证制度是每个案件在刑事法院的必经程序,它是为了在审前尽早了解被告意欲何种答辩,对案件进行分流。倘若被告人在审判当日决定做出有罪答辩,那么之前围绕案件所进行的准备就毫无价值,会造成极大的司法资源浪费。答辩与案件管理听证制度应由一个高等法院法官或巡回法院法官或依据刑事法院分配规定而任命的记录法官抑或主审法官委任的法官来主持。法院必须查明被告倾向于做出有罪答辩还是无罪答辩或其他答辩,如果被告一旦在审前法官面前做出了有罪答辩,案件就会被中止听证并被移送进行量刑。如果被告在听证会中做了无罪答辩(部分或全部），那么答辩与案件管理听证制度就应当为确保庭审进行而采取任何必要的措施，同时应当确保法院掌握了足够的信息来确定庭审日期。刑事法院可以通过调查问卷收集控辩双方的信息用于刑事法院审前案件管理。法院有权要求诉讼各方向法院报告案件的准备情况，共同确定庭审时间。在听证会中，法官可依职权或任何一方当事人的申请做出指示。2013 年《刑事诉讼规则》对刑事法院在庭前准备中的权责做了更为细致的规定。当诉讼双方不遵守相关规则或法院指示时，法院可以确定、推迟、提前、延长、取消或延期举行听证，并有权做出罚金令或处以其他适当的制裁措施。法院可采取合理措施为证人出庭作证提供便利。为了让刑事法院做好案件审理的准备，被告人应在答辩与案件管理听证制度前将出庭进行辩护的律师身份提供给法院。

增设答辩与案件管理听证制度是英国刑事庭前程序改革的又一项重要内容，其根本目的是让法官能够在审判开始之前就启动审判管理事宜，要求法官主动履行案件管理职责，包括尽早确定案件的真正争点、需要出庭的证人名单，确定哪些是必须做的事项以及由谁来完成，初期设置一个案件进程表，并监督案件进程及保证法院指示被遵守，确保证据以一种简单明了的方式出示等，从而保障案件的审判效率和质量。[①] 由此可见，英国预审程序的对抗性，在答辩与指导听审以及答辩与案件管理听证等机制的作用，在虑及诉讼效率的同时无形中融入了职权主义的元素，呈现出逐步弱化的趋势。

（四）预备听审（Preliminary Inquiry）

1996 年《刑事诉讼和侦查法》针对长期和复杂的案件增设了预备听审（Preparatory Hearing），又称之为庭前听证。根据控辩双方一方的申请或依职权，刑事法院的法官从司法利益考虑，可以决定在陪审团宣誓前的任何时间内进行庭前听证，以实现加速庭审的目的。如果法官决定庭前听证，审判就从庭前听证开始，由于案件已经进入审判阶段，法官就不

[①] 参见邓陕峡：《英国刑事庭前程序的发展及对我国的启示》，《法学杂志》2016 年第 9 期，第 128 页。

受审前排除预断的限制,主持听证的法官可以为任何适当的准备活动。虽然庭前听证由审判法官主持,但是以控辩双方均参加的不公开的书面的形式进行,听证活动的内容禁止报道和公开。

预备听审主要解决两类问题:一是关于证据的可采性问题;二是与本案有关的其他法律问题。如证据开示中的争议、整理争点等。在预先听证中法官可以要求控诉方向法庭和辩护方提供他认为内容真实的和他同意的任何其他的书面材料,之后,法官要求辩护方向法庭和控诉方提供一份书面说明,说明他同意事项的范围,以及不同意的理由。控诉方和辩护方向法庭和对方提交的书面陈述包括案件事实、证据以及法律适用等方面,尤其是在彼此争议焦点及其理由的阐述上。

预备听审程序与答辩与指导听审的关系在于:法官决定在答辩与指导听审之后进行庭前听证,也可以不经答辩与指导听审直接决定进行庭前听证程序。如果事先进行了答辩与指导听审,不再进行传讯和答辩;如果法官直接决定庭前听证程序,庭前听证开始应当首先进行传讯和答辩。如果被告人答辩无罪,法官则开始进入正式的庭前听证活动。

(五) 审前裁决

在英国,除了严重诈骗案件以外,答辩与指导听审对所有案件都是强制性的。其意在澄清问题并在审判前提醒各方将注意力集中于它们。多年来一直尾随并弱化刑事庭前程序的问题之一是它已经处理的任何事项都可能被主持庭审程序的审判法官否决,所有的事项都可能被重新审查。此种行为削弱了答辩与指导听审或者答辩与案件管理听证的有效性,也常常使得辩护律师没有动力参加该机制。很明显,这种态度造成了答辩与指导听审的立法初衷逐渐被瓦解,所涵摄价值的慢慢消失。

1996 年《刑事程序和侦查法》第 39 条和第 43 条尝试着调试司法实践中的状况,该法规定根据案件一方申请或者由审判法官以外的法官根据自己的动议,在陪审团宣誓或接受有罪答辩或在预备听审开始之前,就关于证据可采性的任何问题或任何与案件有关的法律问题作出裁决。此种裁决一旦作出,除非经一名法官撤销或改变,在陪审团作出裁决或检察官决定不再进行诉讼之前,都具有约束力。要么根据一方当事人的申请,要么根据自己的动议，法官在认为符合正义的目的时，可以撤销或改变裁决。在一方申请改变以前的裁决时，他必须展示自从原来的裁决作出之后，或者（如果以前曾提出过申请）自从提出了上一次申请之后，情况有了实质性的变化。

如此一来，这种经过审前裁决的结果也就获得了法律效力，非经法定程序不得任意变更，尽管随着诉讼的推进其不是不可逆转，但也不会在任何时间、根据任何一方的请求就得到自动地重新考虑。英国审前裁决只有在出现了新的情况时才能在治安法院被反对。与此同时，新闻媒体对审前裁决的有关报道存在着限制，报道要到审判结束后才能出版或广播。与对移交程序和预备听审的报道限制形成对比的是，有关被指控者的正式细节也不能豁免。与此同时，一方可以在审前听审中向主持法官申请取消报道限制的命令，但只有在确信这么做符合正义的目的时治安法院才能取消限制。

二、美国刑事庭前程序

美国刑事庭前程序是英美法系中类似于但又不等同于英国刑事庭前程序的另外一个颇具代表性的程序。由于美国地域跨度大，各地司法系统在刑事庭前程序方面也存在较大的差异，但重罪案件的刑事庭前程序在多数司法系统中最具有代表性。美国重罪案件须经过严格的刑事庭前审查程序，该审查分为正式起诉前的审查和正式开庭前的审查。

（一）正式起诉前的审查

正式起诉分为大陪审团提出起诉书（Indictment）和检察官提出起诉书（Information）两种形式。在大陪审团起诉法域中，大陪审团自行判断起诉与否。虽然大陪审团提出起诉书的目的是防止检察官权力的滥用，但是实际上大陪审团却被检察官所控制。所以，在大陪审团审查起诉制度下，大陪审团审查之结果与检察官之意愿大都是一致的。另外，凡经大陪审团审查决定起诉的，一般不再经过预审听证。现如今，这种由大陪审团审查起诉的制度呈现出弱化的趋势，庭前审查大都是通过治安法官的预审听证程序进行的,尤其是检察官直接提出起诉书。在检察官起诉法域中,检察官必须通过预审听证(Preliminary Hearing),达到审查标准后治安法官作出准予起诉之决定,检察官才能向法院提出起诉书。由此可知,美国检察官非经过外部审查不得向法院起诉。在大陪审团起诉法域,案件通常先由治安法官为预审听证,再交给大陪审团为起诉审查;在检察官起诉法域,案件先由治安法官审查,检察官才能向法院起诉。

被指控为重罪案件的被告人有权要求举行预审听证,其目的在于确定审查起诉是否具有正当性,即指控是否具有"合理的理由"。如果缺乏合理的根据指控将被撤销,释放被追诉人,以此来防止草率地交付审判以保护被追诉人合法权利,其主要由检察官负担举证责任并须证明其有"合理的理由"。在预审听证过程中检察官出示证据,将拟在审判程序中使用证据的目录提供给法庭和辩护方,并应其要求其作出合理的说明与解释,其中证人需要出庭通过交叉询问作证。被告人也可以出示证据,但没有义务如此。另外被告人可以提出除排除非法证据之外的各种申请。需要注重说明的是,预审听证是重罪被告人的权利,但并非诉讼的必经程序,被告人可以放弃预审听证而直接进入审判程序。

预审听证的主要内容包括如下:第一,控辩双方都有开启预审听证程序的权利,预审听证时检察官、被告人均应到场,辩护人也可以出庭;第二,治安法官居中并贯彻言词审理,主要审查检察官出示的证据,检察官将拟在审判程序中使用证据的目录提供给法庭和辩护方,并应其要求作出合理的说明与解释,其中证人需要出庭通过交叉询问作证。被告人也可以出示证据,但没有义务如此。另外被告人可以提出除排除非法证据之外的各种申请。第三,预审听证期限一般为初次到庭后不迟于 14 天,若被告人没有被羁押则不迟于 21 天;第四,预审听证的标准为"合理的理由",即正常理性之人根据控诉中的证据材料能形成有罪的怀疑;[1]第五,预审听证程序可以采信传闻证据以及排除非法证据的申请不被接受[2],不得提出阻却违法或阻却有责的抗辩以及不得强制取证;第六,治安法官

---

[1] 预审听证的审查标准也有"证据之形式有罪"(Prima Facie)争议。一般认为"证据之形式有罪"的证明标准要高于"合理的理由",但是美国绝大多数的法院都以后者为审查标准。

[2] Holt v. United States, 218 U. S. 245(1910); Costello v. United States, 350 U. S. 359(1956).

认为控诉中的证据达到了审查标准，则作出"准予起诉"的决定；否则不准起诉，并释放被告人。

(二) 正式开庭前的审查

除了对即将提起的公诉进行审查之外，庭审法官在提起公诉之后正式审判之前也有权对案件进行审查。正式开庭前的审查途径主要为传讯（Arraignment）、答辩（Plea）、庭前动议（Pretrial Motions）、证据保全（Depositions）、证 据 开 示（Evidence Disclosure）、辩 诉 交 易（Plea Bargaining）和庭前会议（Pretrial Conference）等。

1. 传讯与答辩。在案件起诉后法院正式审判之前，主持法官须进行"提审"（有些学者也称之为传讯），即法院受理后迅速传唤被告人第一次前往审判法官面前并告知其诉讼权利。根据《联邦刑事诉讼规则》，提审应当在公开法庭进行以下内容：第一，确保被告人获得起诉书或指控书的复印件；第二，宣读起诉书或指控书，或者告知被告人被指控的内容；第三，询问被告人之答辩。被告人可作有罪答辩、无罪答辩和无争执的答辩（Nolo Contendere Plea）三种答辩。有罪答辩即为承认指控并愿意放弃陪审团审判之权利；无罪答辩即认为指控有误，主张以陪审团为审判组织的对抗式的审判程序。通常情况下，被告人拒绝答辩或者未出庭，法庭视为无罪答辩；无争执的答辩意指被告人既不承认有罪也不对指控进行辩护的答辩，在通常情况下，无争执的答辩也被视为无罪答辩。对于无罪答辩，法院将及时安排正式审判，其中根据被告人具体情况而决定是否提供辩护律师提供帮助。对于有罪答辩或者无争执的答辩（被视为有罪答辩的无争执的答辩），法院在公开的法庭上亲自询问被告人以确定该类答辩的自愿性，排除强迫、威胁之情形。法官查明被告人是基于明了且自愿作此答辩的后果和意义后，一般情况下不再开庭审判，而是通过直接询问对被告人作出裁判。[1]

---

[1] 参见《美国联邦刑事诉讼规则和证据规则》，卞建林译，北京：中国政法大学出版社 1996 年版，第 43 页；[美]艾伦·豪切斯泰勒·斯黛丽、南希·弗兰克：《美国刑事法院诉讼程序》，陈卫东、徐美君译，北京：中国人民大学出版社 2001 年版，第 205 页；李学军：《美国刑事诉讼规则》，北京：中国检察出版社 2003 年版，第 385–389 页。

2. 辩诉交易。有罪答辩的形式分为被告人在控诉方的有罪证据占绝对优势且案件事实相当清楚的情况下而直接选择的有罪答辩和控辩双方通过商榷和谈判而达成的协商性答辩。如果说前者是被告人被迫的选择,那么后者即基于各自利益最大化考量后商谈式的权衡。这种协商式的答辩主要体现为辩诉交易。辩诉交易多发生在被告人无罪答辩的诉讼审判中,一般是在预审听证时,有时在传讯前后并一直延续到审判程序中。就辩护方而言,辩护方通过有罪答辩期望得到较短的刑期、较轻的罪名和较少的罪数,以便节省审判所需的时间和开支,特别是避免审判的不确定性以及由此给被告人带来的不利;①就控诉方而言,除了审判的不确定性之外,当控诉方的证据不可靠(尤其是证人证言的不确定性)或者证明有罪之证据体系非常薄弱,而与此相反,被告人及其辩护人则具有较强的辩护能力或得到被告人的情形可能得到陪审团的同情时,检察官权衡利弊后往往愿意得到"半个面包"的判决以换取被告人的有罪答辩,从而避免不确定性的审判导致控诉方更为不利的地步。在诸如此类的案情下,辩诉交易风靡于全美。有学者在 1994 年调查发现 92%美国刑事案件的有罪判决都是通过有罪答辩取得的。② 当然,尽管不同的司法区域对于辩诉交易持有观点不同且时而针锋相对的态度,但是司法实践的数据证明了庭前辩诉交易在美国的不可避免性。

3. 证据开示。美国证据开示制度经历了从无到有,从单方开示到双方开示的历程。1963 年布雷迪诉马里兰州(Brady v. Maryland)一案确立了证据开示制度,规定检察官对重要辩护证据的强制性开示义务。③ 证据开示制度规定控方证据开示义务较为广泛,其开示的范围包括但并不限于有关被告人的犯罪档案、被告人在案件过程中的所有陈述、被告人现有的生理或精神检查、鉴定结果、与案件有关的相关文件以及所有的有形物品等证据材料。随后,美国联邦、州法律系统以及美国律师协

---

① Wayne R. LaFave, Jerold H. Israel, and Nancy J. King:《Criminal Procedure》(3rd ed. St. PAUL) West Publishing Company, 2000. p. 956.

② Brain A. Reaves. *Felony Defendants in Large Urban Counties*, U.S. Department of Justice, 1994, p. 199.

③ Brady v. Maryland, 373 U.S. 83(1963).

会希望在辩方证据知悉上得到更进一步地扩展。美国律师协会先后三次将辩方证据知悉范围扩展为控方掌握或控制的所有材料和信息。与此同时，辩方证据知悉的扩展致使检察官也要求平等地赋予证据知悉权。1970 年美国联邦最高法院在威廉姆斯诉佛罗里达州（Willianms v. Florida）的判例中确定了辩护方向控诉方展示证据的规则。该判例要求在控方申请证据开示的情况下，辩护方准备提出不在犯罪现场的证据应当在审判之前将有关证据告知控诉方。[①] 至此，辩控双方之间的证据开示是互惠的。控诉方向辩护方公示的证据有：意图在审判中使用的被告人书面陈述或口头陈述记录及其副本；被告人先前的犯罪记录；准备在审判中使用的文件或有形物品；检查、试验报告等证据资料。辩护方向控诉方公开的证据有：准备在审判时使用的书籍、纸张、文件、照片和有形物品；检查、试验报告等。需要说明的是，辩护方展示证据的基础是在控诉方履行证据开示之后，辩护方准备提出积极抗辩时所依据的证据必须在传讯或者更早的时段告知控诉方。积极抗辩的证据意指即控诉方指控属实的情况下仍可以援用的辩护理由，如：精神错乱、不在犯罪现场、正当或限制行为能力等被告具有的正当理由或者免除刑事责任的主张。

　　4. 审前动议。所谓审前动议是指当诉讼中的一方认为另一方违反诉讼程序或者证据规则时，向法官提出的要求其对违反诉讼程序或证据规则之行为予以裁决的诉讼活动。根据《美国联邦刑事诉讼规则》第 12 条（b）项之规定，控辩双方对有关无须作审判即能确定的辩解、异议和请求可以在正式审判之前以审前动议的方式提出，法官对审前动议应当作出相关裁决。基于其本质，审前动议不仅限于正式审前提出，通常情况下，其可以在整个刑事诉讼程序中随时提出。但是，审前动议主要是在正式审判之前提出，尤其是在庭前会议阶段。虽然控辩双方都可以提出审前动议，但是它往往是由辩护方作为保护其诉讼权利的一项重要手段。辩护方提出审前动议的范围包括但不限于：针对起诉之缺陷的动议、针对证据之动议、针对合并或分开审判之动议等等。就起诉之缺陷动议而言，控诉方是对检察官的指控书存在于法无据、违法而诉等情况要求法院予

---

① Willianms v. Florida, 399 U.S.78(1970).

以裁定驳回或不予受理等；就证据之动议而言，包括非法证据排除的动议、证据开示的动议以及证据调查之动议等，但尤为重要的是排除非法证据动议和证据开示动议。就排除非法证据动议而言，美国刑事诉讼程序先后根据宪法修正案进行循序渐进地完善非法证据排除规则，其中对于警察在刑事案件中通过非法搜查或者非法扣押之程序而得到的证据，以及没有遵守米兰达规则所要求的务必完成之指定内容而获取的证据，都在非法证据排除规则的范畴之内。就证据开示动议而言，除了刑事诉讼程序和证据法明确规定了证据开示的程序、内容和方式以外，美国律师协会也力挺控辩双方在正式开始审判之前彼此交换证据，防止正式审判中的证据突击，进而确保了审判公正。

5. 证据保全。证据保全制度是美国刑事庭前程序中的又一项重要制度。该制度要求审判前传唤任何有关人员到特定场所接受询问，并对询问过程进行记录予以保存备用。刑事诉讼程序的证据保全概指，当诉讼参与人不能于审判时到庭接受交叉询问之虞时，经一方申请并通知另一方后，法庭根据司法利益之考量在审判之前对证人进行询问并录取证言的制度。该证据在审判时不能作为传闻证据予以排除。根据《美国联邦刑事诉讼规则》第15条和各州都规定了庭前证据保全制度，具体包括证据保全的条件、通知对方当事人、保全规则、保全费用以及保全证据的适用等。

6. 审前会议。在由辩护人参加的重大、复杂案件中，审判法官可以根据控辩双方的申请也可以依职权组织召开一次或多次庭前会议，解决诸如庭前动议、证据开示等有助于促进审判公正、提高诉讼效率的事项。会议结束时，法庭对达成协议的事项撰写备忘录，会议中的承诺必须以书面形式并签字才能作为有利于被告的证据使用，但是没有辩护律师的刑事案件不能组织召开庭前会议。根据法律规定，美国刑事庭前会议的功能直指审判公正与诉讼效率；其主要任务分为庭前准备工作及解决争议、整理案件争点以及确定审判期日等；庭前会议由庭审法官主持，控辩双方参加并以不公开的方式进行，无辩护律师的案件不能组织召开庭前会议。庭前会议达成的协议对控辩审三方均有约束力。

此外，在司法实务中，北卡罗来纳州专门成立了刑事法律委员会，并拟定了进一步完善刑事庭前程序的建议。1974 年北卡罗来纳州于通过了关于刑事庭前程序诉讼法案，并于 1975 年成为北卡罗来纳州刑事法的第 15 章。美国联邦最高法院先后在侯尔特诉美国案[①]和科斯特洛诉美国案[②]中，对刑事庭前程序能否审查证据的合法性以及是否可以采用传闻证据作了深入的探讨；在马普诉俄亥俄州案[③]和路易斯安那州诉富兰克林案中[④]，明确庭前听证程序中违法搜查和逮捕的举证责任由控方承担；在美国诉古德温[⑤]一案中，联邦上诉法院撤销了检察官的恶意诉讼；在鲍威尔诉阿拉巴马州[⑥]和科尔曼诉阿拉巴马州案件[⑦]中，美国联邦最高法院对庭前预先听证阶段被指控人辩护权的保障予以确认。

第二节　职权主义模式下的刑事庭前程序

一、法国刑事庭前程序

法国刑事诉讼嬗变史具有不同于欧洲其他国家刑事诉讼的发展演变过程，大革命之后，法国试图引入英国的陪审制，冀希从根本上完成刑事诉讼结构的转型，但"国家权力结构的更迭、政治生态的变化以及政治文明的转型都将深刻影响刑事诉讼的制度设计。"[⑧]法国刑事诉讼结构在从弹劾式诉讼转变到纠问式诉讼之后，定格于颇具特色的职权主义诉讼程序。其中，预审程序是法国刑事庭前程序的主要组成部分，所谓的预审，即指预审法官或上诉预审庭依法对准备起诉的案件进行审查，以确定案件是否符合起诉的条件，从而决定是否应当起诉，将案件交付审判的程序。除

---

① Holt v. United States, 218 U. S. 245(1910).
② Costello v. United States, 350 U. S. 359(1956).
③ Mapp v. Ohio, 367 U. S. 643(1961).
④ State v. Franklin, 352 So. 2d 1315(1977).
⑤ United States v. Goodwin, 687 F. 2d44(1982).
⑥ Powell v. Alabama, 287 U. S. 45(1932).
⑦ Coleman v. Alabama, 527 U. S. 1008(1999).
⑧ 宋英辉、孙长永、朴宗根等：《外国刑事诉讼法》，北京：北京大学出版社 2011 年版，第 177 页。

法国预审制度之外,审判法庭对通过多种途径诉讼系属于法援的案件于开庭审理前的准备工作(刑事庭前准备)一并构成法国刑事庭前程序。

(一) 预审程序

相比于其他国家或地区而言,法国预审程序独具特色,了解其具体机制的前提在于法国刑法的罪行分类,刑事法院的设置、组织与管辖权限。"'罪分三类'是法国刑法的基础性制度,决定着刑事法院的设置、组织与管辖权限,也决定着刑事诉讼法的体系与诉讼制度。"[①]

第一,法国刑法将犯罪分为重罪、轻罪和违警罪。主刑刑期在 10 年或 10 年以上的犯罪为重罪;处 10 年或 10 年以下监禁刑的犯罪为轻罪;仅处罚金刑的犯罪是违警罪,违警罪监禁刑完全取消。由此而得,法国刑事审判法院分为违警罪法院(法庭),负责审理处以 3000 欧元以下罚金的违警罪案件;罪轻法院(法庭),负责审理判处 10 年或 10 年以下监禁刑或者处以 3750 欧元以上罚金的轻罪案件;重罪法院(巡回法庭),负责审理可能判处 10 年或 10 年以上监禁刑的重罪案件,其是重罪案件的第一审法院和上诉审法院。上诉法院(轻罪上诉庭),负责审理对违警罪法院和轻罪法院第一审判决不服的上诉案件。[②] 法国还有最高法院,其刑事庭通过撤销之诉和申请再审之诉负责复核审查初审法院和上诉法院是否正确适用了法律。另外,法国刑事法院分为预审法庭和审判法庭,预审法庭在正式侦查程序中负责收集证据、决定是否将被追诉人移交审判法庭;审判法庭则根据犯罪行为人的身份及其罪行审判刑事案件。

第二,法国刑事诉讼程序也具有特殊性。从广义上而言,法国刑事诉讼程序可以分为预备性阶段、追诉阶段、预审阶段、法庭审理阶段以及上诉阶段。但是从狭义上而言,预备性阶段不属于刑事诉讼程序,司法警察进行的"查证、勘验违反刑事法律之犯罪、收集犯罪证据、查找罪犯"等初步调查活动本质上并不属于刑事诉讼程序,而仅是"预备"正式启动刑事

[①] 《世界各国刑事诉讼法》编辑委员会编译:《世界各国刑事诉讼法:欧洲卷》(上),北京:中国检察出版社 2016 年版,第 531 页。

[②] 参见宋英辉、孙长永、刘新魁等:《外国刑事诉讼法》,北京:法律出版社 2006 年版,第 243 - 245 页。

诉讼的铺垫或前奏。法国刑事诉讼的具体过程是这样的：刑事案件发生后，由司法警察开展初步侦查，其后由共和国检察官对案件进行追诉合法性和适当性审查。共和国检察官审查后，不需要预审的案件，以直接传讯或者立即出庭方式引起轻罪法庭或者违警罪法庭的审判；对需要预审的案件，共和国检察官向预审法官提起追诉，预审法官原则上只有收到共和国检察官提出的"立案侦查意见书"后决定是否予以侦查，预审法官作出侦查决定才能开展正式侦查工作，即预审工作。经预审根据侦查情况决定将案件移交违警罪法庭、轻罪法庭审判或者移送重罪法庭审判，或者作出不予起诉裁定。其间，法国《刑事诉讼法典》也保留了预审法官在正式受理案件之前即可前往现场的规定，由预审法官现场指挥，并停止司法警察和共和国检察官对本案的现场管辖权。现场勘验行为结束后，预审法官将调查结果转交给共和国检察官。同时处于现场的共和国检察官可根据案件进展情况，立即要求预审法官开始正式侦查。总体而言，法国刑事诉讼的过程明显不同于其他国家或地区，其中，对不需要预审的案件，其程序是初步侦查——提出追诉——法庭审理；对需要预审的案件，其程序是初步侦查——提出追诉——预审（正式侦查和起诉审查）——作出起诉裁定移交审判——法庭审理。换言之，对需要预审的案件，刑事诉讼程序开始于共和国检察官作出追诉决定之时，这也即预审法官根据共和国检察官的"立案侦查意见书"进行正式侦查的预审阶段，即共和国检察官提出追诉在先，正式侦查在后，然后在裁定起诉后才移交刑事法院审判。

　　第三，预审体系的二元性。法国刑事预审制度长期实行二级预审机制。首先就刑事预审主体而言，一方面，第一级预审法庭，又称为初级预审，由预审法官单独构成，因此第一级预审法庭又被通约为预审法官。预审法官通常从大审法院（轻罪法院）法官中挑选，由司法部长提名，共和国总统根据最高司法官委员会意见任命。预审法官的职责分为侦查职责和对证据和案件作出具有司法裁判性质的裁决，所以"预审法官既是负责查找证据的侦查员，又是法庭。"[1]预审法官拥有双重职能，既负责收集证

---

[1] ［法］卡斯东斯特法尼等著：《法国刑事诉讼法精义》（上），罗结珍译，北京：中国政法大学出版社 1999 年版，第 385 页。

据、进行正式侦查活动,又可以作出具有司法裁判性质的决定。预审法官是全法国权力最大的人,但其调查者与裁判者矛盾的双重身份一直都为人诟病。历经 2004 年自由与羁押法官、2004 年共和国检察官负责调查有组织犯罪以及 2007 年大审法院设置预审中心集中调配预审法官以及预审合议制,试图削弱预审法官在正式侦查程序中的调查权,如 2007 年《强化刑事程序平衡法》确立预审合议庭制度,以取代原先的预审法官独任制;设立预审中心,统一调配预审法官,与此同时,该法还通过改良协助受理制度、确立审前试听录音制度、建立更具有对抗性的司法鉴定制度以及更符合"平等武装原则"的侦查终结制度,进一步限缩预审法官的权力。但是,预审法官的权力配置中依然保留了必要调查案件的侦查权以及司法裁决权,使得预审法官在正式侦查时作出拒绝侦查裁定或无管辖权裁定等,在侦查终结时根据侦查案情作出不予起诉裁定或向审判法院移送案件裁定。另一方面,上诉法院预审庭为第二级预审法庭。每个上诉法院都有一个预审庭,其是上诉法院的一个分庭,通常由专职的庭长一人和法官两人组成。上诉法院预审庭的主要职责在于第二级预审和监督法庭。就第二级预审而言,2000 年 6 月 15 日法国颁布第 2000 - 516 号"关于加强保障无罪推定和被害人权利的法律"规定,预审法官对于重罪案件直接向重罪法庭提出起诉决定书,而且规定对于中重罪法院一审判决不服的,可向最高法院刑事庭指定的另一重罪法庭提出上诉。如现行《刑事诉讼法典》第 181 条第 1 款和第 2 款之规定:"预审法官如果认为受审查人受到指控的犯罪事实构成法律认定罪名之重罪,作出裁定,命令向重罪法院移送起诉受审查人。预审法官也可以向重罪法庭起诉(与本案)有关联的犯罪。"这意味着取消了上诉法院预审庭对预审法官认为构成重罪案件一级预审后的再次预审,也就是说,作为强制性预审的重罪案件,其两级预审机制因此发生动摇,甚至在一定程度上重罪案件只需要预审法官的一级预审。因此,迄今为止,上诉法院预审庭主要职责实质上是,负责受理对预审法官作出的各种具有司法裁判性质的裁定提出上诉并进行审查,以及对文职和军职司法警察及其他司法警察人员的监督法庭。

其次,就预审程序的适用案件范围而言,并不是所有的案件都要经过预审程序。根据《法国刑事诉讼法典》第 79 条规定:"重罪案件,预审为强制性；轻罪案件，除有特别规定之外，预审为非强制性；如果共和国检察官依第 44 条的规定提出要求，违警罪案件也可以进行预审。"其中，在重罪案件中，根据 1993 年 8 月 24 日第 93－1013 号法律的规定，如果预审法官认为事实已构成法律所定罪名之重罪，应作出裁定，并立即由共和国检察官将案卷以及用作物证的各项材料清单转送驻上诉法院检察长。检察长按照本法典"预审法庭"一章的有关规定办理。这意味着，重罪案件需要经过预审法官的一级预审以及上诉法院预审庭的二级预审。换言之，重罪案件必须进行二级预审后方能移交重罪法院进行审判。但是，2000年 6 月 15 日法国颁布第 2000－516 号"关于加强保障无罪推定和被害人权利的法律"已经修改了重罪案件的二次预审。在轻罪案件中，只有涉及未满 18 周岁的未成年人实施的轻罪案件必须进行预审法官预审，其他轻罪案件，预审具有任意性，只有当受害人在预审法庭提起民事诉讼并成为民事当事人，或者由于案件复杂，或者在尚不知道犯罪行为人是谁的情况下，共和国检察官以"立案侦查意见书"向预审法官提起公诉时才会进行预审。在违警罪案件中，除未满 18 周岁的未成年人实施的第五级违警罪案件必须预审之外，其他违警罪案件则根据共和国检察官的要求也可以进行预审。①

综上所述，法官预审程序中，预审法官根据侦查中所获得的证据能够使其确信犯罪嫌疑人的行为构成犯罪，即作出"向审判法庭移送案件的裁定"。其中，根据犯罪嫌疑人罪行种类作出不同的处理：预审法官认为受审查人受到指控的犯罪事实构成法律认定罪名之违警罪，作出裁定，命令向违警法院移送起诉受审查人；预审法官认为受审查人受到指控的犯罪事实构成法律认定罪名之轻罪，作出裁定，命令向轻罪法院移送起诉受审查人；预审法官认为受审查人受到指控的犯罪事实构成法律认定罪名之重罪，作出裁定，命令向重罪法院移送起诉受审查人。无论何种罪行以及移交给哪个审判法院，预审法官均将案卷连同裁定交由检察官，共和国检察官应毫不迟延地转送该主管法院的书记官。

---

① 参见曹文安：《预审制度研究》，北京：中国检察官出版社 2006 年版，第 36 页。

(二) 刑事庭前准备

通过直接传讯、直接出庭、当事人自愿出庭、依职权自行受理案件乃至预审法官移送裁定或上诉法院预审庭就文职和军职司法警察及其他司法警察人员犯罪行为的移送裁定,审判法庭受理案件后至法庭审理前还存在一个准备环节,以重罪案件为例,其庭前准备程序有:第一,案件的受理。重罪法院依据预审法官作出的"移送起诉裁定书"受理案件,该裁定书应当包含对犯罪事实、法律性质的表述,起诉的对象和理由,并且应当详细阐述被告人的情况。否则,裁定书被视为不符合正常法律程序而无效,重罪法院不予受理。如果案件不属于上诉法院司法管辖区域,上诉法院检察长则应将案件卷宗和证据送到有关管辖权的大审法院书记官处。第二,移送被告人、送达起诉裁定书及证据。预审法官作出"移送起诉裁定书"后,若被告人在押,应将羁押的被告人移交重罪法院所在地;若被告人尚未在案或其不自行到庭,则按缺席程序处理。同时,上诉法院检察长应立即将该裁定书副本及相关证据送达给被告人或重罪法院书记处。如果被告人不服该"移送起诉裁定书"可以在 5 日以内向最高法院提出上诉,上诉不影响法庭准备程序的进行,但在上诉裁定作出之前不得开庭审理。第三,讯问被告人。重罪法庭审判长应当讯问被告人,查明身份,并核实被告人是否收到起诉裁定书,是否聘请律师以及是否坚持其在预审程序中对预审法官讯问作出的回答,但是不得要求被告人对本案实体问题进行解释。第四,送达陪审员名单。重罪法院审判长应当在开庭前 2 日将本庭陪审员名单送达被告人,使其了解除陪审员详细地址以外的有关情况。如果辩护律师提出要求,也应当把陪审团的住所或居住地告知辩护律师。第五,知悉证据。庭前准备程序中,控辩双方有知悉证据的权利。如辩护律师与被告人通信的权利,辩护律师查阅、复制案卷资料的权利,法庭将本案件中主要证明犯罪的笔录、书面证言和鉴定报告提供给被告人,控辩双方应当在本庭辩论前 24 小时内将本方提请出庭的证人及鉴定人名单送达给对方。重罪法庭审判长拥有证据调查权,重罪法庭审判长具有掌握其认为有利于查明事实真相全部资料的自由裁量权,如认为有必要补充证据调查,可以自行进行,或委托进行。第六,补充侦查。重罪法庭审判长认为预审程序尚不完备,或者预审程序结束后又发现了新的证据材料,可以决定补充侦查。补充侦查可以委托预审法官进行也可以自行进行。补充侦查的笔录及侦查过程中获取的新的证据,应当存缴重罪法院书记室并附以案卷,书记官应负责将存交的证据通知控诉方和当事人,供其查阅。第七,诉的合并与分离。重罪法庭审判长依职权或控诉方的申请,对不同被告人因同一犯罪或同一被告人因不同犯罪已经作出多项移送裁定的案件,裁定合并审理;对起诉裁定书涉及的互不关联的数个犯罪,裁定仅就其中一项或数项进行审理;对在其登记的庭期内不具备条件的案件,裁定延期或推迟审理。

二、德国刑事庭前程序

德国与法国同为法兰克王国分裂演化而来,"德国与法国有着密切的'血缘关系'。德国早期的司法制度与法国相同,它们都是日耳曼习惯法与罗马法的结合。不过,德国并没有像法国那样很快就形成了较为强大的中央政权,因此德国的司法制度也在很长时期内保持了分散型的特点。"[1]就刑事庭前程序而言,同作为大陆法系国家的代表的德国刑事诉讼法,曾经也有着与法国刑事诉讼法大体相当的预审制度。1532 年德意志德国国会通过了第一部刑法《加洛林纳刑法典》,同时也是第一部刑事诉讼法,将德国刑事诉讼程序分为侦查程序和审判程序,设立的职业法官代替业余法官,并由专职职业法官负责侦查和审判。此专职职业法官被普遍认为是预审法官的雏形。[2] 1877 年《帝国刑事诉讼法》在吸收 1808 年《拿破仑法典》的基础上,"直接来源于《法国刑事诉讼法典》,二者之间能够提及的重要的区别极少,几乎无法作明确的区分。"[3]在预审制度上,该法也是照搬了法国的预审法官制度和预审制度。"在这部诉讼法中,刑

---

① 何家弘编著:《外国犯罪侦查制度》,北京:中国人民大学出版社 1995 年版,第 215 页。
② 何勤华主编:《德国法律发达史》,北京:法律出版社 2000 年版,第 29 页。
③ E. Esmein: A History of Continental Criminal Procedure. Translated by John · Simpson. 581,1968, By Sentry Press, NewYork.转引自潘金贵:《刑事预审程序研究》,西南政法大学,2004 年,博士论文,第 17 页。

事程序分为'预审'(为了决定是否把案件提交公判,预审审判员进行非公开询问的程序)与'正审'(审判程序),预审仍然采用纠问主义,在庭审中采用控辩主义。"①

但是,在 20 世纪 70 年代中期,德国废除了法国式的预审制度。正如法国预审制度招致非议一样,德国理论界和实务界批判了预审法官身兼侦查与裁决的双重身份。"最初侦查法官被委托在审判前侦查案件。这一机构在一些欧洲国家,如法国、荷兰仍然存在,而在德国 1975 年被撤销。侦查法官的撤销标志着一个漫长的过程的结束,在这个过程中侦查法官的作用越来越多地转移给了检察官,后者则担任了除最严重案件之外的所有案件的侦查,实质上已主导了审前程序。"②伴随着检察机关和检察官公诉职权的确立,德国于 1975 年废除了预审法官制度,将原来的侦查职权转移给了检察官领导和指挥警察进行侦查,与此同时,设置了侦查法官针对检察官、警察的侦查活动进行合法性和目的性审查,而在侦查阶段不再直接领导、指挥或者实施具体的侦查行为,其职能主要体现在司法审查方面。③

以至于形成了特色的德国刑事诉讼程序,即以法院所作出具有法律效力的判决为分界线,完整的刑事诉讼程序分为两个主要阶段:一为侦查—审判程序;二为刑罚执行程序。在普通刑事诉讼程序的侦查—审判程序中,第一审案件的审判程序进一步划分为三个阶段:侦查程序(即准备程序)、中间程序(又被称为庭审预备阶段、庭审审查程序或裁决启动审判程序)以及主要程序(又被称为庭审程序或审判程序)。因此,德国刑事庭前程序包括中间程序、刑事协商程序以及法庭审理的准备程序。

(一) 中间程序

中间程序乃诉讼法学理论上的称谓,德国《刑事诉讼法典》第 199—

① [日]田口守一:《刑事诉讼法》,刘迪、张凌、穆津译,卞建林审校,北京:法律出版社 2000 年版,第 5 页。
② [德]托马斯·魏根特:《德国刑事诉讼程序》,岳礼玲、温小洁译,北京:中国政法大学出版社 2004 年版,第 40 页。
③ 参见潘金贵:《刑事预审程序研究》,西南政法大学博士论文,2004 年,第 17 页。

211 条明确表述为"裁决启动审判程序"。在德国,除了刑事处罚令程序、保安处分程序和简易程序之外,其他案件侦查终结后提起公诉的案件就进入了中间程序,即,检察官提起公诉后,并不会直接进入庭审程序,而是先由独立于起诉机关的法院不公开的审查起诉是否具有充足的嫌疑理由,进而作出是否开启审判程序的裁定。中间程序的意义在于程序控制。若侦查程序未因终止诉讼而结束,就会进入中间程序。其始于检察官向有管辖权的法院提交起诉书和卷宗,由职业法官或职业法官组成的审查会以不公开的方式对起诉的预先审查,本质上而言即审判权对公诉权的制约和限制,确保刑事追诉的合法性、合理性以及必要性,防止检察官滥用公诉权,避免被追诉人遭受不必要的审判。中间程序通过如此借以过滤追诉,控制诉讼程序。"中间程序具有双重性,一方面审查在审前程序中采取的追诉行为,另一方面表明审判程序的启动,审查实施的犯罪行为在法律和事实上是否存在'合理的怀疑'。"①

中间程序由一个独立的职业法官或由职业法官组成的审查会,以不公开的方式,审查刑事追诉的合法性和必要性。由于该程序的审查人员均为独立于侦查与起诉程序的职业法官,所以鉴于其专业素养与职业素质,其作出的决定具有较高的客观性。另外,被追诉人及其辩护人在中间程序中有机会通过申请证据调查和对起诉书的反驳,影响案件的处置导向,彰显了程序公正。尽管经过中间程序,大约只有不到 1% 的起诉案件被裁定不予开启审判程序,被认为无效率,且反对中间程序的观点认为对案件有管辖权的主审法官决定开启审判程序便在主观上认同起诉,进而产生预断。但是是否造成法官预断,只有在法庭程序上才可能察觉得到,且可以因偏袒之虞申请回避,因此中间程序所蕴含的价值和功能还是值得推崇。②

中间程序上承侦查程序下接审判程序,是德国刑事诉讼程序的一个独立的诉讼阶段。根据德国刑事诉讼法的规定,中间程序由以下几个部分构成:

---

① 林钰雄:《论中间程序》,《约旦法学》2002 年第 9 期,第 72 页。
② 宗玉琨译注:《德国刑事诉讼法典》,北京:知识产权出版社 2013 年版,第 176 页。

1. 中间程序的启动。中间程序以检察官提起公诉而启动。德国《刑事诉讼法典》第 170 条第 1 句规定："侦查结果提供了足够的提起公诉理由时，检察院应当向对案件有管辖权的法院递交公诉书提起公诉。"第 199 条第 1 句和第 2 句规定："是否启动或者暂予停止诉讼程序，由负责法庭审理的法院裁决。公诉书应当包含启动审判程序的申请。公诉书和案卷一并提交法院。"可见，如果刑事案件的侦查程序未因终止诉讼而结束，检察官向有管辖权的法院提交起诉书和卷宗，即启动中间程序。首先，有效提起公诉的条件之一即向有管辖权的法院提起公诉。如果收到起诉书的法院没有管辖权或者认为其他法院管辖更为妥当，则应当将案件移送管辖。其次，公诉书应当载明被告人、被指控行为实施的时间与地点、犯罪行为的法定特征和适用的刑法规定（起诉事由）。此外，公诉书中还须载明证据、负责法庭审理的法官和辩护人。提名证人的，应当载明其住所或者居住地，但无须提供详细的通讯地址。在第 68 条第 1 款第 2 句、第 2 款第 1 句情形下，提供证人的姓名即可。如果证人身份完全或者部分不应公开，则应当对此加以注明；证人住所、居住地予以保密的，此规定相应适用。公诉书详细的记载内容可以起到明确界定起诉的标的与范围的作用，同时又能为辩护方提供更为全面的案件信息知悉权。最后，提起公诉时应"卷证并送"。德国刑事诉讼程序要求控诉方提起公诉必须将案卷一并移交给法院，即"卷证并送"制度。此制度历来备受德国学者诟病，学者普遍认为这将造成庭审法官的预断，以及违反无罪推定原则。同时有学者认为"卷证并送"并不一定造成偏见，造成法官预断的看法言过其实。无论如何，提起公诉时的"卷证并送"制度是德国中间程序得以运行的前提条件。法官就是以公诉状和卷宗为基础判断是否开启审判程序的，没有公诉状和卷宗，中间程序则为无源之水，无本之木。

2. 中间程序的运行。中间程序的职业法官即为本案审判程序的审判法官。由于控诉方向管辖法院提起公诉，该管辖法院即为本案审判程序中的审理法院，负责中间程序的职业法官也就为审理本案件的主审法官。向区法院起诉的案件由刑事独任法院负责；向地方法院起诉的案件由两位或三位职业法官负责；向高等法院起诉的案件由五位职业法官负责。职业法官在中间程序中，首先，公诉书被登记后分配到管辖审判庭，审判长指定职业法官负责阅卷,同时将公诉书副本送达被告人和辩护人,并要求其在指定期限内提出收集个别证据的申请和对公诉书的异议,职业法官有权对申请和异议作出裁定,且不允许提出抗告。其次,职业法官在有必要时应当为尚无辩护人的被告人指定辩护人。这属于强制辩护的种类之一。再次,职业法官依职权或根据申请,为更好地查清案件事实可以补充调查证据,且对于该裁定不得提出抗告。职业法官依据公诉书和卷宗可能得出本案件明显达到或未达到起诉的标准,或者是否达到尚需进一步澄清。对于前者,职业法官作出允许或拒绝开启审判的裁定;对于后者,职业法官则需要通过调查证据进一步查清案件,以便作出开启与否的裁定。其中,补充调查有两个方面需要审视,一方面补充调查的方式。职业法官依职权或依申请启动补充调查。依申请启动,主要是依照被告人的申请而启动补充调查。如根据德国《刑事诉讼法典》第 201 条规定,职业法官送达起诉书时要求被告人申请调查证据。但是,依职权启动补充调查则值得商榷。一方面是职业法官是否有这个法定义务,职业法官补充调查哪些证据。另一方面是由谁来执行补充调查之命令,补充调查由职业法官自行为之还是委托控诉方为之。鉴于控诉方与法官为相互独立的系统,法官命令控诉方为之不合时宜。控诉方提起公诉之后,案件系属于中间程序,其程序主导权则转移到职业法官,职业法官既然认为需要查清事实而为补充调查之事,那么由其自行为之最为合宜,职业法官自行补充调查也是理所当之举。

　　3. 中间程序的结果。中间程序经过职业法官对检察官移送的卷证进行审查后,根据具体情况可能作出裁决如下:

　　第一,启动审判程序的裁定。德国《刑事诉讼法典》第 203 条规定:"根据准备程序结果认为被诉人有足够的犯罪行为嫌疑时,法院裁定启动审判程序。""足够的犯罪行为嫌疑"是开启审判程序的标准,有别于"合理怀疑",意指根据卷宗的事实与证据,被告人实施了可刑事处罚的行为,并且在审判中被判决有罪的可能性大于无罪的可能性。与此同时,法院依职权就是否或者继续待审羁押或者暂予收容作出裁定。为了使案情更加明了,职业法官可以命令收集个别证据。需要强调的是,无罪推定中的"疑罪从轻",以及严格证明都不适用于中间程序。根据德国《刑事诉讼法典》第 207 条之规定,开启审理裁定的内容应明确准予就公诉进行法庭审理,并载明负责该法庭审理的法庭。当出现,(1)就数个行为提起公诉,对其中的个别行为不予启动审判程序;(2)依照第 154a 条将追诉范围限制在可分割的部分行为上,或者此个别部分行为又被重新纳入程序;(3)对行为的法律认定与公诉书上的有所不同;(4)依照第 154a 条将追诉范围限制在以同一犯罪行为造成的数个违法情况之个别情况上,或者这类个别情况又被重新纳入程序,裁定书也应当载明是在作了哪些变更的情况下准予就公诉进行审判。在(1)和(2)情况下,检察院重新提交与裁定相应的公诉书,公诉书中可以不必写明主要侦查结果。收到公诉书的法院,如果认为其辖区内的更低级别的法院对案件有管辖权的,可以在该更低级别的法院启动审判程序;如果认为自己所属的辖区内的更高级别的法院对案件有管辖权的,通过检察院将案卷移送该更高级别的法院裁决。

第二,拒绝启动审判程序的裁定。根据检察院移送的卷宗资料,职业法官审查后认为被起诉人的行为没有"足够的犯罪行为嫌疑",则作出拒绝启动审判程序的裁定,其情形包括但不限于以下几种情形:被指控的行为不构成犯罪、提起的公诉缺少诉讼要件、提起的公诉存在诉讼障碍以及被指控行为明显没有被定罪的可能性等。德国《刑事诉讼法典》第 204 条的规定:"法院如果裁定不予启动审判的,裁定必须写明该裁定是依据事实抑或法律方面的原因。该裁定应当通知被诉人。"相对于被告人就启动审判程序的裁定不得提起异议而言,就不予启动审判程序的裁定,或者就偏离检察院的申请使得案件由低级别法院管辖的裁定,检察院有权提起立即(程序问题的)上诉。受理(程序问题的)上诉的法院准予(程序问题的)上诉的,可以同时指定由作出裁定法院的另一审判庭或者由邻近的、属于同一个州的同级法院进行法庭审理。在州高等法院已经作出第一审裁决的程序中,联邦最高法院可以确定由该州高等法院的第一审判团启动法庭审理。如果裁定不予启动审判程序且该裁定不得再行异议的,只有依据新的事实或者证据才能再行起诉。所谓"新的事实或新的证据",以原裁判时间为准,判断新事实新证据是否为先前法院所不知,至于该事实和证据在原法院裁判前是否已经存在,以及原法院当时为何不知其存在,在所不问。①

第三,停止程序之裁定。根据检察院移送的卷宗资料,职业法官审查后可以作出停止程序的裁定。其一,被诉人如果将较长时间的缺席,或者因他个人方面的其他障碍将使得较长时间内不能进行法庭审理的,法院可以裁定暂予停止程序。必要范围内,审判长应当保全证据。其二,如果审判程序启动后出现程序障碍,法院可以在法庭审理外裁定停止程序。就该裁定可以提起立即(程序问题的)上诉。其三,行为结束时适用的刑法,在裁决前发生变更,使得法院审理未决的刑事诉讼程序所处理的行为依照旧法可罚,依照新的法律却不再可罚的,法院在法庭审理外裁定停止程序。就该裁定可以提起立即(程序问题的)上诉。

(二)刑事协商程序

德国刑事协商程序在 1970 年代中期以后之逐渐发展起来,是因为在1975 年德国的立法机关为了使控诉方不至于沦为"案件数量下的奴隶",②在刑事诉讼法中引入了"附条件不起诉制度"(第 153a 条),从而使控诉方手中获得了通过辩护方进行谈判的"筹码",而辩护方也发现了可以主动影响刑事追诉的机会。德国的控诉方对于可能判处罚金或缓刑等轻刑的被告人,除了可以做出不起诉决定外,还可以通过一种不经审判的书面审核程序"刑事处罚令程序"(第 407 条)请求法院直接定罪处罚。除附条件不起诉和刑罚令外,德国刑事诉讼法中还规定了法官同辩护方在认罪的前提下先就量刑进行协商的"认罪协商程序"(第 257c 条)。所以,德国刑事诉讼程序中的刑事协商程序可以分为三类。

第一,附条件撤销案件的协商程序,即对符合法律规定的案件,控诉方与辩护方之间达成一致协议后,可以作出不起诉决定,进而终止案件的诉讼程序。1924 年"艾明阁改革",在刑事诉讼法中增加了第 153 条和第154 条,即轻罪不起诉和部分不起诉。1974 年又增加了第 153a 条,进一

---

① 林钰雄:《论中间程序——德国起诉审查制的目的、运作及立法论》,《月旦法学杂志》2002 年第 8 期,第 69 - 84 页。

② [德]Hans - Jürgen Kerner:《德国刑事追诉与制裁－－成年刑法与少年刑法之现状分析与改革构想》,许泽天、薛智仁译,台北:元照出版有限公司 2008 年版,第 168 页。

步扩展了控诉方的起诉裁量权。第 153a 条是关于以履行义务而撤销案件的规定,即在轻罪案件中(6 个月以上 1 年以下),控诉方经过管辖开启审判程序之法院及被告人同意,让被告人负担特定义务或为其作出特定指示,就可以采取不起诉方式撤销案件。1993 年又对第 153a 条增加一个附加条款,"罪行的严重程度不与之相违背"的时候,撤销案件也是被允许的。这就使得该种附条件撤销案件的协商程序从轻微犯罪扩展至中度犯罪甚至严重犯罪。"木材防护剂诉讼"[①]案件最能说明这种协商程序所适用的案件范围。该协商程序在司法实践中,时而被辩护人所绑架,时而被控诉方所滥用。因而招致不少的非议。如被告人的同意有时是在强权之下的不得已而为之,以及被撤销案件的被告人以向国家或慈善机构交付款项而脱离刑事追究,为富有的被告人提供了通过金钱摆脱刑事诉累的机会。[②]

第二,刑事处刑令制度。控诉方对轻微案件提出书面申请,法院可以不经过审判程序而以书面刑事命令确定犯罪行为的法律处分。刑事处刑令是一种不经过审判程序对被告人作出判决的简易书面程序。根据德国《刑事诉讼法典》的规定,刑事处刑令只能适用于轻微刑罚的刑事案件,其刑事处罚主要有罚金、期间为两年的吊销驾驶许可、一年以下的监禁缓刑等。该制度需要在被告人同意,但不必须被告人在场的情况下进行,其间的协商主要发生在辩护人和控诉方之间。法官同意控诉方的申请,即按照控诉方的申请发布处刑令;如果法官不同意控诉方的申请,或者被告人收到刑事处罚令后两周内提出异议,则案件将被移交法庭进入审判程序。当然,当案件通过中间程序开启审判程序后,发现案件符合刑事处罚令要件的,控诉方也可以提出申请。

第三,认罪协商程序。所谓的认罪协商,是指被告人承认控诉方指控罪行,换取法院给予的量刑优惠。认罪协商可以发生在刑事诉讼的各个阶段,但认罪协商常常发生在中间程序和审判程序。认罪协商主要是辩

---

① [德]约阿希姆·赫尔曼:《德国刑事诉讼程序中的协商》,王世洲译,《环球法律评论》2001 年冬季号。

② 参见[德]托马斯·魏根特:《德国刑事诉讼程序》,岳礼玲、温小洁译,北京:中国政法大学出版社 2004 年版,第 46–47 页。

护方与法官之间的协商,而不是辩护方与控诉方之间的协商,控诉方在认罪协商中处于协助地位。根据德国《刑事诉讼法典》第202a条规定,法官在考虑开启审判程序的过程中,只要对促进程序适当有效,法院可以与程序参与人讨论程序状态。但此讨论的重要内容应当制成案卷记录。此时的讨论过程,就是通常由法官与辩护方进行认罪协商的阶段。在2009年以前,德国不存在关于刑事协商程序的规定,但是刑事协商确在德国刑事诉讼程序中大量存在,且被法院和检察院屡次适用。为规范"幕后"大量刑事协商行为,2009年德国联邦议会通过了《认罪协议法》(Act on Plea Agreement),在刑事诉讼法中增加了第257c条的内容,从而确立了刑事协商的合法性地位。2009年立法确认了德国联邦法院1997年判决所确定的刑事协商所必需的基本原则,即只要协商程序在特定法律限度内即是被允许的;协商可以在中间程序中也可以在审判程序中进行,但务必在审判程序中公布协商结果;协商应当包含有罪供述,但并不会因被告人的有罪供述而免除法院发现真实的义务;协商是在有罪供述的前提下针对量刑展开的;确保被告人认罪的自愿性,不得威胁或者不当许诺;协商不包括对上诉权的放弃。[①] 2009年立法也确认了2005年德国联邦最高法院所认可的内容。诸如,再次确认1997年裁决的法律效力;在法院"适当告知"前提下,被告人放弃上诉权的有效性以及督促尽快对刑事协商进行立法规制等。即便在刑事协商有法可依的情况下,德国刑事司法实践中的协商还是大量存在有法不依的现象,或者依然遵照前例开展协商。随后,德国联邦最高法院于2013年作出判决,认为只要遵守刑事诉讼中的规定,刑事协商还是能够符合德国刑事诉讼及其基本法核心原则的要求。刑事协商程序必须贯彻协商程序的透明性、公开性和将协商过程记入法院笔录的要求。在发现新的事实与证据时法院可以背离刑事协商的约定。未遵守第257c条之规定将构成绝对上诉的理由。不允许约定在协商之前或判决之后被告人立即放弃上诉权。2015年德国联邦法院判决

---

① See Stephen Thaman, *Comparative Criminal Procedure: A Casebook Approach*, Carolina Academic Press, 2002, p.150.参见李昌盛:《德国刑事协商制度研究》,《现代法学》2011年第6期,第150页;参见印波:《以宪法之名回归法律文本:德国量刑协商及近期的联邦宪法判例始末》,《法律科学(西北政法大学学报)》2017年第5期,第189-194页。

再次强调了刑事协商透明性的重要地位,指出法官应当在审理程序中公开有关量刑协商的重要内容,即使在没有达成协议的情况也要公开。[①]

从德国有关刑事协商条款的内容可以得出以下几个方面的内容:其一,适用的对象。除针对轻微案件的刑事处罚令之外,德国刑事协商程序主要适用于经济犯罪、白领犯罪和毒品犯罪中。当然,由于刑事诉讼法并没有明确指定适用范围,所以并不排除刑事协商程序在暴力犯罪或其他严重犯罪处理过程中的应用。其二,适用的时间。附条件撤销案件的协商程序适用于控诉方提起公诉之前,刑事处罚令程序以及认罪协商程序适用于刑事诉讼法的全过程。类似于刑事庭前程序的中间程序也具有刑事处罚令程序和认罪协商程序适用的时空。其三,协商的主体。刑事处罚令程序协商的主体是控诉方与被告人或者控诉方与辩护人,法官在刑事处罚令程序中不具有协商主体的地位,仅仅是对控诉方的申请批准或不批准。认罪协商程序中协商的主体是法官和被告人及其辩护人,控诉方在该程序中处于辅助地位。其四,协商的内容。刑事处罚令程序针对的是轻罪案件,所以其协商的主要内容偏向于罚金类、禁止从业资格或许可以及免除刑罚。认罪协商程序的协商内容既可以是实体上的也可以是程序上的。德国刑事协商程序是在认罪的基础上达成的协议,所以其实体上的协商仅限于量刑协商,但就对被告人认罪而进行协商是否应基于其悔罪的基础进行,有不同的观点。总体上如德国学者认为,被告人的认罪本身不排除其悔过的可能性,即便没有真诚的态度,但是其认罪的证据对认定案件事实的价值也足以促成从轻的理由。[②] 程序上的协商表现为被告人及辩护人以放弃诉讼权利的行使来换取法院量刑上的优惠。其五,协商的结果。德国刑事协商程序并没有对达成协议后应该给予多少量刑优惠作出明确指示,只要求在协商程序中法官应当保持着量刑基本原则不变的情况下考量影响量刑的因素,既不能太高也不能太低。根据

---

① 参见周维明:《德国刑事协商制度的最新发展与启示》,《法律适用》2018 年第 13 期,第 102 - 105 页。

② Werner Schmidt - Hieber: *Der strafprozessuale Ver - gleich - eine illegale Kungelei*, Strafverteidiger, 1986,(1):177. 转引李昌盛:《德国刑事协商制度研究》,《现代法学》2011 年第 6 期,第 151 页。

德国《刑法典》规定的法定刑来看,除了终身监禁之外,最高法定刑为 15 年。被告人在德国刑事协商程序中能够得到的量刑优惠幅度非常有限,大多数是通过罚金或者几个月左右来解决的。另外,法官在被告人的认罪后,仍然负有查明案件事实的义务;法官在发现新的事实或证据时,在告知被告人后不受已经达成的协议约束而背离协议,重新定罪处罚。其六,协商的救济。德国刑事诉讼法规定被告人对刑事协商不服,可以对初级法院独任法官或陪审法庭所作判决进行上诉、对法律适用错误进行上诉、申请重新审判,被告人也可以向宪法法院提起宪法申诉或向欧洲人权法院提起人权申诉。控诉方认为刑事协商程序不公正,有权为了被告人的利益向上诉法院提起上诉。

(三) 庭前准备程序

中间程序裁定开启审判程序之后,将开启裁定连同全部卷宗材料一并移送有管辖权法院正式启动审判程序。德国《刑事诉讼法典》第五章规定了"法庭审理的准备",将法庭审理前的准备作为独立的一章予以规定,其具体内容有:

第一,确定法庭审理期日。法院收到全部卷宗材料后,由审判长指定案件审判期日。审判期日对审判程序进行所有诉讼行为都具有"标杆式"的指示作用,法庭传唤诉讼参与人时间的界定、审判时限的确定等都与审判期日有关。

第二,签发传票传唤。确定审判日后,法庭以传票形式通知相关诉讼参与人到庭参加审判程序是一种法定的诉讼行为。其一,传唤必须以传票形式。传票是法院依法签发的要求相关诉讼参与人到庭参加诉讼活动的书面文件,其意指出庭的预先通知。在德国,审判长的传票由书记处负责执行传唤。其二,传唤对象。传唤被告人。传唤被告人的传票在送达时应连同开启审判程序的裁定书一并送达被告人。若被告人没有被羁押,应以书面的形式通知并附出庭警告;若被告人被羁押,则直接送达传票,由送达人员对其进行宣读传票内容,还应当询问他对法庭审理中的报告是否提出以及提出哪些申请;传唤辩护人。已经通知法院有辩护人的被告人,在送达被告人传票的同时也应向辩护人送达传票;传唤证人、鉴定人、翻译人员。除了审判长可以依职权传唤他们到庭参加审判之外,控诉方、被告人及其辩护人可以申请法院传唤其出庭,并在法院拒绝其申请后,有权直接传唤或被带至法庭。

第三,证据调查、勘验与保存。证据的调查法庭既可以依职权进行可以依被告人申请开展。前者由法庭审判长命令调取证据材料,后者由被告人向审判长提出申请,并说明应当对此收集证据的事实,由法庭调取证据材料。法院在调查证据时,控诉方、被告人及其辩护人有权在场,但是不在场不影响取证的进行,所收集的证据控辩双方都有权查阅。证据的勘验是由法庭指定的受命法官依职权进行的,既可以由受命法官进行勘验也可以委托其他法院的法官为受命法官进行勘验,勘验适用取证规则。德国刑事庭前程序中设置了证据保全制度。当证人、鉴定人因疾病、虚弱或其他不能排除的障碍,或因路途遥远不能苛求证人、鉴定人到场时,法院可以命令受命法官或受托法官对其询问。受命法官或受托法官询问指定的期日应当预先通知控诉方、被告人和辩护人,询问时他们可以到场,不到场不影响询问的进行与效力。但是,当通知可能危及调查结果时,可以不通知。所作询问笔录应当送交控诉方和辩护人。

第四,通知法庭组成及其异议。州法院、州高等法院第一次审判时,应当在法庭审判开始通知法庭组成人员,并着重强调审判长、候补法官、候补陪审员。需要变更法庭组成人员时,应当在法庭审理前一周之内通知。对法庭组成人员提出异议,只能在法庭审理中就案件对第一个被告人询问前提出。异议申请应当附带理由一并提出。审判法庭认为异议成立,则作出变更法庭组成人员的裁定;否则,作出驳回异议的裁定,且对驳回异议裁定不得抗告。

第五,法庭审理前的管辖权变更。法庭审理开始前,如果法院认为更高级别法院对案件有管辖权的,可以通过检察院将案卷提交该更高级别法院;第 209a 条第 2 项 a 的规定相应地予以适用收到案卷的法院,裁定是否接受案件。如果是由刑事法官或者参审法庭向更高级别法院提交案卷的,在提交时确定的期限内,被告人可以申请收集个别证据。申请由接收提交案件法院的审判长裁定。接受移送的裁定中应当写明被告人和应当负责审理的法庭。第 207 条第 2 款第 2-4 项、第 3 款和第 4 款的规定相应地予以适用。该裁定是否可以提起异议依照第 210 条的规定。法庭审理开始前,法院如果认为被告人依据第 6a 条提起的异议正当,案件应当由《法院组织法》第 74e 条规定的有优先管辖权的特别刑事庭管辖,也可以依照第 1－3 款的规定处理。认为其他刑事庭有管辖权的法院,如果依照《法院组织法》第 74e 条拥有先于该刑事庭的优先权的,可以具有约束力地将案件移送该其他刑事庭审理:该移送裁定是否可以提起异议,依照第 210 条的规定。

三、中国澳门特别行政区刑事庭前程序

自从葡萄牙人"立埠于澳门,泰西通市"伊始,居澳葡萄牙人开始窥视着澳门的司法管辖权,企图实现治外法权。从 1553 年以来,居澳葡萄牙人成立议事会,集行政与司法于一体,且具有部分司法审理权。1783 年葡萄牙政府强化澳门治理,1799 年驱逐中国居民,1849 年封闭中国海关,拒绝接受清政府的管理,至此中国政府失去了对澳门的实际控制权和司法管辖权。直到 1999 年回归,澳门特别行政区才脱离葡萄牙的实际控制,而进入高度自治时期。但是,澳门特别行政区法律深受葡萄牙法律影响,具有明显的大陆法系的传统,回归后形成了以基本法为核心的成文法法律传统。这种大陆法系国家成文法的传统,在刑事诉讼法领域亦是如此。根据《中华人民共和国澳门特别行政区基本法》(以下简称《澳门基本法》)的规定,初级法院内部除可设立专门管辖法庭及特定管辖法庭之外,原刑事起诉法庭的制度继续保留。澳门特别行政区《刑事诉讼法典》2013 年重新修订并颁布后,在正式开庭审判前,澳门特别行政区《刑事诉讼法典》专章设置了"先前行为",作为开庭审理前的准备程序。因此,澳门特别行政区刑事庭前程序包括了预审制度和"先前行为"。

(一) 预审制度

澳门特别行政区《刑事诉讼法典》在第二部分第六卷第三编规定了"预审"制度,从预审一般规定、调查行为、预审辩论以及预审之终结四个方面进行了详细的规定。

1. 预审乃独立的任意性诉讼阶段。在澳门特别行政区刑事诉讼程序的框架中，整个刑事诉讼程序可分为侦查、预审、审判和上诉四个阶段。侦查及审判属于其中两个必须经过的阶段，而预审及上诉则属于不一定经过的阶段。所谓独立的诉讼阶段，是指预审完全独立于以及有别于侦查程序，目的并不是进行侦查或加强侦查，而是对检察院提出控告或将侦查归档之决定作出司法核实，以决定是否将案件提交审判。所谓的任意性诉讼阶段，是指预审并非必经诉讼程序，其仅适用于嫌犯或辅助人对检察院在侦查终结时所提出控告或将侦查归档之决定提出申请，预审方得进行。况且，法律规定在特别形式之诉讼程序中不得进行预审，只有以普通诉讼程序审理的案件，才可申请预审。换言之，一个案件在经过侦查阶段后，检察院会按照收集到的证据是否充分显示犯罪发生，而对案件作出归档或控诉的决定。只有嫌犯或辅助人不认同检察院的决定而申请预审时，预审才会进行，预审法官不可以主动进行预审。预审之目的是审查侦查完结后所作出的最后决定（控诉决定或归档决定）是否恰当、应否予以维持，以决定是否将案件提交法院审判。并不是且也不应该是单纯地重复检察院已经作出的调查措施。

2. 预审之主体。领导预审的主体是预审法官。澳门特别行政区预审法官制度"直接来源于 1976 年葡萄牙第 591/76 号令，预审法官的主要职责是对可能判处两年以上徒刑的案件进行初步侦讯，并对检察院的控诉作出司法核实，以决定是否将案件提交审判。"[1]即使葡萄牙预审制度有变，取消了预审法官对案件的侦查权，但是仍享有对特定侦查行为的决定权和对检察院控诉的预审权。[2] 澳门特别行政区《刑事诉讼法典》根据《澳门基本法》和《司法组织纲要法》保留了预审法官制度。预审法官任职于刑事起诉法庭，根据《司法组织纲要法》的规定，刑事起诉法庭的职权主要有两项：第一，在刑事诉讼程序中行使侦查方面的审判职能、进行预审以及就是否起诉作出裁判；第二，对徒刑及收容保安处分行使管辖权，如给予及废止假释，终止、重新审查、复查及延长收容等。刑事起诉法庭共

---

① 赵琳琳：《澳门司法制度新论》，北京：社会科学文献出版社 2015 年版，第 3 页。

② 参见徐京辉：《澳门刑事起诉法庭制度探析》，《澳门检察》2006 年第 6 期，第 A03 版。

有三名法官。刑事起诉法庭办事处的监管由属该法庭编制的法官根据法律的规定轮流负责管理，为期三年，并由年资最久的法官开始及按年资顺序轮流担任。刑事起诉法庭以专门庭的方式运作，共设有行政中心及两个分庭。

预审可分为两部分：第一部分是预审调查，主要是调查及收集证据，是由预审法官自己亲自进行或交由刑事警察机关进行，作为在第二部分预审辩论之用。但如果预审法官认为无须进行预审调查，可立即定出预审辩论的日期。根据澳门特别行政区《刑事诉讼法典》第 268 条第 3 款之规定："预审系由法官认为应作出之各调查行为之总体及强制预审辩论构成，该辩论以口头辩论方式进行，而且检察院、嫌犯、辩护人、辅助人及其律师均得参与，但民事当事人除外。"由此可见，在预审答辩环节，除预审法官之外，法例还规定检察官、嫌犯、辩护人、辅助人及其律师必须参与。而在预审调查行为环节中则部分人参与，如讯问嫌犯则嫌犯在场，听取辅助人证言辅助人在场等。

3. 预审法官的权能。其一，预审法官享有监督侦查权。如澳门特别行政区《刑事诉讼法典》第 251 条规定专属于预审法官命令或许可之行为：依据第 162 条和第 234 条规定的住所搜索，依据第 164 条规定的扣押函件，依据第 172 条规定的截听电话谈话或通讯，或将之录音，以及明确规定必须由预审法官命令或许可方能进行的侦查行为。根据澳门特别行政区《刑事诉讼法典》第四卷"强制措施即财产担保措施"的相关规定，担保、定期报到、禁止离境与接触、执行职务、从事职业或行使权利中止以及羁押等强制措施的决定权也属于预审法官。"从世界范围来看，由于搜索、扣押、监听、羁押等强制措施等极有可能侵犯人权，为了防止侦查机关滥用权力，各国或地区普遍在刑事诉讼中建立了司法审查机制，即由中立法官决定是否采取这类措施。"①其二，预审法官享有公诉审查权。预审程序的主要功能就是公诉审查，以决定是否提交审判。葡萄牙《刑事诉讼法》规定："预审调查的目的是确认控诉方的起诉，以监督控诉方的行

---

① 赵琳琳：《澳门司法制度新论》，北京：社会科学文献出版社 2015 年版，第 4 页。

为。"①澳门特别行政区《刑事诉讼法典》第 268 条也规定了类似之内容，强调"预审旨在对提出控告或将侦查归档之决定作出司法核实，以决定是否将案件提交审判"。其三，预审法官享有保全证据权。澳门特别行政区《刑事诉讼法典》第 276 条规定预审法官在预审期间得依据第 253 条之规定，依职权或依申请询问证人、听取辅助人、民事当事人及鉴定人的声明，以及进行对质。第 277 条规定对确定法院管辖权以及法院审判所必需的记录证明以及记录证明书，尤其是嫌犯刑事记录证明书，必须附卷宗。第 278 条规定预审法官在预审调查行为中实施的证明措施，须制作预审笔录。由此可见，预审法官在预审程序中可以保全证据，并将保全证据的过程制作笔录附卷，已备审判之需。这为正式审判的进行以及案件事实的查证创造了良好的条件。

4. 预审程序构成。预审程序由调查行为和预审答辩两部分构成。预审法官须作出实现预审目的所需之一切行为。然而，预审法官得交予刑事警察机关负责进行任何与预审有关之措施及调查，但依法专属法官权限之行为，尤其是澳门特别行政区《刑事诉讼法典》第 250 条第 1 款及第 252 条第 3 款所指之行为除外。关于行为之次序及重新作出事宜，调查行为系以法官认为对查明事实真相最适宜之次序进行。法官须作出批示，不批准被申请作出但对预审不重要或仅用作拖延诉讼程序进度之行为，而对该批示系不可提起上诉者；法官亦须依职权作出或命令作出其认为有用之行为。侦查中已作出之行为及证明措施，仅在其未依法定手续作出，或其重新作出对实现预审目的属必要之情况下，方重新作出。关于可采纳之证据事宜，凡非为法律禁止之证据，在预审中均可采纳。预审法官认为有需要讯问嫌犯时，以及嫌犯有此要求时，须为之。关于到场命令状及通知事宜，凡有需要确保某人在调查行为中在场，因而须作出特定告诫者，法官得发出到场命令状，当中载明有关之人之身份资料，并载明应到场之日期、地点及时间，以及载明无合理解释而不到场所引致之制裁。到场命令状最迟须在五日前通知利害关系人，但有适当理由说明情况属紧急者，不在此限；属此情况者，法官得仅给予应被通知之人其到场所必

---

① 汪建成：《欧盟成员国刑事诉讼概论》，北京：中国人民大学出版社 2000 年版，第 395 页。

需之时间。与此同时,在预审期间,法官得依据澳门特别行政区《刑事诉讼法典》第 253 条之规定及该条所指之目的,依职权或依申请询问证人,听取辅助人、民事当事人及鉴定人之声明,以及进行对质。凡仍未载于卷宗而可预见对预审或将进行之审判,以及对法院管辖权之确定属必需之纪录证明及纪录证明书,尤其是嫌犯刑事记录证明书,均须附于卷宗。而且,在调查行为中实施之证明措施,须作成笔录,而控方或辩方在此阶段提交之申请书,以及其他对案件之审理属重要之文件,均须附于笔录。

预审辩论是指控辩双方在预审法官面前以口头辩论的方式,就侦查及预审过程中得到的事实迹象以及法律资料是否足以支持将嫌犯提交审判进行的辩论。澳门特别行政区《刑事诉讼法典》从辩论日期之指定、辩论之目的、嗣后之行为、辩论之押后、辩论之纪律、领导及安排、辩论之过程、控诉书中或展开预审申请书中所描述事实之变更、辩论之连续性以及辩护记录等方面进行规范。预审辩论须定于尽可能近之日期进行,如法官认为不进行调查行为,须指定进行预审辩论之辩论日期、时间及地点;如有调查行为,则法官在最后之行为作出后五日内指定之。此外,最迟须在辩论进行前十日通知检察院、嫌犯及辅助人,最迟须在辩论进行前五日通知法官认为在辩论中必须在场之任何证人及鉴定人。辩论日期之指定并不妨碍法官有义务在辩论前或辩论期间,作出显示对发现事实真相属有利之调查行为。

辩论之维持纪律、领导及安排属预审法官权限,而预审法官在必要限度内拥有相当于本法典赋予主持审判听证之法官之权力。辩论之进行无须经特别手续。法官须确保就所调查之证据进行辩论,并确保嫌犯或其辩护人可在最后就证据表明立场。如任何关于证据之申请或措施,超逾此阶段就证据方面所要求仅限于显示是否存在犯罪迹象之目的,法官须拒绝之。除此之外,预审辩论的程序须要遵守特定的步骤,有关扼要之内容如下:第一,初端及先前的摘要阐述。辩论开始时,法官摘要阐述已进行之调查行为,以及其认为具争议性之重要证据问题。第二,听取检察官、辅助人以及辩护人的陈述。法官让检察院、辅助人律师及辩护人发言,以便此等人如欲申请调查涉及具争议性之具体问题且属显示是否存在犯罪迹象之补充证据时,能提出申请,而该等补充证据系该等人拟在辩论期间提出者。第三，证据的补充调查。在法官直接引导下进行证据之调查，而法官无须经任何手续而对调查证据时所出现之任何问题作出决定。法官得直接走近在场之人，向此等人提出其认为对实现辩论目的属必需之问题。第四，最后陈述。辩论终结前，法官再让检察院、辅助人律师及辩护人发言，以便此等人如欲就所收集之迹象是否足够，以及就作出将嫌犯提交审判之裁判所取决之法律问题作综合结论时，能为之。第五，预审答辩记录。预审辩论须缮立纪录，该纪录须依据第 90 条第 2 款之规定，以撮要方式记载一切关于口头声明之内容，但不影响第 89 条第 3 款之规定之适用。纪录须由法官及缮立纪录之司法公务员签名。

5. 预审之判决。如有嫌犯被拘禁，法官最迟须在两个月期间内终结预审；如无嫌犯被拘禁，则在四个月内终结预审。如预审之对象为第 193 条所指之任一犯罪，则上款所指之两个月期间延长至三个月。该期间自宣告展开预审之批示作出时起计。

预审辩论终结后，预审法官须作出起诉或不起诉批示。如收集到充分迹象，显示对嫌犯科处刑罚或保安处分所取决之前提成立，则法官以有关事实起诉嫌犯；反之则作出不起诉批示。第 265 条第 2 款至第 4 款之规定，相应适用于以上两款所指之批示。在以上各款所指之批示中，法官首先就其可审理之先前问题或附随问题作出裁判。仅其中一名嫌犯申请进行预审，并不妨碍法官有义务对所有嫌犯施以法律规定因预审而产生之后果。

须尽可能在预审辩论终结后，立即宣读起诉或不起诉批示；此宣读等同于对在场之人作通知。批示得以口头作出，并口述作纪录，此举视为已将批示通知在场之人。如因预审所针对之案件复杂而有需要，则法官在作出终结预审辩论之行为时，命令卷宗交其审阅，以便最迟在十日期间内作出起诉或不起诉批示；如属此情况，法官须立即告知各在场之人宣读批示之日期；第 1 款最后部分之规定，相应适用之。对不在场之人之通知，须依据第 100 条第 1 款 a 及 b 项之规定为之，如该两种通知方式使用后仍显得无效，则诉讼程序继续进行。

法官如认为对随后之审判属适宜，得在起诉批示中，要求制作社会报告书或更新已存于卷宗之报告书之资料，并要求在确定有关制裁前提交之。对于以检察院控诉书内所载事实起诉嫌犯之批示，不得提起上诉，而此批示亦促使立即将有关卷宗移送有管辖权进行审判之法院。

（二）先前行为

先前行为，又称之为初端行为，是指在正式审判之前所作出的一切行为，其目的在于为审判做准备，并为审判听证创造条件，使其在不受任何障碍的情况下进行。其主要包括以下几个方面：

第一，诉讼程序之清理。有管辖权进行审判之法院收到卷宗后，通过有关的程序来确定诉讼是否合乎规则，并且审查是否存在妨碍认定案件实体性事项的问题，解决可能妨碍审理实体性事项的先前问题或附随问题。先前问题是指与刑事诉讼程序有关、可能影响对实体性事项认定的问题。这些问题通常是法官在收到卷宗以及预备庭审时发现的，如法院管辖权、检察院进行程序或控诉的正当性、追诉时效等狭义上的程序性事项。附随问题同样是指程序性事项，但它是在诉讼程序进行期间所出现的，且到此时仍然未解决而应当处理的问题。

在完成诉讼程序之清理后，法官便决定卷宗的去向，且有可能出现以下两种情况：没有预审程序的案件，在公诉及准公罪的情况中，针对检察院所提出的控诉构成事实变更的部分，不受理辅助人所提出的控诉；在私罪的情况中，针对检察院以及辅助人所提出控诉构成实质变更的事实提出控诉，不受理检察院所提出的控诉。有预审程序的案件，接受案件的法官不超过 2 个月内指定审判听证的日期、时间及地点。

第二，指定听证日期之批示。指定听证日期之批示须包括下列内容，否则无效：a）指出有关事实及适用之法律规定，此指出得透过引用起诉书内所载者为之；如无起诉，得透过引用控诉书内所载者为之；b）指出到场之地点、日期及时间；c）如嫌犯在有关诉讼程序中仍未委托辩护人，则为其指定之；及 d）日期及法官之签名。指定听证日期之批示连同有关起诉书之副本，或如无起诉，则连同控诉书之副本，最迟须在指定之听证日前十四日通知检察院，以及嫌犯、辅助人、民事当事人及此等人之代理人。对嫌犯及辅助人之通知须依据第一百条第一款 a 及 b 项之规定为之。对指定听证日期之批示，不得提起上诉。

第三,通知以及告知。首先,对其余法官之告知。须藉送交指定听证日期之批示之副本,立即将该批示告知有权限审判有关诉讼程序之其余法官。作出上述告知之同时,或一旦有可能,须将控诉书或归档批示、辅助人之控诉书、起诉批示、嫌犯之答辩状、民事当事人之陈述书、任何关于强制措施或财产担保措施之批示等之副本送交该等法官。如显示有需要,尤其是由于案件特别复杂或出现之先前问题或附随问题特别复杂,法官得依职权或应有权限审判有关诉讼程序之其余任一法官之要求,命令将有关卷宗送交该等法官检阅,检阅期间不超逾十日;如属此情况,无须送交上款所指之文件。其次,对证人及鉴定人之通知及补偿。如证人及鉴定人被指定,而指定之人未承诺在听证时带同证人及鉴定人到场者,则须通知该等证人及鉴定人到场。应出席听证之上款所指之人或其代位人之申请,法官得对该等人裁定给予一定金额,该金额系按训令所核准之收费表计得,作为补偿该等人已作之开支;裁定给予之金额算入诉讼费用内。对于裁定给予上款所指金额及就其金额之数目而作之裁判,不得提起上诉。最后,答辩及证人名单。嫌犯如欲提出答辩,须自就指定听证日期的批示作出通知之日起二十日期间内提出,并附同证人名单。答辩无须经特别手续。嫌犯须在提交证人名单时,一并指出应被通知出席听证之鉴定人。证人名单按情况而定,得应检察院、辅助人、嫌犯或民事当事人之申请而补充或更改,但以上述任一人所申请之补充或更改可于所定听证日期三日前告知其他人者为限。此规定,相应适用于鉴定人之指定。

第三节　混合式模式下的刑事庭前程序

一、日本刑事庭前程序

根据学者的总结,日本刑事诉讼法的发展史大体分为三个时期:明治维新以前主要学习唐律,实行律令法制和武家法制,其刑事诉讼法也包含于其中;明治维新至第二次世界大战结束,主要以法国、德国为样板,制定本国的刑事诉讼法;第二次世界大战后,其刑事诉讼法又受到美国法的影响,大量吸收了当事人主义的因素,形成了颇具特色的刑事诉讼制度。①

与旧刑事诉讼法②相比较而言,日本 1948 年《刑事诉讼法》是在日本宪法下得到全面修改的唯一一部基本法典,删除了"关于大省院特别权限的诉讼程序"以及"私诉"二编;删除了第一编总则中的"讯问被告人";新增加了第一编总则中的"证据保全"。尤其值得强调的是,1948 年《刑事诉讼法》删除了第二编第一审中的"预审",这种借鉴于法国的预审制度至此被废除。"这种废除,不仅表现为预审法官这一司法主体不复存在,更表现为整个预审程序的彻底根除。预审制度在日本的消亡,既与当时占领军对日本法律制度进行当事人主义改造的历史条件有关,也是日本国内长期以来主流观点对预审制度持批评态度的必然结果。"③在废除预审制度之后,刑事诉讼法的制定与修订深受美国法的影响,吸收了大量的当事人主义的因素,但是,并未建立与预审具有的公诉审查功能相类似的制度。

(一) 庭前审查机制阙如

日本刑事起诉制度实行国家追诉主义、起诉垄断主义和起诉便宜主义。国家追诉主义,即对犯罪一律由国家追诉,而不实行私诉。起诉垄断主义意味着只能由检察官代表国家提起公诉。如日本《刑事诉讼法》第247 条规定:"公诉,由检察官提起。"这表明日本起诉制度实行国家追诉主义和起诉垄断主义或起诉独占主义。与此同时,日本《刑事诉讼法》第248 条规定:"根据犯人的性格、年龄及境遇、犯罪的轻重及情节和犯罪后的情况,没有必要追诉时,可以不提起公诉。"这表明,日本刑事诉讼法实行起诉便宜主义,即准许检察官对是否起诉拥有一定裁量权。谋求实现国家刑罚权的刑事诉讼与把私人利益作为基础的民事诉讼不同,应当将实现正义作为第一要义,将公平正当作为意旨。因此,由公正的不受报复感情及利害关系所左右的国家机关行使追诉权,是最为恰当的。④ 检察

---

① 《世界各国刑事诉讼法》编辑委员会编译:《世界各国刑事诉讼法·亚洲卷》,北京:中国检察出版社 2016 年版,第 318 页。

② 日本旧刑事诉讼法是指 1948 年以前,从 1890 年到 1922 年的《刑事诉讼法》。

③ 潘金贵:《刑事预审程序研究》,西南政法大学博士论文,2004 年,第 18 - 19 页。

④ 参见[日]土本武司:《日本刑事诉讼法要义》,董璠舆、宋英辉译,台北:五南图书出版公司1997 年版,第 3 章第 1 节第一"基本原则"。

官垄断起诉权,不仅可以在公诉方面实现最大程度的公正性,避免陷入私人起诉可能产生的报复和滥诉的弊端,而且还可以在最大程度上保证起诉标准的统一。

为了防止控诉方的不当起诉,实行国家追诉主义、起诉垄断主义和起诉便宜主义的国家大都针对重大案件采取了类似于司法审查机制的庭前审查制度,避免控诉方提起公诉之权的滥用。如法国预审法官、英国治安法官以及美国大陪审团或治安法官的预审制度,德国中间程序等,尽管预审制度在逐步衰败中。日本刑事诉讼法废止预审制度,控诉方提起公诉与法官审判程序之间并不存在所谓的司法审查机制或中间程序予以审查提起公诉的得当与否,其主要原因在于日本实行"起诉一本主义"制度。所谓的起诉一本主义是指"控诉方在提起公诉时,只能向有管辖权的法院提交符合法定格式的起诉书,表明控诉方的起诉主张,而不能同时移送有可能使审判人员对案件产生预断的其他文书和证据,也不得引用这些文书和证明的内容。"①

在"起诉一本主义"背景下,日本刑事起诉与刑事审判两者之间并不存在司法审查或中间程序的构建,被学者称为"易发式"或"一步到庭"的审判程序。这种模式的优点在于避免诉讼程序繁杂而导致的费时耗力之嫌,由主持审判程序的法官在"空明心境"的状态下,在法庭审判中审视控诉方起诉,以有罪或无罪裁决的方式决定该起诉而产生的后果。与此同时,该模式的缺点也是较为明显的。"一步到庭"难以避免控诉方滥用公诉职能的可能,而一旦被滥用,不仅仅浪费了有限的司法资源,更为甚者的是,被告人便陷入了司法追究的境地,而根据有关资料显示,日本刑事诉讼有罪刑事判决率高达95%以上。由此可见,被告人在被滥用公诉权的诉讼程序中,保障诉讼权利尤为艰难。另外,即使法院随后在审判程序中以无罪判决的形式纠正错误的起诉,但是被告人权利保护的及时性也被大打折扣。正如法律格言"迟来的正义为非正义",审判过程中纠正起诉之错误无可厚非,但本应在起诉时就要解决的问题却拖到审判中来解决,这是不公正的。当然,日本刑事诉讼法为预防不当起诉,也为之架设

---

① 龙宗智:《刑事庭审制度研究》,北京:中国政法大学出版社 2001 年版,第 161 页。

了诸多规制控诉方提起公诉的制度。如提起公诉的强制性要式规定。提起公诉应当提交起诉书，且应当记载被告人的姓名或其他足以认定为被告人的事项、公诉事实以及罪名。其中公诉事实，即诉因，应当明确尽可能地以时、地点及方法等足以构成犯罪的事实予以记载；罪名也应当明确适用的条文。但起诉书不得添附可能使法官对案件产生预断的文书及其他物品，或者引用该文书上的内容。又如起诉便宜主义，是指控诉方对具有犯罪客观嫌疑且具备诉讼条件的案件，根据被追诉人的性格、年龄及境遇、犯罪的轻重及情节和犯罪后的表现，没有必要起诉的，拥有作出不提起公诉的裁量权。无论是提起公诉的强制性要式规定还是起诉便宜主义，与其说是公诉权的制约，不如说是公诉权的自我约束。毕竟，这两种机制几乎都是检察院在自我体悟、自我理解基础上的独立决断。

（二）庭前准备程序

日本刑事诉讼程序废除了预审制度，实行"起诉一本主义"，控诉方提起公诉后，案件系属直接归属于法院，随即法院即开启审判程序。这直接导致两个后果，一是审判程序拖延严重，诉讼效率低下。一起诉就开庭，使得所有的诉讼之要件都集中在审判程序中予以处理，如法官的除斥和避忌等程序事宜的申请与处理、调查证据等证据或事实事宜的申请与处理等等，致使案件审理严重超过法定期间，甚至达到 20 年之久。于是，日本刑事诉讼法先后于 1950 年增设了诉讼关系人的准备义务，1961 年增设了庭前准备规则，以消解诉讼拖延而导致诉讼效率低下的弊病。二是裁判员制度的实行。"为了使司法充分地发挥作用，国民的广泛支持和理解，以及确立国民基础是不可或缺的。"[1]日本于 1999 年成立司法改革审议会，并于次年决定引入裁判员制度，于 2004 年制定出相关法律规定，于 2009 年 5 月 21 日开始全面实行《裁判员法》。由于裁判员制度中并不要求裁判员必须具备一定的法律教育背景，而有诸如涉及法律适用与解释的专业性问题，如判断证据能力的有无问题，这需要由职业法官来处理，

---

[1] 司法制度改革审议会：《司法制度改革审议会》（2002 年），第 101 页；〔日〕松尾浩也：《日本刑事诉讼法》，丁相顺译、金光旭校，北京：中国人民大学出版社 2005 年版，第 274 页。

职业法官的提前处理则涉嫌预断，推迟处理而又可能拖延诉讼，此为其一。其二，无证据能力的证据资料进入审判程序将影响裁判员心证的形成，故需要在审判程序之前禁止无证据能力的证据资料进入审判程序。所以，实行裁判员制度进行审判必须在审前之前将有关这样的问题予以解决。依据日本《裁判员法》第49条的规定，适用裁判员参与审判的案件，应当在审判程序之前实行整理程序，以便进行充分的争点整理，同时做出明确的审理计划，并以法院为主导者进行准备程序。与此同时，在争点整理程序中，日本扩大并充实了证据开示制度，在证据开示的时间、范围加以明确规定。

为了促使刑事诉讼程序快速有效而正确适用法律，以发现真实并保障人权，尤其是审判程序的集中不间断进行，日本刑事诉讼程序设置了准备程序。鉴于杜绝法官在审判之前查阅案件资料，进而受到影响产生预断之情形，其准备程序分为两种：一是第一次开庭前的准备程序，二是第一次开庭后的准备程序。

1. 第一次开庭前的准备程序。第一次开庭前的准备程序主要是由控诉方和辩护人进行的事前准备，为贯彻预断排除原则，除有关送达通知之外，法官原则上并不介入其中。

（1）起诉书副本的送达。依据控诉方提起公诉必须提出起诉书，和自法院书记官受理起诉书之日起第一次开庭审判的准备程序即被开启的要求，法院在收到起诉书时应不延迟地将起诉书副本送达被告，让其知悉起诉之内容，也以便于被告在准备程序中行使防御权。当然，为了被告人充分的刑事防御权，法院在送达起诉书时务必给予其一定的时间予以准备，即送达起诉书与第一次开庭审判之间必须有相当的时间，否则，视为侵犯被告人诉讼权利之行为。当基于非自身的原因起诉书副本无法送达时，必须通知控诉方，如果自提起公诉之日起2个月以内没有送达起诉书副本，已被提起的公诉溯及失其效力，法院即应当裁定不予受理。这既是基于迅速裁判的要求又是保障被告人防御权的必要。

（2）辩护权告知即辩护人选任。法院收到提起的公诉时，应当不延迟地告知被告人可以选任辩护人以及由于贫困或其他事由不能选任辩护人时可以请求选任辩护人。而对于必要辩护案件，即对于死刑、无期徒刑或三年以上有期徒刑的案件,则应告知被告人必须有辩护人才能开始审判。法院告知后应给予被告一定的答复期间,对于必须有辩护人的案件,被告未在答复期间内答复的,被视为没有辩护人,审判长应当为其指定辩护人,否则不能开庭审判。

（3）第一次开庭审判期日的指定与变更。审判期日由审判长职权确认,并将日期通知控诉方、辩护人及辅佐人。法院也可以依职权或控诉方、被告人或辩护人的申请变更已经确定的审判期日,变更审判期日应事先听取控诉方、被告人或辩护人的意见,并给予控辩双方提出异议的机会。法院滥用职权确定或变更审判期日的,诉讼关系人可以根据最高法院的规则或训令的规定,请求采取司法行政监督措施。

（4）通知、传唤与询问。提起公诉后,法院适时通过书记官将控辩双方的姓名通知给彼此,以方便诉讼准备活动的联系。法院在审判日期应当传唤被告人,因患病等事由不能到场,应提交证据材料予以佐证。法院考虑到证人的重要性、年龄、职业、健康状况等情况和案件的轻重,在听取控辩双方的意见后,认为有必要,可以于审判期日之外的时间传唤证人到法院或者证人所在场所进行询问。

（5）对强制措施的处分。对提起公诉之后到第一次审判日以前,法官有权决定是否对被告人实施强制措施,在听取辩护方对案件的陈述后,既可以拒绝签发逮捕证而立即释放犯罪嫌疑人,也可以对被告人实行逮捕和羁押。

（6）证据收集与保全。日本现行刑事诉讼法规定,在第一次审判前证据的收集应当由控辩双方进行,法院不得在此期间收集证据,一是因为起诉一本主义而导致法院不知道收集何种证据,二是避免法院因收集证据而产生不利于被告人的预断,甚至是偏见。控诉方在第一次审判之前应当整理所收集的证据,制定出示证据的计划。对于准备在审判程序上请求调查的证据,应当给予辩护方阅览和了解证据的机会,涉及证人或鉴定人时,也应尽可能通知辩护方其姓名、住址等信息。控诉方应当尽快通知辩护人对其提供阅览的证据是否同意或对辩方申请调查证据的请求是否有异议。辩护方对于控诉方提供阅览机会的证据,尽快对其作出是否同意或是否有异议的答复,并通知控诉方,有需要向控诉方提供阅览的证据也应当尽快提出,并给予阅览之机会。因为辩护方与控诉方相比,既没有扣押、搜查之权力也没有保全证据之能力,所以法律赋予辩护方对于不事先保全证据使用时有困难的,可以请求法官予以扣押、搜索、勘验和鉴定等证据保全措施。

2. 第一次开庭后的准备程序。第一次开庭后的准备程序主要是进行交付审理前整理、证据开示、诉讼变更等。2004 年法律修正时引入了争点与证据整理制度。对于案情复杂、争议较大,或者证据关系复杂、证据数量较多,或者证据开示存在一定困难的案件,第一次开庭审理之前,法院认为为了持续、有计划、迅速进行法庭审理,在听取控辩双方的意见后,可以用裁定将案件交付审理前整理程序,整理案件争点和证据。二是证据开示程序。

(1)交付审理前整理程序。法院为了能够进行充分准备的审理程序,应当在审理之前进行争点和证据整理,诉讼关系人应当在该程序中互相配合,协助法院推进该程序,并尽早地终结。审判前整理程序由合议庭确定的受命法官为之,法院书记官、控诉方或者辩护人必须到场,否则不得进行。法院要求被告人在审判前整理程序到场的应当及时通知控辩双方。

审判前整理程序围绕着以下内容进行:明确诉因和处罚条款及其变更,明确主张后整理案件争点,有关请求调查证据、作出或驳回证据调查的裁定、调查证据的顺序和方法、对证据调查申请异议的裁定,对证据开示进行裁定,对申请裁决诉讼的裁定以及其他必要进行的事项。[①]

(2)证据开示程序。在争点和证据整理过程中,控诉方应当把记载预定在庭审证明的事实的文书提交给法院,并送达被告人或辩护人,但不能提交将导致法院产生预断的事项。控诉方可以请求调查用于证明预定事实的证据,法院在听取控辩双方意见后确定提交文书和请求调查的期限。

控诉方请求调查的证据应及时向辩护方开示,其中,对于书证或物证

---

① 参见张凌、于秀峰编译:《日本刑事诉讼法律总览》,北京:人民法院出版社 2017 年版,第81 页。

给予阅览之机会；对于人证（证人、鉴定人或翻译人等）给予知悉其姓名和住所的机会，并给予知悉该人的陈述笔录的机会。当然，对请求调查证据以外的证据，若因开示可能产生不当后果时，控诉方可以指定开示的时间和方法，或者附加条件开示。

辩护方在收到控诉方提交的文书，并接受证据开示后，应及时反馈同意或异议意见，预计在该预定证明事实及其在庭审上提出事实和法律上的主张时，应当事先向法院或控诉方表明。辩护方也有权申请法院调查用于证明预定事实的证据，并在取得证据后及时向控诉方开示，开示的内容与方法与控诉方向辩护方开示的一样。控诉方在辩护方开示证据后应及时将其同意或异议之意见及时反馈。

法院考虑到证据开示的必要性、开示证据可能产生的弊端、程度以及其他情况，根据控诉方、被告人或辩护人的申请并听取其意见后，对彼此申请调查之证据，认为必要时可以用裁定指定开示证据的时期或者附加条件。法院认为控诉方没有开示应当开示的证据，或者认为被告人或辩护人没有开示应当开示的证据，根据控辩双方的请求并听取彼此意见后，应当用裁定命令开示证据。控辩双方对此两类裁定不服可以提出即时抗告。

（3）变更诉讼。控辩双方在争点和证据整理结束后认为有必要追加或者变更预定证明事实时，应当及时将记载追加或变更的预定证明事实的文书提交法院，并送达对方。控辩双方认为需要证明变更后的请求进行证据调查时，也可以及时请求调查证据。

（4）审判前整理程序终结。法院在审理前整理程序终结以后，应当在控辩双方之间，确认整理案件的争点和证据的结果，并由法院书记官制定审理前整理程序笔录，该笔录应按照《刑事诉讼规则》第 217 条之 14 款规定的记载事项予以记载。审理前整理程序笔录应当在该程序结束后，最迟不得在第一次审判日以前整理完毕，并由法院书记官、受命法官或审判长署名盖章。就交付整理程序的事项，控诉方、被告人或辩护人，除了不得已的事由无法在本程序请求以外，在交付整理程序结束后，不得请求证据调查，不妨碍法院职权调查证据的适用。

综上所述，在第一次开庭后的准备程序中，控诉方应提交"证明预定事实记载书";申请调查证据并开示相关证据;控诉方还应对辩护方开示将来预定在审判程序中的主张及证据调查后,及时表示意见。被告人及辩护人在控诉方完成其所应为之行为后也负有"主张明示义务",即对控诉方调查证据的请求表示意见,对控诉方的主张提出意见,若有预定在审判程序中提出的事实及主张亦必须予以明示,另外,被告人及辩护人为证明其主张及其主张所依据之事实,依法律之规定应请求证据调查,且如同控诉方开示证据方式来开示证据。法院在此程序中,应确认经控辩双方认可的争点,且该争点在将来的审判程序中必须予以明示;其次,法院应决定在审判程序中所调查的证据以及调查证据的顺序。再次,法院就是否证据开示有争议时做出裁定。

二、中国台湾地区刑事庭前程序

自海峡两岸分立以来,中国台湾地区的刑事诉讼法以 2002 年修法为界,将之分为职权进行主义诉讼模式的刑事诉讼法和改良式的当事人进行主义的刑事诉讼法。2002 年以前的台湾地区刑事诉讼沿袭大陆法系的职权主义传统。例如,1995 年扩充控诉方不起诉处分的范围(第 256 条),简化第二审判决书之制作(第 373 条),严格限制第三审上诉案件范围(第 376 条)以及修正简易程序(第 449、451、454 条;并增设第 449—1 条);1997 年增设预防性羁押(第 101—1 条),修改人犯的解送(第 93—1 条),确立拘捕前置原则。1998 年保障提审被害人的权益,受讯问享有陪同人员并在受送达之列,此外还增设了法官或控诉方因二次惩戒处分得为再审理由之规定;2000 年修订了执行羁押(第 117 条)和自诉程序(第 323、326、328、338 条);2001 年增设嫌犯与电磁记录可为搜索的对象(第 122 条)以及附带搜索与紧急搜索的相关规定(第 130、131 条)。这种以加强公权力机构权力,附带着或修改或增加被追诉人或其他诉讼参与人的权利为特点的修律增法,倡导法官甚至法官与控诉方联盟主导刑事诉讼进程,淡化被追诉人诉讼权利并限制其权利行使,是职权主义诉讼模式的表征。法律虽然规定控诉方对指控犯罪事实承担举证责任,但是同时要求法官应当依职权调查取证,再加上控诉方职权范围广、取证能力强,于是司法实践中形成了法官主导着证据调查的全过程,尤其是在控诉方不出庭进行公诉时,法官主动收集不利于被告人的证据。这种在控诉方缺位而法官主动调查不利于被告人的证据并与被告人对立式的质问,审判的公正性饱受民众的质疑。司法院鉴于刑事诉讼程序备受指责的情形,根据1999年台湾地区司法改革会议的决定,于2002年2月修改刑事诉讼法,将其诉讼制度修正为"改良式的当事人进行主义"。

从2002年以后,台湾地区刑事诉讼法历经多次修正,以2002年的修改为起点,台湾地区刑事诉讼法诉讼模式转向为"改良式的当事人进行主义"。该诉讼模式的出发点为贯彻无罪推定原则,控诉方有权指挥检察事务官、司法警察(官),联合收集证据,最有可能掌握被告人犯罪事实的证据,所以控诉方承担指控犯罪事实的举证责任;被告人就被指控的犯罪事实指出有利的证据方法。整个庭审过程由当事人主导法庭证据调查活动,只有在维护公平正义以及被告人重大利益,或案件事实有待澄清时,法院才能依职权主动调查证据。2002年台湾地区刑事诉讼法的修改沿着两个方向展开:一是向着"改良式的当事人进行主义"推进,规定控诉方承担举证责任,正式庭审由控辩双方主导进行;二是加强对公权力监督机制,尤其是规范控诉方追诉权力的行使。其涉及法条为2002年修正的第161条和第163条。第161条规定:"控诉方就被告犯罪事实,应负举证责任,并指出证明之方法。法院于第一次审判期日前,认为控诉方指出之证明方法显不足认定被告有成立犯罪之可能时,应以裁定定期通知控诉方补正;逾期未补正者,得以裁定驳回起诉。驳回起诉之裁定已确定者,非有第260条各款情形之一,不得对于同一案件再行起诉。违反前项规定,再行起诉者,应谕知不受理之判决。"这次修法规定控诉方承担证明被告犯罪事实的举证责任,并增设了庭前公诉审查机制,以防止公诉权的滥用,保障被追诉人权利。第161—1条规定被告人不承担证明责任,但可以就被指控事实提出有利于自己的证明方法;第161—2条规定了正式庭审围绕着当事人就调查证据的范围、次序及方法提议而进行,这是当事人主义诉讼模式的典型特点;第161—3条规定被告人自白在其他证据调查完毕之后才能进行调查,进一步加强了保障了被告人的诉讼权利。为了配合"改良式当事人进行主义"刑事诉讼的实施,台湾地区刑事诉讼法于

2003 年进行了修改条文最多的一次修改。此次修订最重要的部分在于证据,确立并完善了违法证据排除法则、传闻法则、自白法则、交叉询问规则等,还增加了证据保全的相关规定。2004 年增加了协商程序(第 455—2 条以下)。此后从 2006 年至今,台湾地区刑事诉讼通过修正部分条款,进一步保障当事人或其他诉讼参与人的权利。如 2009 年修正处理夜间羁押被告人申请事项、控诉方缓起诉处分附加义务、简易判决处罚刑种范围以及增设社会服务及执行规定,2010 年强化被告人的会见通讯权利,并增设权利救济机制,2012 年修正第 245 条第三项有关"不得公开揭露"规定及授权指定侦查不公开作业办法,2013 年对指定律师辩护或公设辩护人辩护制度,以及 2014 年、2015 年、2016 年和 2017 年不间断的修订。

"改良式的当事人进行主义"保留了职权进行主义的优点与当事人进行主义有所区别,其效果有:第一,控诉方提起公诉更加慎重。修法增设的公诉审查制度,要求控诉方必须对被告人犯罪事实提出证据,必须到庭实行公诉职能,并且提供的证据应达到足以认定被告有成立犯罪可能的程度,否则就可能被法院驳回起诉。一旦被法院作出驳回起诉的裁定,控诉方非有"发现新事实或新证据",不得对同一案件再行起诉。为了避免被法院裁定驳回起诉,检察院势必认真审核证据,谨慎对待起诉。第二,更为清晰地理顺法官与控诉方之间的职权界限。"改良式的当事人进行主义"强调法官的中立地位,诉讼程序由当事人举证、质证活动而向前推进,法官不再以对立面的立场质问被告人,也不接替控诉方主动收集对被告人不利证据的工作。法官只有在为维护公平正义以及被告人利益之必要时才主动依职权调查证据。控诉方必须践行庭审公诉职责,并负有举证责任,否则将承担举证不能之败诉后果。如此,法官主职审判,担当"平亭曲直、客观听讼"①保障被告人诉讼权利的角色,而控诉方主职追诉并举证打击犯罪,两者于刑事审判中的职权界限较为清晰。第三,有利于保障被追诉人权利。公诉审查机制的主要目的是防止控诉方滥用公诉权提起不当之诉。公诉审查机制起到过滤不当案件的作用,避免被追诉人陷于不利地位,从而保障被追诉人的权利;从另外一个角度而言,即使案件

---

① 张丽卿:《刑事诉讼法理论与运用》,台北:五南图书出版股份有限公司 2013 年版,第 46 页。

是在证据不足又无法补正的情况提起公诉的，因法院可以不经过冗长的调查及言词辩论程序，直接裁定驳回起诉，被追诉人免于不必要的讼累，这对被追诉人权利的保障也有帮助。

（一）公诉审查程序

控诉方依据侦查所得证据，认为被告有犯罪嫌疑且具有刑事惩罚的可能性和必要性，应提起公诉。为此，控诉方应当以公诉书的书面形式，将卷宗和证物一并送往有管辖权的法院。2002 年台湾地区刑事诉讼法修正条文增设了公诉审查机制（台湾地区学者称之为起诉审查制），其立法理由为参考有关控诉方对司法警察（官）移送案件的退案审查制度精神，以及德国刑事诉讼法"中间程序"与美国联邦刑事诉讼规则第 5 条第 1 款和第 29 条中"Arraignment"程序"Motion to Dismiss"制度立法宗旨。公诉审查制度要求，控诉方提起公诉之后法院第一审之前，有管辖权法院指定受命法官审查控诉方的证明方法，以确定起诉是否达到证明标准，并对起诉予以处理的程序。

1. 公诉审查的时间与管辖法院。依据《刑事诉讼法》第 161 条第 2 款的规定，公诉审查程序的时间为控诉方提起公诉之后至法院"第一次审判期日之前"。法院管辖权也按照法条规定，依照事物管辖和土地管辖的一般管辖原则确定。由于从提起公诉之后到第一次审判之前是一个较为宽泛的规定，可见，台湾地区刑事诉讼法并没有将公诉审查阶段与庭前准备阶段相分离，所以个案中的公诉审查往往具有时间上不确定性，致使公诉审查发生的时空差异很大。

2. 公诉审查的标准。公诉审查的标准为"控诉方指出的证明方法显不足认定被告有成立犯罪之可能"。"有成立犯罪之可能"意为有犯罪之嫌疑，概指被告与被指控的犯罪事实和证据两者之间有充分的关联性，且该关联度达到了成立犯罪并可能依律治罪的可能。[1] 学者总体上认为"显不足认定被告有成立犯罪之可能"可以解读为依据经验法则和正常人之理性，客观上可以判断控诉方起诉要旨以及全案的证据资料不足

---

[1] 参见林钰雄：《刑事诉讼法》，台北：台北新学林出版社 2005 年版，第 113 页。

以认定被告有犯罪嫌疑。可见,对于该证明标准的证明方法并非严格证明,受命法院可以不遵循直接言词和公开原则而依合目的性裁量的自由证明。

3. 公诉审查程序的审查法官。依据法律之规定,公诉审查由有管辖权法院合议庭组成成员担任审查法官,通常由合议庭或审判长指定其成员为受命法官,以审查起诉。因为控诉方配置于各级法院,其所配置的法院被称为"所属法院"。通常情况下与"管辖法院"是相匹配的,但也有出入。当"所属法院"没有管辖权时,须将案件移送到有管辖权的法院,后者可称为"管辖法院"。公诉审查程序的审查法官必须为"管辖法院"被指定为受命法官的合议庭成员担任。

4. 审查结果。公诉审查程序的结果分为开启审判程序和拒绝开启审判程序两种。如果受命法官认为依据侦查所得的证据资料,被告很有可能触犯被指控的犯罪,并且被有罪判决,受命法官应作出准予开启审判程序的决定;若受命法官认为控诉方提供的证明方法显然不足以认定被告有成立犯罪之可能性,则分为两个阶段处理:第一,裁定定期通知控诉方补正;第二,控诉方逾期未补正,受命法官须作出驳回起诉的裁定。可见,对于没有达到起诉标准的诉讼案件,受命法官先是要求控诉方予以补正,逾期未补正才驳回起诉。控诉方不服驳回起诉裁定,可以提起抗告,请求上级法院纠正。为维护被告人的权利,被驳回起诉者,没有"发现新事实或新证据者"不得对同一案件再次起诉,否则,受命法院应谕知不予受理判决。

(二) 庭前准备程序

为了审判程序能够密集、集中高效进行,以配合"改良式的当事人进行主义",2003 年修正案设置了"准备程序",为正式的审理程序做好准备,使得"人"与"物"能齐聚于审判期日,达到审理程序的集中高效之结果。① 根据刑事诉讼法第 271—279 条之规定,台湾地区刑事庭前准备程序包括指定审判期日、会合诉讼关系人、确定起诉范围、答辩与程序分流、

---

① 参见[日]林山田:《刑事诉讼法改革对案》,台北:元照出版有限公司 2000 年版,第 393 页。

整理案件争点以及相关证据预先处理。①

1. 指定审判期日。审判期日由审判长依职权确定,或者独任制则由行使审判长职权的独任法官依职权确定。第一次审判期日应最迟在开庭审判七日前送达被告人及其辩护人,刑法第61条规定除外。

2. 会合诉讼关系人。审判期日指定后,应立即传唤被告人及其代理人到庭,并通知控诉方、辩护人、辅佐人出庭或到庭。对于传唤或通知哪些诉讼关系人通常由审判长指定审判期日时一并指定,由书记官分别传唤或通知。会合诉讼关系人的具体时间,以有利于准备程序的开展为前提,即应给予当事人或辩护人以适当时间准备庭前准备程序。经过合法传唤或通知,无正当理由不到庭的,法院应当对到庭之人进行庭前准备程序,避免诉讼程序的拖延,准备程序处理的事项,应制作笔录,并有到庭之人紧接记载之末尾处签章或按指印。

3. 确定诉讼范围。根据刑事诉讼法第264条之规定,控诉方的起诉书应当明确记载被告之人个别信息以及犯罪事实、证据和所触犯的法条,当起诉书记载不明确或有异议,事关法院审判范围以及被告人防御行使,应当在庭前准备程序中予以确定,法条规定了"起诉效力所及之范围与有无变更控诉方所引应适用法条之情形"。控诉方提起公诉是以案件为对象的,案件由被告人和犯罪事实两部分组成,对起诉书没有记载的那一部分才需要在庭前准备程序中加以明确,应视情况而定。第一,若起诉书遗漏被告人姓名且无法通过其他资料予以识别或欠缺犯罪事实,则不能补正;若漏列被告人姓名但有其他资料予以识别仍可以补正。因为欠缺被

---

① 其庭前准备程序集中体现于第273条:"法院得于第一次审判期日前,传唤被告或其代理人,并通知控诉方、辩护人、辅佐人到庭,行准备程序,为下列各款事项之处理:一、起诉效力所及之范围与有无应变更控诉方所引应适用法条之情形。二、讯问被告、代理人及辩护人对控诉方起诉事实是否为认罪之答辩,及决定可否适用简式审判程序或简易程序。三、案件及证据之重要争点。四、有关证据能力之意见。五、晓谕为证据调查之声请。六、证据调查之范围、次序及方法。七、命提出证物或可为证据之文书。八、其他与审判有关之事项。于前项第四款之情形,法院依本法之规定认定无证据能力者,该证据不得于审判期日主张之。前条之规定,于行准备程序准用之。第一项程序处理之事项,应由书记官制作笔录,并由到庭之人紧接其记载之末行签名、盖章或按指印。第一项之人经合法传唤或通知,无正当理由不到庭者,法院得对到庭之人行准备程序。起诉或其他诉讼行为,于法律上必备之程序有欠缺而其情形可补正者,法院应定期间,以裁定命其补正。"

告及犯罪事实的起诉程序违背第 264 条之规定,应当依照第 303 条第 1 款"起诉程序违背规定"而作出不应受理的判决;第二,起诉书遗漏被告人的年龄、籍贯、职业、居住地等情形,应当要求予以补正,因为被告人有到庭参加审判的义务,审判长也要对被告进行人别讯问以查证其身份是否是当事人。如果被起诉之人是该案的被告人但是其"所在不明",控诉方也应提起诉讼;如果不能确定被起诉之人是否是该案的被告人,即"犯人不明",则依据第 262 条规定不得终结侦查,也就不能提起公诉了。第三,公诉书遗漏证据和所适用法条时,因为证据欠缺,不符合控诉方就被指控犯罪事实承担举证责任的规定;遗漏法条,判决书也无法变更法条,所以法院应当在庭前准备程序中裁定其补正,逾期未补正的,视为起诉程序违法,依据第 303 条谕知不予受理判决。

4. 答辩与程序分流。在庭前准备程序中,控诉方陈述起诉的要旨后,受命法官要求被告人进行答辩,其答辩内容应围绕着控诉方起诉事实是否认罪进行。如果被告人答辩认罪,受命法官根据案情,可以告知被告人有关简式审判程序或简易程序的主要内容,在听取被告、代理人及辩护人的意见后,裁定进行简式审判程序或简易程序。针对轻罪案件,庭前准备程序赋予被告人有先就被指控犯罪事实答辩有罪的机会,由于案件事实清楚,证据调查无须进行交叉询问之必要,所以关于证据调查的先后次序、调查的方法、证据调查的限制等,均不需要强制适用,有关传闻证据的证据能力限制规定也毋庸适用。当案件符合第 449 条规定的简易程序审理时,即"第一审法院依被告在侦查中之自白或其他现存之证据,已足认定其犯罪者,得因控诉方之申请,不经通常审判程序,径以简易判决处刑",被告人认罪且愿意放弃有关诉讼权利,受命法官征求控诉方、辩护人、被害人的意见后,由简易庭审理案件。此时的简易程序被称为"简易程序之求刑准协商程序"或者"侦查中的协商程序",适用该简易程序有两种情形:第一,第 449 条之规定的情形;第二,第 451—1 条规定的情形。①

---

① 第 449 条:"第一审法院依被告在侦查中之自白或其他现存之证据,已足认定其犯罪者,得因控诉方之声请,不经通常审判程序,径以简易判决处刑。但有必要时,应于处刑前讯问被告。前项案件控诉方依通常程序起诉,经被告自白犯罪,法院认为宜以简易判决处刑者,得不经通常审判程序,径以简易判决处刑。依前二项规定所科之刑以宣告缓刑、得易科罚金(转下页)

虽然该协商为"侦查中的协商",与 2004 年增设的协商程序(被称为"审判中的协商程序")有相似之处,但是两者也有着明显的不同。1997 年修法时初步引进美国的认罪协商程序制度的精神,即控诉方拟申请简易判决处刑的轻微案件,被告人自白认罪,得向控诉方表示愿意受科刑的范围或愿意接受缓刑处罚,经控诉方同意后记明笔录,控诉方应当受到合意约束,以被告表示为基础,向法院求刑或为缓刑宣告的请求。原则上,法院也应受控诉方求刑的约束。但是,被告与控诉方未必就科刑等事项进行协商,且法院在判决前未必讯问被告,所以该简易程序只能"以宣告缓刑、得以科罚金或得以服社会劳动之有期徒刑及拘役或罚金为限",且对该简易判决当事人原则上可以上诉。然而,在"审判中的协商程序"中,被告人与控诉方必然先行协商,法院在判决前必须讯问被告人,且所处罚之刑以宣告缓刑、二年以下有期徒刑、拘役或罚金为限,较简易程序宽泛,并且当事人对于协商程序判决不等上诉。

5. 整理案件争点。经过控诉方陈述起诉的主要内容和被告人及其辩护人答辩,案件的有关争议点必将显现出来,而此时将案件争点加以分类整理,应当有助于澄清案件事实。所以刑事诉讼法第 273 条规定了"案件及证据之重要争点"。所谓的争点概指控辩双方争执的事项。首先,控辩双方争执的事项必须具有诉讼上价值的争议点,也就是说,该争点是有关案件事实发现以及关于被告人是否犯罪以及如何量刑的问题,而不应该是案件事实的无关紧要部分,否则,整理这样的案件争点既不利于厘清案件事实又不利于正式庭审的顺利推进,与设置庭前准备程序的目的相

(接上页)或得易服社会劳动之有期徒刑及拘役或罚金为限。"得申请简易判决处刑的案件,第 451 - 1 条:"前条第一项之案件,被告于侦查中自白者,得向控诉方表示愿受科刑之范围或愿意接受缓刑之宣告,控诉方同意者,应记明笔录,并即以被告之表示为基础,向法院求刑或为缓刑宣告之请求。控诉方为前项之求刑或请求前,得征询被害人之意见,并斟酌情形,经被害人同意,命被告为左列各款事项:一、向被害人道歉。二、向被害人支付相当数额之赔偿金。被告自白犯罪未为第一项之表示者,在审判中得向法院为之,控诉方亦得依被告之表示向法院求刑或请求为缓刑之宣告。第一项及前项情形,法院应于控诉方求刑或缓刑宣告请求之范围内为判决。但有左列情形之一者,不在此限:一、被告所犯之罪不合第四百四十九条所定得以简易判决处刑之案件者。二、法院认定之犯罪事实显然与控诉方据以求处罪刑之事实不符,或于审判中发现其他裁判上一罪之犯罪事实,足认控诉方之求刑显不适当者。三、法院于审理后,认应为无罪、免赦、不受理或管辖错误判决之谕知者。四、控诉方之请求显有不当或显失公平者。"

背离。其次,这样的案件争点又可能称之为实质性争点,大致分为事实争点、证据争点和法律争点。所谓的事实争点,无非就是案件事实中的人、事、地、时、物等争点,例如案件事实发生的时间、地点、行为人、犯罪对象等。所谓的证据争点,一般指证据能力的有无和证据证明力的大小。当然,证据争点有时也包含着案件事实和适用法律之内容。所谓的法律争点是指适用法律适当与否、法定量刑情节和酌定量刑情节之有无等。再次,案件争点主要是由控辩双方主张并推进的,受命法官只是在此基础上予以归类整理双方无争议的事项和有争议事项,并在双方确认之后,便于庭审使用。最后,受命法官对争点的裁决以及裁决的效力。庭前准备程序赋予受命法官对争点整理过程中的裁决权,并使之有效力。换言之,受命法官应甄别争点诉讼价值以及重要程度谨慎对待案件争点,同时,受命法官作出的有关争点之裁决,具有约束控辩双方和法庭审判之效力,无正当之理由,控辩双方不得反悔,庭审也不得撤销之。

6. 相关证据预先处理。庭前准备程序对案件有关证据预先作出处理包括:第一,筛选证据的证据能力。如物证,受命法官应在控辩双方陈述后,询问双方对之有无意见,若有争议,控诉方应当于正式庭审时证明该物证与案件的关联性以及证据的证明力。如书证,受命法官宣读、询问后,应当在正式庭审时证明书证的真实性。如人证,法官将书面的证人证言,以及鉴定人笔录等予以宣读、询问,如有争议,待正式庭审传唤证人到庭,接受控辩双方的交叉询问。如口供,受命法官宣读、询问,征求被告人意见。如被告人或辩护人对之有争议,受命法官应当在庭前准备程序中就被告人的供述与辩解的任意性和真实性进行调查。其调查的主要方式为控诉方证明该口供具有任意性与真实性,并排除非法证据。第二,告知控辩双方申请调查取证。这主要是告知被告人或辩护人在庭前准备程序中申请有关法院调查证据,以及要求其若有证据提交时提出证据。同时,申请鉴定、勘验也在此进行。第三,决定法庭审判时证据调查的范围、次序及方法。也就是说,在随后的正式审判中,控辩审三方在庭前准备程序中决定讯问、询问被告顺序以及物证、书证和人证的调查顺序、范围和方法。

第三章
我国刑事庭前程序的省察分析

历史是一面镜子，我们既能在镜子里面探究以往，也可以观望未来。在刑事庭前程序的历史河流中，我们梳理我国刑事庭前程序的历史沿革与脉络，从当下视角分析与评价过往改革之利弊得失，探索刑事庭前程序的改革与完善较为适当的路径。

第一节　我国刑事庭前程序之历史沿革

刑事庭前程序是刑事诉讼法不可或缺的组成部分，伴随着刑事诉讼法的历史变迁而逐渐发展。因 2018 年《刑事诉讼法》主要围绕着将先期司法改革创新试点中合理可行的制度吸纳入刑事诉讼法中，修订目标明确、内容特定、修改范围有限，不涉及刑事庭前程序的内容，所以在对我国刑事庭前程序的梳理中，不再单独梳理、评述，而是将其与 2012 年《刑事诉讼法》规定的刑事庭前程序内容一并论述。

一、1979 年刑事庭前程序

我国第一部《刑事诉讼法》经历了一个漫长而艰难的过程。1949 年 2 月《关于废除国民党六法全书与解放区司法原则的指示》，废除了国民党时期的"六法全书"，总结新民主主义革命时期人民司法建设的经验，并结合《中华人民共和国人民法院暂行组织条例》、《中央人民政府最高人民检察署暂行组织条例》《各级地方人民检察署组织通则》《中华人民共和国人民法院组织法》《中华人民共和国人民检察院组织法》《中华人民共和国逮捕拘留条例》《中华人民共和国刑事诉讼条例(草案)》(1954年)以及《中华人民共和国刑事诉讼法草案》(1963年)等法规,指导建国后近30年来的刑事诉讼程序。1979年7月1日第五届全国人民代表大会第二次会议通过了《中华人民共和国刑事诉讼法》,我国第一部刑事诉讼法正式诞生。1979年《刑事诉讼法》总结实践经验与立法经验,吸收现代诉讼的一般原则和程序,确立了"分工负责、互相制约、互相配合"基本原则。这对与惩治犯罪,维护社会治安,发挥了重要作用。该法强调公安司法机关在刑事诉讼程序中的职权作用,忽视或淡化诉讼参与人的权利保障,呈现出超职权主义诉讼模式的特征。就刑事庭前程序而言,1979年《刑事诉讼法》第108条规定:"人民法院对提起公诉的案件进行审查后,对于犯罪事实清楚、证据充分的,应当决定开庭审判;对于主要事实不清、证据不足的,可以退回人民检察院补充侦查;对于不需要判刑的,可以要求人民检察院撤回起诉。"第109条规定:"人民法院在必要的时候,可以进行勘验、检查、搜查、扣押和鉴定。"第110条规定:"人民法院决定开庭审判后,应当进行下列工作:(1)确定合议庭的组成人员;(2)将人民检察院的起诉书副本至迟在开庭七日以前送达被告人,并且告知被告人可以委托辩护人,或者在必要时为被告人指定辩护人;(3)将开庭的时间、地点在开庭三日以前通知人民检察院;(4)传唤当事人,通知辩护人、证人、鉴定人和翻译人员,传票和通知书至迟在开庭三日以前送达;(5)公开审判的案件,先期公布案由、被告人姓名、开庭时间和地点。上述活动情形应当写入笔录,由审判人员和书记员签名。"

从上述法条内容可知,我国1979年刑事庭前程序的特征如下:第一,人民检察院提起公诉时全案移送。人民检察院经过审查起诉认为应当提起公诉时,将案件的全部侦查卷宗连同起诉书一并送交有管辖权的人民法院。这被我国学者称之为"全案移送主义"的起诉方式。这种起诉方式为人民法院进行庭前审查提供前提与基础,人民法院在对全案卷宗资料进行查阅的基础上,发现案件事实清楚、证据充分,才决定开庭审判。换言之,"全案移送主义"的起诉方式是1979年刑事庭前程序运行的起点与支点,没有全部案卷资料,庭前审查机制就无审查之内容,无法构成有效起诉,也就没有了程序运行的支撑点,更不用说正式开庭审理前的庭前准备。第二,刑事庭前程序为所有案件的必经程序。凡提起公诉之案件,进入审判程序之前须经人民法院的庭前审查,且不论案件繁简之情节、难易之程序以及被告人是否认罪等因素,一概由人民法院依职权开展庭前审查与庭前准备。第三,庭审人民法院的法官为刑事庭前程序的唯一主体。根据法条篇章体例整体结构而言,刑事庭前程序作为 1979 年《刑事诉讼法》第三编审判中第二章第一审程序之第一节公诉案件的组成部分。可见,刑事庭前程序是公诉案件第一审程序的一部分,有管辖权之人民法院第一审程序的庭审法官对刑事庭前程序拥有主导权;又由于案件被提起公诉后,检察官提起公诉职能业已耗尽,检察官不是刑事庭前程序的参与者。所以,法官,尤其是对该案件有管辖权人民法院的庭审法官,也就成为该阶段的唯一主体。第四,刑事庭前程序对案件进行实质性审查。庭审法官在刑事庭前程序中不仅审查案件的起诉书、案件卷宗以及证据是否完备齐全,而且还要审查案件事实是否清楚、证据是否充分,即案件发生时间、地点、相关人以及行为等要素。与此同时,为确保案件事实清楚、证据充分,法官认为必要时还可以对案件进行勘验、检查、搜查、扣押和鉴定等侦查行为,甚至,法官认为主要事实不清、证据不足的案件,还可以退回人民检察院补充侦查。基于羁押的附随性,通常情况下,被告人则处于被继续羁押状态。这种连同案件的实体、程序和证据一并审查的方式被理论界称之为"实质性审查"。第五,刑事庭前程序的审查方式。在刑事庭前程序中,法官主要通过查阅人民检察院移交的全部案件卷宗资料。除此之外,法官可以提讯被告人,单方面展开勘验、检查、搜查、扣押和鉴定,以查清案件之事实。刑事庭前审查后决定开庭审判的,人民法院也是单方面依职权进行刑事庭前准备。可见,刑事庭前程序的主要方式是以书面审查为主、以调查核实证据为辅的审查方式,加上单向性的庭前准备。第六,刑事庭前程序的标准。刑事庭前审查的目的是决定案件能否开庭审判,而达到作出开庭审判决定的要求为"案件事实清楚、证据充分";刑事庭前准备则是已经决定开庭审判案件的准备事项,审判组织成立、传唤、送达、公布案情等为法庭审判之便利而设置,并无标准而言,但需遵守法例之规定。第七,刑事庭审程序的结果。人民法院对提起公诉的案件进行审查后,对于犯罪事实清楚、证据充分的,应当决定开庭审判;对于主要事实不清、证据不足的,可以退回人民检察院补充侦查;对于不需要判刑的,可以要求人民检察院撤回起诉。换言之,法官审查后依据案件的情况分别作出开庭审判、退回补充侦查和要求撤回起诉的裁定。人民法院决定开庭审判后,应当刑事庭前准备。

二、1996 年刑事庭前程序

社会转型发展所导致的社会矛盾急剧增长,犯罪以及惩罚犯罪的形势需要更新,这就需要对 1979 年《刑事诉讼法》进行修订。全国人民代表大会常务委员会法制工作委员会从 1993 年开始对 1979 年《刑事诉讼法》实施情况、存在问题进行调研,广泛征取专家学者以及司法人员的意见,并委托有关学者提出《刑事诉讼法修改建议稿》供立法部门参考。1995 年拟定刑事诉讼法修正案草案提交全国人大初步审议,1996 年 2 月进行第二次审议,1996 年 3 月进行三读,并于 3 月 17 日最终通过。修订后刑事诉讼法的法条共 225 条,增加了 61 条。1996 年《刑事诉讼法》力图克服我国司法实践中长期存在的先定后审、法庭审判流于形式等问题,将"全案移送主义"修订为"复印件主义",即"起诉书中有明确的指控犯罪事实并且附有证据目录、证人名单和主要证据复印件或者照片的,应当决定开庭审判";取消人民法院庭审前的调查取证,改实质性审查为程序性审查等;取消庭前审查后"要求人民检察院撤回起诉"或退回人民检察院补充侦查的规定。如 1996 年《刑事诉讼法》第 150 条规定:"人民法院对提起公诉的案件进行审查后,对于起诉书中有明确的指控犯罪事实并且附有证据目录、证人名单和主要证据复印件或者照片的,应当决定开庭审判。"第 151 条规定:"人民法院决定开庭审判后,应当进行下列工作:(1)确定合议庭的组成人员;(2)将人民检察院的起诉书副本至迟在开庭十日以前送达被告人。对于被告人未委托辩护人的,告知被告人可以委托辩护人,或者在必要的时候指定承担法律援助义务的律师为其提供辩护;(3)将开庭的时间、地点在开庭三日以前通知人民检察院;(4)传唤当事人,通知辩护人、诉讼代理人、证人、鉴定人和翻译人员,传票和通知书至迟在开庭三日以前送达;(5)公开审判的案件,在开庭三日以前先期公布案由、被告人姓名、开庭时间和地点。上述活动情形应当写入笔录,由审判人员和书记员签名。"

1996年《刑事诉讼法》在一定程度上并没有实质性解决先前制度设计所导致的问题,反而在某些环节上又滋生新的矛盾。例如"证据目录、证人名单和主要证据复印件或者照片"中何为"主要证据"的问题。为了消除第150条和第151条在理解上和运用上的偏差,1998年最高人民法院、最高人民检察院、公安部、国家安全部、司法部、全国人民代表大会常务委员会法制工作委员会联合颁布《关于刑事诉讼法实施中若干问题的规定》(以下简称1998年《六部委规定》),最高人民法院《关于执行〈中华人民共和国刑事诉讼法〉若干问题的解释》(以下简称1998年《解释》)。其中,1998年《六部委规定》第35条规定:"……人民检察院移送证人名单应当包括在起诉前提供了证言的证人名单,证人名单应当列明证人的姓名、年龄、性别、职业、住址、通讯处。人民检察院对于拟不出庭的证人,可以不说明不出庭的理由。人民检察院移送证据目录应当是起诉前收集的证据材料的目录……"第36条规定:"主要证据"的范围包括"(一)起诉书中涉及的各证据种类中的主要证据;(二)多个同种类证据中被确定为'主要证据'的;(三)作为法定量刑情节的自首、立功、累犯、中止、未遂、正当防卫的证据。人民检察院针对具体案件移送起诉时,'主要证据'由人民检察院根据以上规定确定。"第37条规定:"对于人民检察院提起公诉的案件,人民法院都应当受理。"人民法院庭前审查后,对于起诉书中有明确的指控犯罪事实并且附有主要证据复印件的,"应当决定开庭审判,不得以上述材料不充足为由而不开庭审判";缺少上述材料的,限期补送。

1998年《解释》第116条和第117条对人民法院庭前审查予以解释,第116条规定人民法院收到起诉书后要审查指定事项。[①] 人民法院对案

---

① 第116条:"人民法院对人民检察院提起的公诉案件,应当在收到起诉书(一式八份,每增加一名被告人,增加起诉书五份)后,指定审判员审查以下内容:(一)案件是否属于本院管辖;(二)起诉书指控的被告人的身份、实施犯罪的时间、地点、手段、犯罪事实、危害后果和罪(转下页)

件审查后,根据案件情况以及人民检察院移送的资料分别作出相应决定或裁定。① 第 118 条、第 119 条和第 120 条则对庭前准备程序进行细化。如人民法院经过审查决定开庭审理的案件,在开庭审理之前,指定案件的审判组织,送达起诉书副本、告知辩护权利、通知提交出庭或不出庭作证证人名单或书面证言、通知或传唤诉讼主体到庭、公布案由、被告人姓名、开庭时间和地点。除此之外,合议庭在开庭审判前可以拟出法庭审理提纲。

根据 1996 年《刑事诉讼法》1998 年《六部委规定》1998 年《解释》的相关内容,我国 1996 年刑事庭前程序的特点如下:第一,起诉方式。人民检察院提起公诉时将"证据目录、证人名单和主要证据复印件或者照片"移送人民法院即可。相对于"全案移送主义"和"起诉一本主义"而言,这种起诉方式被称为"复印件主义"。这是对 1979 年"全案移送主义"导致"先定后审"以及庭审形式化的反思,也是对当事人主义诉讼模式实行的"起诉一本主义"考察后的选择。然而,现如今看来,这种试图在职权主义起

(接上页)名以及其他可能影响定罪量刑的情节等是否明确;(三)起诉书中是否载明被告人被采取强制措施的种类、羁押地点、是否在案以及有无扣押、冻结在案的被告人的财物及存放地点;是否列明被害人的姓名、住址、通讯处,为保护被害人而不宜列明的,应当单独移送被害人名单;(四)是否附有起诉前收集的证据的目录;(五)是否附有能够证明指控犯罪行为性质、情节等内容的主要证据复印件或者照片;(六)是否附有起诉前提供了证言的证人名单;证人名单应当分别列明出庭作证和拟不出庭作证的证人的姓名、性别、年龄、职业、住址和通讯处;(七)已委托辩护人、代理人的,是否附有辩护人、代理人的姓名、住址、通讯处明确的名单;(八)提起附带民事诉讼的,是否附有相关证据材料;(九)侦查、起诉程序的各种法律手续和诉讼文书复印件是否完备;(十)有无刑事诉讼法第十五条第(二)至(六)项规定的不追究刑事责任的情形,前款第(五)项中所说的主要证据包括:1、起诉书中涉及的刑事诉讼法第四十二条规定的证据种类中的主要证据;2、同种类多个证据中被确定为主要证据的;如果某一种类证据中只有一个证据,该证据即为主要证据;3、作为法定量刑情节的自首、立功、累犯、中止、未遂、防卫过当等证据。"

① 第 117 条:"案件经审查后,应当根据不同情况分别处理:(一)对于不属于本院管辖或者被告人不在案的,应当决定退回人民检察院;(二)对于不符合本解释第一百一十六条第(二)至(九)项规定之一,需要补送材料的,应当通知人民检察院在三日内补送;(三)对于根据刑事诉讼法第一百六十二条第(三)项规定宣告被告人无罪,人民检察院依据新的事实、证据材料重新起诉的,人民法院应当依法受理;(四)依照本解释第一百七十七条规定,人民法院裁定准许人民检察院撤诉的案件,没有新的事实、证据,人民检察院重新起诉的,人民法院不予受理;(五)对于符合刑事诉讼法第十五条第(二)至(六)项规定的情形的,应当裁定终止审理或者决定不予受理;(六)对于被告人真实身份不明,但符合刑事诉讼法第一百二十八条第二款规定的,人民法院应当依法受理。"

诉方式和当事人主义起诉方式中的"中庸之道",不仅没有阻断由于全案移送导致法官庭前预断,进而架空庭审程序的现象,而且由于部分案件的移送,尤其是涉及被告人有罪案件资料的移送带给法官更加严重的片面预断,且辩护人从人民法院查阅、复制、摘抄的案件资料的有限性限制了被告人及其辩护人辩护职能的发挥,进一步加剧了被告人不利地位。第二,刑事庭前程序是所有公诉案件的必经程序。1996 年《刑事诉讼法》并没有改变 1979 年《刑事诉讼法》有关刑事庭前程序为公诉案件必经环节的规定,即凡是人民检察院提起公诉的案件,人民法院必须对之进行审查起诉和庭前准备。这种不顾及案件的具体情况的一律适用,势必存有浪费司法资源、拖延诉讼程序之嫌。第三,刑事庭前程序的审查主体。修订后的刑事诉讼法并没有在篇章体例上有所改动,刑事庭前程序仍归属于审判程序中第一审程序,庭审法官也就自然而然的成为庭前审查和庭前准备的主体,主导着刑事庭前程序的进行。第四,刑事庭前程序的审查内容。人民法院在 1996 年刑事庭前程序中侧重于程序性审查。所谓的侧重于程序性审查,是指人民法院在审查起诉时,关键审查起诉书是否明确了被指控的犯罪事实以及有没有证明目录、证明名单和主要证据复印件,不再于正式审判前提讯被告人和实施其他调查证据的诉讼行为。但是,"侧重于程序性审查"并不表示纯粹的程序性审查,相关法条并没有禁止审判人员在开庭前接触证据,反而规定人民检察院在提起公诉时应提交主要证据的复印件或照片,这就不可能切断侦查与审判的关联,阻却法官庭前预断,解决以往庭审程序形式化的弊端。第五,刑事庭前程序的方式。人民法院收到人民检察院的起诉书后,指定法官对公诉进行审查,通过查阅起诉书和移交的案件资料判断是否需要开庭审判。1996 年《刑事诉讼法》取消了庭前法官提讯被告人和调查核实证据。所以,现有的刑事庭前审查方式为书面审查。与此同时,对于庭前准备程序而言,依然是法官单方面主导进行,人民检察院、被告人及辩护人或其他诉讼参与人在庭前准备程序中仅有接受通知与传唤的义务,并无实质性参与权或决定权。第六,刑事庭前程序的标准。就刑事审查程序而言,1996 年《刑事诉讼法》不再要求案件达到"犯罪事实清楚、证据充分"才决定开庭审判。刑事庭前审查的标准变更为"起诉书中是否有明确的指控犯罪事实,并且是否附有证据目录、证人名单和主要证据复印件或者照片"。相反,犯罪事实是否清楚,证据是否确实、充分,应当通过刑事审判程序加以审查、确认。这意味着刑事庭前审查的标准修改为"形式上符合"的标准。

第七,刑事庭前程序的结果。法官审查后,对于符合开庭条件的应当决定开庭审判;对于起诉书内容不明确,或者移送的案件资料不齐全的,通知人民检察院3日内予以补正;对于被告人不在案或者不属于本院管辖的案件,决定退回人民检察院;对于符合《刑事诉讼法》第15条第(2)至(6)项规定的情形的,应当裁定终止审理或决定不予受理。换言之,刑事庭前审查的结果分为:决定开庭审理、通知补正、决定退回人民检察院、裁定终止审理或决定不予受理。需要说明的是,1996年《刑事诉讼法》取消了退回人民检察院补充侦查的制度,以避免诉讼程序的倒流,而是以限期补正代替;取消了要求人民检察院撤回起诉的决定,以符合《刑事诉讼法》第15条第(2)至(6)项裁定终止审理或决定不予受理代替。

三、2012年和2018年刑事庭前程序

从1996年修法以来,刑事诉讼程序得到了进一步的修订、补充与完善。如《电子签名法》预示着电子数据在诉讼中的广泛应用,完善人民陪审员制度的决定规范了陪审员制度的具体适用,司法鉴定管理理顺了鉴定问题以及2007年死刑案件核准权收归最高人民法院以及修订后律师法的颁布施行等。这实质改变了1996年《刑事诉讼法》若干条款。与此同时,中央或地方政法机关也开始单独或联合开展实践摸索或司法解释,如《关于办理死刑案件审查判断证据若干问题的规定》《关于办理刑事案件排除非法证据若干问题的规定》《关于量刑程序的若干规定》《关于办理当事人达成和解的轻微刑事案件的若干规定》,为《刑事诉讼法》修订的工作创造了良好的条件。2012年《刑事诉讼法》修订后于2013年1月1日施行。

在2012年《刑事诉讼法》实施后,随着新时代中国刑事司法改革的深入推进,我国刑事司法理论与实践进行了诸多实验性探索。如2014年《关于授权在部分地区开展刑事案件速裁程序试点工作的决定》开展针对

轻微案件的速裁程序试点工作；2014 年 10 月党的十八届四中全会通过的《关于全面推进依法治国若干重大问题的决定》提出推进"以审判为中心的诉讼制度改革""完善刑事诉讼中认罪认罚从宽制度"。在此基础上，2016 年 7 月中央全面深化改革领导小组第 26 次会议通过《关于认罪认罚从宽制度改革试点方案》以及 2016 年 9 月 3 日第十二届全国人民代表大会常务委员会第二十二次会议通过了《关于授权最高人民法院、最高人民检察院在部分地区开展刑事案件认罪认罚从宽制度试点工作的决定》，明确要求刑事诉讼中认罪认罚从宽制度，涉及到刑事诉讼法的全过程。2018 年 3 月第十三届全国人民代表大会第一次会议通过《中华人民共和国监察法》和《中华人民共和国宪法修正案》修正案，监察法与刑事诉讼法的衔接问题则跃然纸上。为了"保障国家监察体制改革的顺利进行，完善监察与刑事诉讼的衔接。加强反腐败国际追逃追赃的工作力度，丰富反腐败和国际追逃追赃的手段，建立刑事缺席审判制度。与深化司法体制改革密切相关的内容，在总结认罪认罚从宽制度和速裁程序试点工作经验的基础上，将在司法实践中可复制、可推广、行之有效的经验上升为法律"，①2018 年 10 月 26 日第十三届全国人大常委会第六次会议通过了关于修改刑事诉讼法的决定，形成了 2018 年《刑事诉讼法》。这是我国《刑事诉讼法》自 1979 年制定以来第三次修改。至此，我国形成了缺席审判程序与"对席审判程序"并存，认罪认罚案件与不认罪认罚案件相区分的，认罪认罚从宽制度与普通程序、简易程序和速裁程序相结合形成"一体三位"递减式程序分流机制和刑事诉讼审判程序，促使案件繁简分流、轻重分离、快慢分道，在更高层次上实现公正与效率的统一。

就刑事庭前程序而言，2012 年《刑事诉讼法》恢复了"全案移送主义"，保留了刑事庭审的程序性审查，增设刑事庭前会议制度。2018 年《刑事诉讼法》沿袭 2012 年刑事庭前程序的相关规定。其中，刑事庭前审查制度规定在第 186 条中，即："人民法院对提起公诉的案件进行审查后，对于起诉书中有明确的指控犯罪事实的，应当决定开庭审判。"刑事庭前

---

① 《用法治手段推进保障改革深化助力反腐解读新修改的刑事诉讼法》http://www.npc.gov.cn/npc/xinwen/2018－11/06/content_2065686.htm(2018－11－25 最后访问时间)。

准备制度规定在第 187 条中,即:"人民法院决定开庭审判后,应当确定合议庭的组成人员,将人民检察院的起诉书副本至迟在开庭十日以前送达被告人及其辩护人。在开庭以前,审判人员可以召集公诉人、当事人和辩护人、诉讼代理人,对回避、出庭证人名单、非法证据排除等与审判相关的问题,了解情况,听取意见。人民法院确定开庭日期后,应当将开庭的时间、地点通知人民检察院,传唤当事人,通知辩护人、诉讼代理人、证人、鉴定人和翻译人员,传票和通知书至迟在开庭三日以前送达。公开审判的案件,应当在开庭三日以前先期公布案由、被告人姓名、开庭时间和地点。上述活动情形应当写入笔录,由审判人员和书记员签名。"总体而言,我国 2018 年刑事庭前程序的特点如下:第一,起诉方式。根据 2018 年《刑事诉讼法》第 176 条第 1 款,以及 2019 年 12 月 2 日最高人民检察院第十三届检察委员会第二十八次会议通过《人民检察院刑事诉讼规则》(以下简称 2019 年《规则》)的规定,人民检察院提起公诉的案件,按照审判管辖的规定,应当向人民法院移送起诉书、案卷材料、证据和认罪认罚具结书等材料。这是继 1979 年《刑事诉讼法》确立"全案移送主义"以来,历经"复印件主义"和庭后移送之后的起诉方式回归。第二,必经阶段。2018 年《刑事诉讼法》也没有根据案件具体情况决定哪些案件适用公诉审查,哪些案件不适用公诉审查。这意味着,刑事庭前审查依旧是所有刑事公诉案件的必经程序。第三,审查主体。根据 2020 年 12 月 7 日最高人民法院审判委员会第 1820 次会议通过的《最高人民法院关于适用〈中华人民共和国刑事诉讼法〉的解释》(以下简称 2021 年《解释》)的规定,刑事庭前审查由受理案件人民法院的法官,刑事庭前会议则由"审判长主持,合议庭其他审判员"主持。可见,与前三部刑事诉讼法一样,2018 年刑事庭前程序中的刑事庭前程序的审查和准备主体依然是庭审法官。第四,审查内容和审查方式。2018 年《刑事诉讼法》在恢复"全案移送主义"的同时,并未恢复实质性审查,而坚持了 2012 年《刑事诉讼法》确立的程序性审查,即"对于起诉书中有明确的指控犯罪事实的,应当决定开庭审判",删除了"对于犯罪事实清楚、证据充分的"或者"并且附有证据目录、证人名单和主要证据复印件或者照片的"的规定。2018 年刑事庭前程序的审查方式仅为书面审查。这种审查主要对"明确的指控犯罪事实",而不需要审查犯罪事实真实与否,法官在庭审前也不得进行任何形式的证据调查核实活动。从这个角度而言,2018 年刑事起诉方式与刑事庭前审查可以被称为"全案移送＋形式审查"模式。第五,审查标准。2018 年刑事庭前审查事项仅限于起诉书中有无明确的指控犯罪事实,换言之,其标准即为"有无明确的指控犯罪事实"。"有明确的指控犯罪事实"是指检察院的起诉书应当记载被告人的犯罪事实和适用法条及具体罪名。"明确的"意味着犯罪事实既可能是真实的也可能是不真实的,或者说案件事实既可能是清楚的也可能是不清楚的,只要检察院明确予以记载即可。至于该犯罪事实是否清楚,能否满足定罪量刑的程序,则由庭审程序予以认定。同理而得,适用法条和具体罪名也是如此。由此可见,该审查标准比 1996 年刑事庭前审查标准更加形式化。第六,审查结果。2021 年《解释》第 219 条规定,人民法院对提起公诉的案件进行审查后,应当按照下列情形分别处理:(1)退回人民检察院。其具体情形包括:不属于本院管辖,属于刑事诉讼法第 16 条第 2 项至第 6 项规定情形,被告人不在案且不符合缺席审判程序,依照本解释第 296 条规定裁定准许撤诉的案件,没有新的影响定罪量刑的事实、证据,重新起诉的。(2)限期补正。对于不符合 2021 年《解释》第 218 条第 2 项至第 8 项规定之一,需要补充材料的,应当通知人民检察院在三日以内补送。(3)特殊情况下的受理。一方面,依照 2018 年《刑事诉讼法》第 200 条第 3 项规定宣告被告人无罪后,人民检察院根据新的事实、证据重新起诉的,应当依法受理;另一方面,被告人真实身份不明,但符合刑事诉讼法第 160 条第 2 款规定的,应当依法受理。另外,2018 年《刑事诉讼法》第 186 条的规定,对于起诉书中有明确的指控犯罪事实的,人民法官应当决定开庭审判。需要说明的是,2012 年《刑事诉讼法》和 2018 年《刑事诉讼法》取消了人民法院在审查后作出"不予受理"的决定。也就是说,根据现行法的规定,人民法院对于人民检察院提起公诉的案件都应当受理,没有不予受理或驳回起诉的权力。人民法院即使认为提起公诉的材料不全,也只能要求其予以补正。对此,2012 年《最高人民法院、最高人民检察院、公安部、国家安全部、司法部、全国人大常委会法制工作委员会关于实施刑事诉讼法若干问题的规定》(以下简称

2012 年《六部委规定》)第 25 条也已明确规定。①

第二节　我国刑事庭前程序之省察

2018 年《刑事诉讼法》实施后，2019 年《规则》和 2021 年《解释》开展进一步解释及细化，我国刑事庭前程序形成了在全案移送制度前提下，以形式审查为特点，常务性准备活动和刑事庭前会议构成了我国现行刑事庭前程序的主要内容。

一、我国刑事卷宗移送方式之沿革

我国在卷宗移送方式上经历了"全案移送主义"——"复印件移送主义"——"庭后全案移送主义"——"全案移送主义"的轮回。总体上而言，在深入推进刑事审判方式以及审判中心主义改革的背景下，我国刑事诉讼立法围绕着"卷宗移送"而出现中庸式的选择，以至于案件卷宗移送方式出现来回反复，其深层次原因既有职权主义诉讼传统的作祟也有我国理论界和立法机关学艺不精之短视作为。

（一）1979 年"全案移送主义"

在拨乱反正及稳定社会秩序的背景下，1979 年《刑事诉讼法》参考了前苏联等职权主义因素国家的立法经验，创设了刑事诉讼之主要内容。根据本部刑事诉讼法，检察院提起公诉时应同时向法院移送全部案卷材

---

① 《最高人民法院、最高人民检察院、公安部、国家安全部、司法部、全国人大常委会法制工作委员会〈关于实施刑事诉讼法若干问题的规定〉》第 25 条规定："刑事诉讼法第一百八十一条规定：'人民法院对提起公诉的案件进行审查后，对于起诉书中有明确的指控犯罪事实的，应当决定开庭审判。'对于人民检察院提起公诉的案件，人民法院都应当受理。人民法院对提起公诉的案件进行审查后，对于起诉书中有明确的指控犯罪事实并且附有案卷材料、证据的，应当决定开庭审判，不得以上述材料不充足为由而不开庭审判。如果人民检察院移送的材料中缺少上述材料的，人民法院可以通知人民检察院补充材料，人民检察院应当自收到通知之日起三日内补送。人民法院对提起公诉的案件进行审查的期限计入人民法院的审理期限。"

料，法院既能查阅全案卷宗材料又可以提讯被告人，还拥有勘验、检查等调查核实证据的权力。法院审查后认为，犯罪事实清楚、证据充分的才决定开启审判程序。这种立法模式集中国家司法资源打击犯罪，对刚刚从混乱中稳定下来的时局来说，可能具有一定积极作用。但是，在民权渐行渐昌的时代背景下，该立法模式则可能时过境迁，与之相悖。首先，"全案移送主义"的制度设计势必使得审判法官在审判之前通过查阅、研读卷宗以及证据调查对案件了如指掌，对被告人是否有罪、量刑如何也已经心中有底。其次，法院审查后决定开庭审判的条件是"犯罪事实清楚、证据充分"。也就是说，已经开庭审判即意味着案件事实已经清楚，证据确实充分。如此这般，庭前程序则"干了人家的活、耕了人家的地"，越俎代庖，以至于庭审的意义就在于确认案件卷宗中的事实和证据。刑事庭审程序的形式化也就在所难免。再次，由于庭审法官在庭前程序中业已形成被告人有罪之观点，且案件也达到了证明标准，庭审程序主要是对审判前收集的事实和证据进行确认，这就增加了刑事冤案、错案的可能性，随之而来的则是被告人诉讼权利屡次被侵。

所以在 1996 年修改前，理论界和司法界一致认为，"全案移送主义"积弊在于审判法官通过庭前程序查阅检察院移交的全部案卷资料形成"预断"，而且庭前审查的实质化导致法官对案件"先定后审"，最终致使刑事审判程序流于形式，而不能对案件的审判产生决定性作用。[1] 1996 年修订时，一个主要的导向就是建构对抗式的刑事审判方式，那么对弊端重重的"全案移送主义"也就不可能不改动。虽然大家都意识到了"全案移送主义"的弊端，决定对该部分进行修改，但是究竟如果修改，则有不同的意见。有学者提出应采用"起诉状一本主义"，提起公诉不移送任何证据，防止法官预断。[2] 由于"起诉状一本主义"拒绝起诉时添加或附带任何导致法官产生预断的资料，对我国法院预断导致的庭审形式化的弊端具有较大诱惑力。于是，修法时某些机关也曾经向全国人民大表大会建议实

---

[1] 参见陈瑞华：《刑事审判原理论》，北京：北京大学出版社 2000 年版，第 223 页。

[2] 参见陈光中、严端：《中华人民共和国刑事诉讼法修改建议稿与论证》，北京：中国方正出版社 1995 年版，第 44 页。

行"起诉状一本主义"。① 有的学者也认为,日本"起诉状一本主义",其目的既在于延迟法官形成心证的时间又在于贯彻预断排除原则,进而保障审判公平。② 为深入推进对抗式审判方式改革,改革的起点也是根本出路在于确立"起诉状一本主义"的卷宗移送方式。③ "起诉状一本主义"禁止证据在起诉时一并移交,就促使控辩双方在审判前做好充分的准备,竭尽全力地进行举证,以说服法官做出有利自己的判决。该起诉方式能够切断侦查与审判之间的关联,阻却审判法官"预断",使之持有"空灵心境"亲临审判。"起诉状一本主义"的必然结果就是当事人积极举证证明,推进整个审判过程。这暗合当事人主义诉讼模式的要求与精神,践行当事人主义诉讼模式的国家实行"起诉状一本主义"也是理所当然的。但是,实行"起诉状一本主义"就能解决法官"预断"、先入为主、先定后审以至于导致庭审形式化吗?鉴于"起诉状一本主义"剥夺辩方证据知悉权、架空庭前审查机制以及简易化庭前准备程序等所带来的弊端,我国起诉方式的改革应谨防"起诉状一本主义"的陷阱,以免导致"得之桑榆而失之东隅"的结果。④

(二) 1996 年"主要证据复印件主义"

因为我国刑事诉讼强调对案件客观真实的发现,而且目前我国法官的专业素养还有待提升,要 1996 年前后的法官在不了解案件的情况下主持审判并查明案件真相,确有困难之处。最终,立法机关采取了折中方案,肯定了起诉时还是需要向法院移送案卷和证据,只不过是不再移送全部卷宗资料,仅移送案卷主要证据的复印件或照片,以为法官准备庭审之需。所谓"复印件移送主义"就是指检察院提起公诉时不需要移交全部卷宗资料,只需要移交"证据目录、证人名单和主要证据复印件或者照片"。

---

① 参见龙宗智:《刑事庭审制度研究》,北京:中国政法大学出版社 2001 年版,第 166 页。

② 参见孙长永:《日本起诉状一本主义》,《中国法学》1994 年第 1 期,第 103—104 页。

③ 参见李奋飞:《"从复印件主义"走向"起诉状一本主义"——对我国刑事公诉方式改革的一种思考》,《国家检察官学院学报》2003 年第 2 期,第 62—63 页。

④ 参见陈卫东、韩红兴:《谨防起诉状一本主义下的陷阱——以日本法为例的考察》,《河北法学》2007 年第 9 期,第 25 页。

与此同时,法官不再于庭审前对案件事实是否清楚、证据是否确实充分进行审查,也不再拥有提讯被告人和开展有关调查证据的权力。[①]

可是,"复印件移送主义"尚有诸多的缺陷,不容忽视。第一,"复印件移送主义"也无法防止"预断"。多年以来,我国刑事法学者认为卷宗移送导致了法官庭前预断,先定后审,造成庭审程序的形式化,尤其是"全案移送主义",为了抗辩式审判方式改革,务必剔除导致法官预断的因素。但"复印件移送主义"也是要求检察院移送相关证据,法院也还是能在查阅主要证据复印件的基础上对案件产生或多或少的判断,这种庭审前的判断与"全案移送主义"所导致的预断在本质上具有一致性,避免其危害审判过程或结果所遭遇的困难一点不比"全案移送主义"情况下的预断容易。更加严重的情况是,"复印件移送主义"仅仅强调检察院移送全部案件资料中的部分"主要证据的复印件或照片",这势必造成法官基于阅读部分证据而产生偏见,其危害远远大于法官查阅全部卷宗后的偏见。预断是对案件处理结果的提前判断,而偏见则是以不充分的信息为根据而形成对他人的片面甚至错误的看法,并可能产生难以动摇的执念。由此可见,基于片面信息供给而产生的偏见所造成的危害远远大于基于全面信息而产生的预断。第二,"复印件移送主义"中"主要证据"范围不明。刑事诉讼程序核心问题就是围绕着犯罪嫌疑人、被告人的犯罪与量刑而展开。从这个角度而言,"主要证据"应该是有关被告人犯罪事实认定及量刑裁量的证据资料,即使如此也很难厘清"主要证据"的具体范围。法律规定的模糊性导致刑事司法实践操作上的模棱两可或互相掣肘,尤其是检察院和法院对"主要证据"认定有出入时。如法院认为某些证据为"主要证据"需要检察院移交,而检察院认为该证据并非"主要证据"不需要移交。第三,"复印件移送主义"阻碍辩护律师阅卷。在法院受理案件之后,律师阅卷权能针对案件资料的范围更大,这也是辩护律师乐于该阶段行使阅卷权的主要原因。但是,"复印件移送主义"要求检察院移交的案件资料仅限于"主要证据"的复印件或照片,全部的卷宗材料只有等到

---

① 参见陈光中、严端:《中华人民共和国刑事诉讼法修改建议稿与论证》,北京:中国方正出版社,1995年,第358–360页。

审判程序结束后才能提交,使得辩护律师在庭审之前能够得到的也仅限于"主要证据"的资料。辩护律师查阅信息有限,带来了辩护律师阅卷难的问题,也制约了其辩护权的发挥。因此,有些学者和律师对"复印件移送主义"起诉方式持有抵触的态度也是合理的。第四,"复印件移送主义"造成不必要的司法资源增加。所谓复印件是指对已经收集的案件资料进行翻印,泛指对原件复制印刷。在"复印件移送主义"的背景下,检察院最少要有两套案件材料,一是侦查机关(机构)移送审查起诉的全部卷宗,二是从全部卷宗中抽离出"主要证据",并加以复印而形成的卷宗。检察院提起公诉的同时,起诉书连同"第二个卷宗"一并送交法院,法院开庭审判后,检察院再将"第一个卷宗"移交给法院。通常情况下,法院在核对案件资料后,对第二个卷宗的处理方式,要么退给检察院要么销毁。这种两套同样卷宗资料的诉讼程序,无疑是对有限司法资源的浪费。当遇到简单的案件,所涉及的案件资料比较少时,这种浪费还在能够容忍限度之内。但是,当遇到复杂、重大且被告人人数较多,涉及多项犯罪事实,触犯多种罪名时,案件资料可谓汗牛充栋,再按照"复印件移送主义"的方式进行制作、移交和处理,对本来就已经捉襟见肘的有限资源造成的浪费着实难以承受,这种情况对我国地处偏远、交通不便、经济欠发达的地区而言尤为严峻。

(三) 1998 年"庭后全案移送主义"

在"复印件移送主义"备受诟病的情况下,1998 年《最高人民法院、最高人民检察院、公安部、国家安全部、司法部、全国人民代表大会常务委员会法制工作委员会联合颁布了关于刑事诉讼法实施中若干问题的规定》(以下简称 1998 年《六部委规定》,已失效)第 42 条规定:"人民检察院对于在法庭上出示、宣读、播放的证据材料应当当庭移交人民法院,确实无法当庭移交的,应当在休庭后三日内移交。对于在法庭上出示、宣读、播放未到庭证人的证言的,如果该证人提供过不同的证言,人民检察院应当将该证人的全部证言在休庭后三日内移交。"可见,我国刑事卷宗移送方式在 1996 年《刑事诉讼法》之后的两年间悄然发生改变,即变更为"审判后移送"全部案件卷宗的方式。故,称之为"庭后全案移送主义"。这种改变不是基于法律修改而是基于刑事司法实践的现实需要和有关解释。辩护方因对有限阅卷权导致辩护权不力而对"复印件移送主义"不满,又加上审判法官习惯于查阅卷宗后再开庭审查的思维惯性以及检察院对准备两套案件资料以及庭审程序粗陋、混乱的愤愤不平,这三种因素的结合导致了司法实践中控辩审三方形成默契,恢复原来的"全案移送主义"起诉方式。这种方法有利于审判法官驾驭审判程序,对辩护律师的阅卷以及检察院的起诉也带来了便利,所以并没有受到抵制与不满,尤其是被告人和辩护律师对这种违反法律规定的方式并没有提出过异议。1998 年《六部委规定》默认了这种刑事司法"潜规则",对 1996 年《刑事诉讼法》确定的卷宗移送方式作出了补充规定,确定了检察院于审判后向审判法院移送全部案件卷宗的制度。虽然这是以法律解释的方式对刑事司法实践的承认,但是该解释所带来的后果比"复印件移送主义"更加严重。第一,"庭后全案移送主义"彻底削弱了辩护律师的辩护权。"庭后全案移送主义"只是检察院在审判后移送控诉方的全部卷宗,如果辩护律师在庭审之前还能查阅、摘抄、复印案件的主要证据,但是在"庭后全案移送主义"之后,其完全处于"无能"状态。被告人及其辩护人对庭后移送的资料既无阅卷权又无抗辩机会,辩护权对审判法官认证程序及其审判结果,望洋兴叹,无可奈何。辩护权被彻底"洗劫一空"不能不说是审判程序史上最为悲哀的一页。第二,庭审程序严重形式化。我国审判法官查阅卷宗才能主持庭审的司法惯例致使审判法官不可能重视其没有把握的正式审判活动,其关注点转移到审判后检察官移交卷宗资料上,只有通过查阅卷宗资料,心中有底,才能做出"自认为"正确的判决。如此这般,正式的庭审活动岂不是再次变成走过场了吗? 本来以纠正庭审形式化为目标的审判方式改革,在"庭后全案移送主义"背景下,庭审形式化非但没有成功扭转反而得到再一次恶化。岂不是南辕北辙吗? 值得庆幸的是,"庭后全案移送主义"并没有得到完全遵守,在一些案情重大复杂、社会影响力大的案件中,公检法联合执法、合作办案,使得有些案件在提起公诉之时移交全部案件卷宗,抑或审判法官业已清楚案件情况,而无需在于审判后移交。①

---

① 参见成尉冰:《为 2.6 亿元的"飞镖公司案"辩护》,《律师与法制》2006 年第 2 期,第 40 页;参见江苏省高级人民法院刑一庭:"关于全省刑事审判方式和刑事审判机制改革情况的调查报告",《刑事审判要览》,总第 4 集,北京:法律出版社 2003 年版,第 350 页。

（四）2012 年以来"全案移送主义"

在 2012 年修改之时，理论界和实务界对如何修改起诉方式有三种方案：一是维持原状，依旧采取"复印件移送主义"，兼具"庭后全案移送主义"；二是恢复"全案移送主义"；三是实行"起诉状一本主义"，并完善配套措施。最终，立法机关选择了恢复全案移送的移送方式。这就意味着，我国刑事卷宗移送方式用 30 年的时间从"全案移送主义"到"复印件移送主义"，再到"庭后全案移送主义"后，又恢复到"全案移送主义"。官方解释为，1996 年《刑事诉讼法》没有达到克服先定后审、防止庭审形式化的目标。目前，法官还不具备在庭前不阅卷而在庭审程序中对案件事实和证据作出正确判断的能力；又因为诉讼成本和诉讼效率的因素，本次修改恢复了全案移送的起诉方式。① 毫无疑问，如果说 1979 年"全案移送主义"和 1996 年"复印件移送主义"以及 1998 年"庭后全案移送主义"致使法官庭前预断、先定后审，最终导致庭审程序的形式化等弊端重重的话，那么 2012 年的"全案移送主义"可能并不能改变什么，与 1979 年的起诉方式遇到的问题是一样的，即庭前移送全部卷宗将致使法官产生预断，进而影响庭审程序的实质化。

法官庭前预断一直是我国法学界和实务界一致声讨的对象，理论研究与实务操作一再为如何防止、规避甚至排除法院庭前预断殚精竭虑。在 1996 年审判方式改革的过程中，法院庭前预断势如过街老鼠，人人喊打。为何此时，在恢复"全案移送主义"起诉方式时，却不再考虑或者不顾忌法官庭前预断呢？（笔者将在第四章中专门对法官庭前预断展开论述，不再赘述）但需要强调的是，本次修改是理论界与实务界对以往学艺不精的纠正，抑或是对短视行为的矫正。理论界对预断后果的认识是基于对英美法系，尤其是日本"起诉状一本主义"的实施背景、配套制度以及运行程序进行研究，仅仅观察到"起诉状一本主义"通过一纸诉状即可规避法官预断，就想将其移植、吸收。岂不知日本"起诉状一本主义"与刑法犯罪构成理论以及诉因制度有千丝万缕的联系，且日本"起诉状一本主义"导

---

① 参见黄太云：《刑事诉讼法修改释义》，《人民检察》2012 年第 8 期，第 42－44 页。

致"易发性"审判程序所带来的"挤牙膏式"低效以及为避免由此引发的其他问题。妄顾制度制定及实施的背景、运行程序和关联制度,一味鼓吹,盲目顺从,断章取义,就是"学而不思则罔、思而不学则殆"典型表现。值得深思的事情还有,中央司法机构及立法机构直面"全案移送主义"与"复印件移送主义"的弊端而不加深思熟虑,直接将这些审判前移送案件材料的方式修订为"庭后全案移送主义",确实是只为了解决"复印件移送主义"不足而临时性确认违背法律规定的刑事司法"潜规则",其不得不说是短视行为。可以说,理论界之学艺不精且盲目推崇和立法机关及实务界之短视所为导致了我国刑事卷宗移送方式的来回往复,既延误我国司法改革之时机又加深我国刑事诉讼程序之困惑。

二、刑事庭前审查程序

与卷宗移送方式改革路线不同,我国刑事庭前审查基于厘清庭前审查与法庭审判的分工,并朝着审查形式化的方向演进,并没有出现前后往复的现象。1979 年刑事庭前审查对移送全部卷宗查阅、研习并附有提讯和证据调查,对于犯罪事实清楚、证据充分的,应当决定开庭审判。这样的规定没有厘清庭前程序与审判程序的具体分工,法官在案件事实清楚、证据充分的情况下才作出开庭审判,其结果就是法官"先入为主""先定后审",庭审程序仅为确认庭前程序形成的结果,这就直接导致庭审程序的形式化。1996 年修法时注重对刑事庭前审查的内容和标准予以改革,试图分清庭前程序与审判程序职责分工,但是其修订内容在司法实践中执行的效果并不理想,没有达到预定之目的。2012 年及 2018 年在总结第二次修法的基础上,并在理性认识我国刑事诉讼模式、司法配套制度和政治历史文化传统的前提下,恢复了"全案移送主义",修正并坚持程序性审查。"全案移送主义"和程序性审查构成的刑事庭前审查程序,可谓之否定之否定式的螺旋形上升,可能更加符合检察院和法院的职责分工。公诉是检察院职责之一,其提起的公诉只要是符合形式上的要件,即起诉书中必须载明依据刑法规定应予刑事处罚的犯罪事实和具体罪名,法院就应当决定开庭审判,至于提起公诉时证据如何,则留待审判程序中检察官践行举证责任加以证明。

根据上文可知,刑事庭前审查大部分都没有变化,如公诉审查仍然是公诉案件的必经阶段、庭前公诉审查的主体还是庭审法官、审查标准依旧程序性、形式化等。其仅就是否有明确犯罪事实进行,不再审查证据情况,缩小了公诉审查的内容;删除了提讯和证据调查之内容,人民法院庭前审查的方式就仅仅对人民检察院提交的起诉书即可,更加书面化;另外,审查结果删除了不予受理的裁定,说明人民法院对人民检察院提起的公诉都应当受理,资料不全的,可以限期补正即可,而无特殊规定不能做出不予受理的裁定。但是,我国刑事庭前审查程序还有诸多问题,值得思考与反思。

(一)刑事庭前审查的认识偏差

刑事庭前审查程序对公诉案件进行筛选,剔除不符合开庭条件的案件,并及时将符合开庭条件的案件移交审判,既实现抑制公诉权滥用的目的又通过处理庭前羁押保障被告人的合法权利。这是刑事庭前程序的基本功能,也是刑事庭前程序得以被世界主要法治国家运用的主要原因。从本质上说,刑事庭前审查程序主要具有以下功能:首先,通过庭前审查实现对公诉案件的过滤。所谓的过滤即为庭前审查程序对公诉案件进行筛选,剔除不符合开庭条件的案件,并及时将符合开庭条件的案件移交审判。庭前审查程序过滤案件也是世界各国普遍使用的做法。英国治安法官对案件进行预审,认为符合审判条件则交付陪审团加以审判,对不符合开庭条件的案件,不能移交并对羁押被告人予以释放。美国治安法官或大陪审团的审查也是对案件进行过滤,防止公诉权的滥用。法官预审法官与案件的初步审查也是对案件是否具有审判的法定理由进行审查与裁决。德国法官在中间程序过程中,对起诉书和案卷材料进行审查,以决定是否将案件移交审判。可见,过滤是庭前审查程序的最基本的功能。其主要通过人民法院驳回或撤销不符合起诉条件的案件、控辩双方对案件事实和适用法律的交涉商谈,以及被告人认罪认罚答辩后的直接判决等途径来实现的。通过这种过滤,防止不必要和无根据的案件或者大量的轻罪的不符合开庭条件的案件进入审判程序,或者及时终止案件,既实现抑制公诉权滥用的目的又通过处理庭前羁押保障被告人的合法权利。其次，通过庭前审查实现程序分流。其实，过滤也是实现案件分流的一种表现形式，如在公诉审查过程中，被告人认罪认罚，既可以根据案件情况分别使用简易程序或速裁程序。但是，在法官审查决定开庭审理后，仍然可以根据案件的繁简程序，比较审判程序的种类予以分流处理。目前，我国有普通程序、简易程序和速裁程序三种刑事审判程序，并在三种程序中贯彻实施认罪认罚从宽制度。所以，人民法院决定开庭审理后还应当根据法律对不同审判程序设置的条件与标准，依据案件具体情况，进行甄别、筛选，分别将案件送往不同的审判程序。适当的庭前审查程序程序分流功能为庭审程序的顺利进行创造了条件，奠定了基础。然而，多年以来，我国对刑事庭前审查程序的关注就在于划清庭前审查程序与庭审程序的任务分工，逐渐摒除人民法院的实质性审查，以防止庭前审查程序越俎代庖而导致庭审形式化。毫无疑问，这一认识是正确的。但是庭前审查程序的目的、功能、任务并不仅仅在于划清界限，防止预断，其对整个刑事诉讼程序的有序有效运转都有着重要的作用。在我国刑事诉讼程序的历年修改中，刑事庭前程序一直属于审判程序的附属程序，并没有得到更多的关注，其功能被有意无意中忽视。这不得不说是一种遗憾。

（二）难以实现有效制约公诉权

虽然我国在人民检察院提起公诉后设置了人民法院对公诉的审查程序，但是人民法院对于人民检察院提起的公诉进行程序性审查，不问案件事实与证据，也不涉及法律适用，仅就是否有明确的记载犯罪事实的进行形式审查。在检察官法律素养普遍提高的当下，几乎没有哪一个起诉书不明确记载被告人犯罪事实或不按照诉讼程序进行诉讼，尤其是在各种量化考核的情况。于是，人民法院仅仅审查程序上的事情，使得提起公诉与开庭审判之间几乎没有障碍。这种"易发性"的审判程序就是公诉审查机制没有有效制约公诉权滥用的最直观的体现。另外，庭前审查程序无法对不符合起诉条件的案件予以驳回起诉，且法律和司法解释规定人民法院都应当受理人民检察院提起的公诉，对不符合条件的诉讼，限期补正。"我国这种有诉必审的审查方式实质上造成了庭前审查的虚无化，它排除了国家司法权对追诉权的程序性监督和制约,难以防止公诉机关的错诉、滥诉,而且也无法保障被追诉人的基本人身自由和权利。"①所以,我国现有的庭前审查程序既无法制约追诉权,防止不当起诉或滥用公诉权,又不对强制性措施进行审查和处理,无法保障被追诉人的合法权利,有失人权保障之功能。

(三) 无法实现庭前分流

对案件进行程序分流主要结合案件情况基于提高诉讼效率和节约诉讼资源的考量,这也是大势所趋。我国刑事庭前审查程序从制度构建之处就不具备分流程序之功能。首先,庭前审查是人民法院自导自演的程序,指控方无法有效参与,被告人及辩护人更是没有参与机会。这就丧失了控辩双方在庭前审查程序中的商谈机会,不存在刑事和解的机会,更不可能有辩诉交易式的分流程序。其次,人民法院审查的结果主要表现为是否开启审判程序,并没有对被告人认罪认罚等情节予以处理,更没有赋予人民法院根据案件繁简程度选择不同审判程序的权利。虽然规定被告人承认犯罪事实,对指控没有异议,可以使用简易程序,但是简易程序的适用范围限制了超越其范围而认罪认罚的程序分流。总之,我国刑事庭前审查程序既没有构建程序分流的参与主体又没有对审查终结和决定开庭后案件选择适宜程序予以处理的程序,因此,程序分流功能存在严重不足。

(四) 缺乏证据开示和保全功能

从诉讼程序的形态上看,我国庭前审查程序类似于当事人主义诉讼模式,但是没有设置证据开示制度,却规定了辩护方提前阅卷权,而这恰恰是职权主义诉讼模式通常做法。辩护方阅卷权与证据开示相比较,后者更有利于保障被告人的辩护权,阅卷权无论从查阅内容上还是行使权限上都无法与证据开示相媲美。证据开示是控辩双方知悉对方证据与指

① 汪建成、杨雄:《比较法视野下的刑事庭前审查程序之改造》,《中国刑事法杂志》2002 年第 6 期,第 60 页。

控最有效的方式,也是防止证据突袭,平衡控辩关系的最佳选择。我国刑事庭前程序只是规定了辩护律师自人民检察院审查起诉之日起,可以查阅、摘抄、复制本案的案卷材料。这表明我国仅仅吸收了证据开示的合理因素,而并没有建立证据开示制度。[①] 这种具有对抗地位的一方决定着另一方证据知悉权的阅卷制度对控辩平等对抗有着先天性的缺陷,不利于被告人及辩护人辩护权的行使,也存在着阻碍刑事诉讼程序发现案件事实真相之嫌。

(五) 形式审查无法起到应有之效

从 1996 年的至今,我国刑事庭前程序脱离实质性审查而逐渐走向纯粹的程序性审查。1996 年法律仅允许人民法院对起诉书和复印件进行庭前公诉审查,其审查内容除了形式上的条件还有案件事实和证据,只要具备这些,人民法院就会决定开庭审判。而 2012 年和 2018 年刑事诉讼法仍然坚持形式上的审查,即人民法院开启审判程序的条件仅为“起诉书中有明确的指控犯罪事实”这一形式要件,删除了“犯罪事实清楚,证据充分”的实质条件,并剔除了人民法院于庭审前提讯或证据调查活动,而主要通过查阅卷宗的反思开展庭前审查。毫无疑问,2012 年和 2018 年法律规定进一步加剧庭前审查的形式化,所导致的直接后果是只要提起公诉就将启动审判程序。这可被称为“易发性”的审判程序。这种庭前审查程序徒具形式,已经丧失了存在的意义,致使设置庭前审查机制的目的彻底落空,这是其一。其二,庭前审查的形式化,导致审判程序事务堆积、诉讼冗长、效率低下。形式化的审查程序导致“易发性”的审判程序,而又因为缺乏对公诉案件的审查和庭前准备,所有的事项均须在审判程序中予以解决,这必将导致审判程序的不停中断、不断延长。

三、刑事庭前准备程序

刑事庭前准备程序是为控辩审三方全面、有效行使诉讼权利而创造

---

① 参见张军、陈卫东主编:《新刑事诉讼法实务见解》,北京:人民法院出版社 2012 年版,第 206 - 207 页。

条件、提供保障,并且通过有关制度的建构排除可能影响审判程序公正进行的因素,为审判公正打好基础。另外,刑事庭前准备程序也能化解影响庭审效率的障碍,使得审判活动围绕着案件的重点与争执的焦点,持续、集中、高效地进行,为提高审判程序的诉讼效率打好基础。通常情况下,刑事庭前准备程序包含着两项基本内容:常规性准备程序和非常规性准备程序。前者如确定审判长与合议庭成员、送达起诉状副本、确定开庭时间、传唤当事人及通知诉讼参与人出庭、开庭公告等。常规性事项具有法定性,是法律明确规定的每一个审判程序都必须经过的事项,缺乏了相应的准备事项,可能导致审判程序的无效。非常规性准备程序是根据案件情况而进行的事项,不是每个程序都必须进行的,如召开庭前会议、制作审判提纲等,这些事项具有任意性,缺乏相应的准备,可能导致庭审程序的无序低效。反观我国现行的刑事庭前准备程序之规定,明显存有不足:

(一)常务性准备程序缺少事项

常规性准备程序是刑事庭前准备程序中的必备事项,也是庭审程序得以顺利运行的载体,实为刑事庭前准备程序主要事务,但是,我国刑事庭前准备程序中的常规性准备程序缺少必要事项。

第一,缺少确定案件适用程序环节。根据法律及相关司法解释的规定,我国公诉一审的审理程序主要有普通程序、简易程序和速裁程序。其中,即使人民检察院在提起公诉的时候建议人民法院适用简易程序,适用简易程序和速裁程序均需要被告人的同意。对于认罪认罚案件,被告人享有程序选择权。刑事庭前准备程序则是正式开庭审判之前的最后一个阶段,在该阶段确定案件的审理程序则是最佳时间。因此,审判长在该阶段需要确认案件适用的审判程序。另外,鉴于简易程序和速裁程序适用对象和相关诉讼程序较为简化,该程序的确定与进行务必及时、恰当,切勿拖延。

第二,常务性事项缺少告知审判组织及审判人员。法律规定在准备阶段应当确定审判长与合议庭成员,但是却没有规定,庭前准备阶段也应当将该案件的审判组织及人员告知控辩双方,尤其是被告人及其辩护人。告知控辩双方审判组织及人员涉及到知情权和申请回避权的享有与行使。知情权是当事人在刑事诉讼中对有关事实、证据、人员及程序享有的了解、获得通知的权利。申请回避权则是确保审判公正的重要权利。在庭前准备阶段通知控辩双方有关审判组织和人员能够确保当事人的知情权，并在知情的前提下及时、有效行使申请审判人员回避的权利。

第三，常务性事项缺乏因正当理由而无法送达诉讼文书的处理。缺少因正当理由而无法送达诉讼文书的处理。法律规定普通程序应在开庭10日以前向被告人和辩护人送达起诉书副本。但是，对于决定开庭审判的案件，由于被告人下落不明或突患疾病等正当理由而丧失诉讼能力导致无法送达的情况，法律却没有规定如何予以处理。一般而言，此种情况可以中止审理或诉讼失效。相比较而言，笔者认为诉讼失效较为适当。因为无法送达诉讼文书意味着无法形成"两造对立"的诉讼形态，而不具有诉讼形态的诉讼就不具有诉讼之效。

第四，常务性事项缺少诉讼权利告知。权利的行使以知悉为前提，以告知为保障。在刑事庭前准备阶段告知当事人及其他诉讼参与人有关的诉讼权利能够便利诉讼权利的行使，也能为诉讼程序的顺利进行作必要和充分的准备。另外，对于申请回避、排除非法证据等重要的诉讼权利，在被告人和其他诉讼参与人充分知晓的前提下，能够争取此类事项在刑事庭前准备程序中予以处理，以免拖到审判程序而不得不中断庭审。然而，2012年《刑事诉讼法》、2018年《刑事诉讼法》及相关司法解释沿袭成法，此类权利告知皆在正式庭审的开庭环节，这不利于庭审程序的顺利进行，尤其是没有召开刑事庭前会议的案件中。

（二）非常规性准备程序急需完善

所谓非常规性准备程序，又可称之为非必经程序，其主要内涵旨在针对不同案件采取不同的方案。2012年以前，我国刑事庭前准备程序除常务性事项之外并没有根据案件的重大、复杂、繁简情况作出区分处理。2012和2018年《刑事诉讼法》确立了刑事庭前会议，规定："在开庭以前，审判人员可以召集公诉人、当事人和辩护人、诉讼代理人，对回避、出庭证人名单、非法证据排除等与审判相关的问题,了解情况,听取意见。"根据法律之内容可以得知,庭前会议具有选择性、协商性和程序性。也就说,庭前会议并不是案件准备阶段的必经或不可或缺的程序,是否举行庭前会议由审判人员根据案件情况而定;庭前会议是审判人员召集控辩双方对有关事项进行商谈、沟通机制;双方商谈、沟通的主要内容是与审判程序有关的程序性事项。法律设置庭前会议的主要目的,或预设功能是"了解情况、听取意见"。但是,作为非常规性准备程序的刑事庭前会议需要进一步完善。1. 功能定位不明。庭前会议是审判人员向控辩双方"了解情况,听取意见"之渠道,但在具体内容的设置上,法律和司法解释的具体指向有很大的差异,尤其是"与审判相关的问题"兜底条款致使庭前会议的具体指向模糊不清。模棱两可的立法导致司法上的不确定性,刑事司法实践只能依据自我认知与理解来缩限或扩大庭前会议制度的适用与功能,又由于个体认知与理解力存在差异,庭前会议的司法实践则乱象众生,形态各异。如,庭前会议有程序性事项与实体性事项上的不一致。司法解释本应具有"固化立法意图与精神,应对立法与实践错综复杂的关系"①的效能,其在遵守合法性原则的基础上,形式上要符合法律规定,还要遵循符合目的性与权力保护之原则,内容上要符合立法意图和价值判断。② 可是,司法解释扩大了庭前会议适用的范围,致使与刑事诉讼法的规定不一致,则是违背了立法规定和立法意图,最终模糊了庭前会议的定位。2. 程序设置缺位。虽然法律和司法解释对庭前会议的适用范围有所规定,但是 2012 年《刑事诉讼法》和司法解释都没有对庭前会议的适用程序作出规定,存在立法上的缺位。庭前会议的具体程序包括程序启动、参与主体、召集时间、地点及次数等。程序决定着"书面上的法"转化为"行动中的法",并保持立法的目的与价值。由于庭前会议适用程序的阙如,使得庭前会议的具体适用乱如麻团,消解了庭前会议的功能,如庭前会议具体运行程序的缺位导致庭前会议主持者不明、被告人是否必须参与庭前会议、庭前会议是否公开进行以及庭前会议欲解决事项的

---

① 陈卫东:《立法原意应当如何探寻:对〈人民检察院刑事诉讼规则(试行)〉的整体评价》,《当代法学》2013 年第 3 期,第 115 页。

② 参见汪海燕:《刑事诉讼法解释论纲》,《清华法学》2013 年第 6 期,第 12 - 15 页。

先后顺序等。① 这些事关庭前会议的公信力。司法公信则是公众对司法权威的主动性接受与信赖,没有司法公信力的司法是失败的司法。庭前会议的程序对于被告人信赖与接受庭前会议之结果无比重要,但是庭前会议先了解、听取哪些情况,再了解、听取哪些意见;先了解、听取控诉方的情况与意见还是先了解、听取辩护方的情况与意见。法律和司法解释并没有规定,司法实践也并不统一,样态各异。3. 庭前会议结果法律效力模糊。庭前会议被各方寄予厚望,但"衡量刑事法治水平的高低,不能以是否存在刑事法典作为依据,而应当考察刑事法典得到遵守的情况。"②坦白地说,庭前会议制度在刑事司法实践中并没有得到很好的执行,更遑论取得预期目的。"根据抽样调查,修改后刑事诉讼法实施以来,仅有 1‰ 的案件进行了庭前会议。"③之所以有这样的结果,其主要原因在于法律和司法解释并没有规定法官在庭前会议中处理结果的法律约束力,导致控辩双方就同一问题再提交于审判程序,使得庭前会议的功能无法发挥,也造成审判程序的无休止的休庭与中断。"中国刑事诉讼制度在实施中面临的根本问题,既不是当事人诉讼权利的扩大问题,也不是公、检、法三机关权力的重新分配问题,而是刑事程序的失灵问题。"④庭前会议也面临着同样的挑战。庭前会议失灵的主要表现为其功能的无法实现,即庭前会议解决程序性事项的功能失灵、组织庭前准备的功能失灵以及提供诉讼效力的功能失灵。4. 缺少争点整理程序。我国对抗式方式的刑事审判程序改革并没有在司法实践中发挥对抗式庭审的作用,相反改革后的审判方式并不符合我国刑事司法的法律传统,并在我国法律传统不断地侵蚀下,对抗式审判方式改革逐渐被刑事司法实践变相抛弃,这不得不说是失败的。其主要原因之一是:只有详细、得当的庭前准备程序才能有效实现对抗制庭审,其中,庭前准备程序的内容中最为主要的即是争点与证据整理程序。在重大、复杂的案件中,审判法官依职权或依申请在

---

① 参见江必新主编:《最高人民法院关于适用〈中华人民共和国刑事诉讼法的解释〉理解与适用》,北京:中国法制出版社 2013 年版,第 190 页。
② 汪建成:《〈刑事诉讼法〉的核心观念及认同》,《中国社会科学》2014 年第 2 期,第 131 页。
③ 黄曙、吴小倩:《庭前会议的司法实践与制度完善》,《人民检察》2013 年第 18 期,第 26 页。
④ 陈瑞华:《刑事诉讼的中国模式》(第 2 版),北京:法律出版社 2010 年版,第 296 页。

刑事庭前准备程序中通过控辩双方的对话与协商对案件的争点和证据进行整理,明确双方的争议点,便于庭审集中审理有争议的事实和证据,实现法庭集中和迅速审理,提高审判效率,节约审判资源。

第三节　我国刑事庭前程序之分析

通过对我国刑事庭前程序的反思,可以发现无论是卷宗移送方式、公诉审查还是庭前准备各自都存在着诸多问题,有些涉及到理念上的制约,有些这是制度上缺陷。如果从刑事庭前程序的整体的角度观察,还有一些影响着该阶段全局性的因素。前者可能是后者的结果,也可能是后者的原因,两者之间存在着互为因果的关系。这些因素影响着我国刑事庭前程序的重构,不得不单独予以阐述与评价。

一、我国刑事庭前程序的目的性失当

从各国有关此程序的规定来看,设置刑事庭前程序的主要目的是制约公诉权、保障被告人诉讼权利,促进审判公正和效率。然而,我国刑事庭前程序则主要是审查人民检察院提起的公诉是否符合审判的条件、审判人民法院便利于审查程序的进行以及在此基础上附带着提高诉讼效率的目的。就现行刑事诉讼法和司法解释规定内容而言,庭前公诉审查旨在解决公诉案件开庭审判的条件。符合条件即开庭审理,否则,则不开庭审理。更为准确地说,这种审查可以称为对照条件的核查或者一种手续性的检查,不具备司法审查的属性。如果仅仅从手续性的检查而言,此种公诉审查可有可无,没有该种程序有可能对促进诉讼效率更为有效。因为,经过近 40 年的改革开放,法官与人民检察院的自身素质逐步得到提升,从原来的军转干部为主到专业院校毕业的人为主的法官队伍和人民检察院队伍业已形成,又加上司法责任制的全面落实,人民法院员额制与人民检察院员额制得到全面推开,2018 年共遴选了 8.7 万员额制人民检

察官,120138 名员额法官,司法队伍素质能力得到不断加强。^①在这种情况下,检察官提起公诉不符合开庭审判条件的情形将逐渐消失,甚至不可能再出现,这使得检察官的起诉实际上具有导致开庭审判效果。再者,2012 年《六部委规定》第 25 条规定与 1998 年《六部委规定》一样的内容,这就说明人民法院对人民检察院提起的公诉应当受理,不得以材料不足为由不开庭审理。即使检察官提起的公诉不符合法律规定的条件,人民法院也不能直接驳回起诉,而是通知检察官限期补充。即使检察官不补充或者补充的资料仍不符合条件的,人民法院也不能拒绝开庭审判。由此可见,这种公诉审查使得对被提起的公诉开庭审判极其容易,无论人民检察院提起的公诉是否符合条件,除了退回人民检察院和部分裁定终止审理之外,人民法院无法驳回起诉,都必须开庭审理,因此,实际上排除司法权对公诉权的程序上的制约,无法起到防止公诉权滥用的目的。

从公诉权滥用的传统和制度设置上看,我国有公诉权滥用的倾向,且更容易发生。人民检察院不起诉决定被严格限制,导致人民检察院不愿、不敢做出不起诉决定。人民检察院做出不起诉决定,要受到被告人、公安机关以及上级人民检察院的制约。这种立法设计和司法责任制的贯彻落实,人民检察院不得不谨慎对待不起诉决定,宁愿提起公诉后到人民法院审判阶段撤诉,也不会作出不起诉决定,甚至于对有些可诉或不诉的案件作出起诉决定。另外,我国传统法文化一直存在着宁错勿放的观念和"敌人刑事诉讼"的制度传统。甚至有人认为,对于发生不起诉错案的办案人员,给予降级、降职,甚至对于故意不起诉的给予辞退与开除。这样的背景造就了追诉权的滥用,我国刑事庭前公诉审查程序难以防止不当起诉。

同理可得,公诉权被滥用,诉讼程序无法及时终结,错误也就无法得到及时纠正。对被告人而言,诉讼权利无法得到保障。羁押不是我国的强制措施,它仅仅是刑事拘留、逮捕以及审判的必然延续。在庭前公诉审查环节,法官也不会对被告人被羁押的情况作出调整,尤其是在我国高羁押率依然存在的情况下。这种做法与对被告人是否被继续羁押作出决定

---

① 参见 2018 年最高人民法院工作报告,http://www.court.gov.cn/zixun－xiangqing－87832.html;2018 年最高人民检察院工作报告,http://www.spp.gov.cn/spp/gzbg/201803/t20180325_372171.shtml。

的域外刑事公诉审查机制,泾渭分明。除此之外,庭前准备环节本应保障庭审集中进行和迅速审理,但是,我国庭前准备阶段主要为了召集相关人员出席法庭的常规性事项,并未为审判程序的集中、快速进行准备,即使庭前会议的存在及其本身的缺陷,并没有改变我国"一步到庭"的审理模式。与审判有关的一切事项都必须在法庭审理阶段予以解决,这样就使得审判程序不停中断、不断休庭,造成本不应该的诉讼拖延。正是由于庭前准备程序缺少必要的组成部分,如争点整理等,造成了这种间断式的审判模式,无法集中审理。集中审理原则与直接言词原则有很大关系。集中审理原则使得法官亲历审判,直面言词的内容和形式,保障言词审理的价值生成。这是间断式的审判程序或书面审理程序所不具备的优势。庭前准备阶段准备的不充分造成,审判程序因解决本应该在准备阶段解决的事项而屡次被中断,产生我国间断式的审判程序,进而必然导致审判程序的低效率。这与刑事庭前程序的目的是相违背的。

总而言之,我国刑事庭前程序旨在解决是否符合条件开庭审判,以及准备不足造成诉讼效率不高,没有将其确立为制约公诉、保障集中审理和迅速审理,而是仅仅把其作为法官召集开庭的活动。也正是由于刑事庭前程设立目的失当使得我国刑事庭前程失去了设立该程序的价值和意义,无法保障被告人的诉讼权利的同时也使得节约司法资源,推进顺利审判,提高诉讼效率的目的随之即去。

二、我国刑事庭前程序的功能性欠缺

我国刑事庭前程序设置目的之失当,直接导致其功能单一,该程序本应具备的功能在我国始终处于空缺状态,与域外兼容并蓄,有容乃大的刑事庭前程序存有很大差别。鉴于不同法域所属诉讼模式的差异,域外刑事庭前程序的功能亦有不同。根据第二章域外刑事庭前程序的梳理与对比,可以发现当事人主义诉讼模式下的刑事庭前程序主要包含有:公诉审查功能、证据开示、保全功能、实现程序分流功能、辩诉交易功能、庭前会议以及践行审前裁决功能;职权主义诉讼模式的刑事庭前程序功能主要包含:公诉审查功能、保障辩护方庭前阅卷功能、证据调查、保全功能、实现程序分流功能以及刑事协商功能;混合式诉讼模式下的刑事庭前程序的功能主要体现在:部分公诉审查功能、程序分流功能以及庭前争点和证据整理功能。当然,这种概括只是将三种诉讼模式下的刑事庭前程序所具有的功能进行大致上的总括,并不能完全并精确地指出同一个诉讼模式下或者不同诉讼模式下刑事庭前程序所具有的所有功能。例如,混合式诉讼模式下的刑事庭前程序之功能表现在日本与我国台湾地区存有不同,我国台湾地区与我国澳门地区的刑事庭前程序之功能也有不同。还有,即使是当事人主义诉讼模式的英国刑事庭前程序之功能与美国刑事庭前程序之功能也有差别。根据三种诉讼模式下刑事庭前程序功能之对比可以得知,刑事庭前程序应当具备多重功能。这是毫无疑问的。

反观我国刑事庭前程序的功能发现,其主要有两种:一是防止公诉权被滥用,具备公诉审查之功能;另外一种则是保障审判法官知悉案件的功能,确保庭审顺利和事实发现。如上文所述,我国庭前程序公诉审查功能是通过手续式检查起诉条件来完成的,司法实践中人民检察院违反法律规定条件而提起公诉的可能性几乎为零。与此同时,我国存有宁可起诉而不作出不起诉决定的司法传统。在这种提起公诉有强烈的倾向化且无法有效防止公诉权滥用的情况下,我国对刑事庭前程序目的定位上的偏差以及刑事诉讼立法上的不足,很难将滥用公诉权的案件阻挡于审判程序之外。可见,我国刑事庭前程序虽然具有公诉审查的功能,但是其功能并没有得到应有的发挥。另外,我国刑事庭前程序的主要功能是不是能够落实到法官有效准备庭审上呢? 事实情况也并不理想。我国仅从人民法院的角度设置庭前准备制度,于是设计了审判法官为清楚了解案件事实,掌控审判程序,可以召集庭前会议听取控辩双方意见。尤其是庭前会议的主动权完全由审判法官掌握,控辩双方只有被动应对,且因为庭前会议法律效力的缺失致使控辩双方消极对待庭前会议,因此,我国刑事庭前程序除了通知、传唤、公告等常规性的事项处理之外,法官从控辩双方得到案件有效信息的可能性较低,审判法官因此会沉浸于卷宗所承载的信息,并在此基础上开展审判程序。这种建立在"卷宗"基础上的审判方式是侦查中心主义的必然结果,也是对审判中心主义的公然挑衅,更体现了审判法官庭前准备活动的不足。因此,我国刑事庭前程序具有庭前准备的功能,也没有得到应有的发挥。

除了上述功能没有得到有效发挥之外,我国刑事庭前程序还缺乏下列一些功能:

第一,证据展示功能的欠缺。控辩双方的证据知悉权是刑事庭前程序重要功能之一,也是保障刑事庭前程序得以顺利、有效进行的基础性要件之一。英美法系国家通过证据开示制度保障控辩双方的证据知悉权,大陆法系国家则通过庭前辩护方阅卷制度保障辩护方的证据知悉权以及辩护方消极防御事由告知制度保障控诉方的证据知悉权。我国实行的则是大陆法系国家通用的保障证据知悉权机制,该机制实现的能效与证据开示所带来的效果不可同日而语。对此,有学者认为我国刑事庭前会议制度已经很大程度上保障了证据交换的进行以及促进了证据展示效能的发挥。[1] 其实,与其说我国庭前会议保障的证据展示制度的发挥不如说我国刑事诉讼法中并没有确立该制度,与英美法学国家相比,我国刑事诉讼法只是吸收了证据展示制度的合理因素[2],但是该因素没有包含证据展示的时间、地点、方式以及后果,仍然与证据展示相去甚远。如法律规定辩护方在人民法院受理之日起可以到人民法院查阅、复制、摘抄案件卷宗资料。这一方面说明辩护方所得资料来自于指控方移送资料的范围与内容;另一方面,现行法律并没有规定指控方在人民法院受理之后再次调查收集的证据是否提交人民法院,以及提交人民法院是否通知辩护方知悉。可见,辩护方的辩护权行使建立在指控方提供资料的基础之上,作为对抗双方中一方决定着另一方证据知悉权以及权利行使,与控辩平等对抗的刑事司法理念严重相悖,不利于司法公正的实现。

第二,非法证据排除功能的欠缺。非法证据排除的两种模式,一是在刑事庭前程序中排除非法证据。这是大多数国家采用的方式,大陆法系国家在公诉审查程序建构排除非法证据的机制;英美法系国家在庭前程序中实现非法证据排除;二是在刑事审判程序中排除非法证据。但是,

---

[1] 参见徐利英、王峰:《关于刑事证据开示制度的思考》,《中国刑事法杂志》2013 年第 9 期,第 94 页。

[2] 参见张军、陈卫东主编:《新刑事诉讼法实务见解》,北京:人民法院出版社 2012 年版,第 206－207 页。

"在整个诉讼程序中,对于证据能力具备与否之判断,审判程序中之准备程序可谓最适当之阶段。"[①]控辩双方通过庭前准备程序中的证据知悉机制对彼此的证据资料有全面的了解,这为提出非法证据排除奠定了基础。庭前程序排除非法证据避免了非法证据对刑事庭审程序的污染,有利于实现审判程序集中进行,更有利于实现审判的公正。我国刑事庭前程序则没有排除非法证据的功能,即使庭前会议阶段,控辩审三方对非法证据问题也只是辩护方提出排除申请、指控方承担举证责任并提供资料,但是是否排除只有到审判程序中进行,庭前阶段还不能排除非法证据。

第三,证据保全功能的欠缺。当证人、鉴定人因特殊原因不能到庭接受控辩双方的询问时,为了保障控辩双方的询问权,尤其是被告人及其辩护人的质问权,应当于庭审之前对该证人、鉴定人进行证言采集,以确保庭审的顺利进行和案件事实的发现。这种制度被称为证据保全制度,已经成为世界上绝大多数国家刑事庭前准备程序的主要内容之一。在职权主义模式下,证据保全有关依职权或者依申请实施;在当事人主义模式下,证据保全由当事人申请而启动。证据保全由法官的主持,控辩双方参加。于庭审之外对证人、鉴定人进行采集证据,控辩双方可以对证人、鉴定人进行必要的询问,经过保全的证据可以在法庭审判中直接予以使用。证据保全是直接、言词证据的补充,它保障当事人的诉讼权利和对证人、鉴定人的交叉询问权,有利于实现审判的公正。

第四,程序分流功能的欠缺。在有限的司法资源与"诉讼爆炸"的矛盾情况下,根据案件性质、社会影响大小、案情复杂程序以及被告人的认罪与否等因素,对案件实行多元化的审理程序,施以更加适当的审判程序,合理配置司法资源,基于目的刑理论有效矫正犯罪人和修复社会关系,这已经是世界性普遍趋势。刑事庭前程序也应理所当然地参与其中。域外刑事庭前程序主要通过如下几种方式实现程序分流:首先,通过公诉审查,将没有达到审判条件的案件驳回起诉,实现程序分流。其次,在证据展示的基础上,通过辩诉交易、被告人认罪答辩以及构建多层级的简便审查程序,实现程序分流。如英美国家实行被告人庭前答辩,如认罪则直

---

① 黄朝义:《修法后准备程序运作之剖析与展望》,《月旦法学》2004 年第 113 期,第 16 页。

接量刑,还有通过控辩双方之间的协商达成协议而实现的程序分流;德国的处罚令程序以及审辩协商制度实现程序分流;法国的被告人庭前认罪和简易程序实现程序分流;日本的略式程序、简易公审程序等简易程序体系实现程序分流;我国台湾地区设有简易程序、简式程序以及认罪协商程序事项程序分流。而我国刑事庭前程序实现程序分流的功能尚有欠缺。公诉审查的结果中没有驳回起诉种类,经审查对不符合审判条件案件,人民法院不能做出驳回起诉裁定,并且人民法院应当受理。这无法实现程序分流。另外,我国现在已经有简易程序、速裁程序、刑事和解程序以及认罪认罚从宽制度等不同层级的程序分流机制,但是刑事庭前程序没有规定,人民法院决定开庭审判的案件可以根据案情将其移送到不同程序中进行审判,反而是大多数适用普通程序为之审判。

三、我国刑事庭前程序的正当性质疑

正当性概念较为复杂,可谓是任何人抱着揭开正当性面纱的目的而来,最终都要失望而归。之所以这样,一是由于不同语言体系使用同一个词语的不同意义,以及翻译后"信达雅"去本意化。二是正当性使用学科范围的广泛,且具体指向各有差异,期望将其万宗归一较为困难。但在政治科学中,正当性被广泛作为政府被民众认可的程序,其被视为管治的基本条件,缺少正当性,则政府面临困局。在道德哲学中,经常被解读为一部分统治另一部分人的规范性根源。洛克提出,正当性来自于明示或暗示的同意,"除非得到被治者的同意,否则该政府不具正当性"①德国政治哲学家 Dolf Sternberger 说:"正当性是得以施行的政府权力的基础,是在政府有意识到其管治权利的同时,被管治的也对该权利有某种承认。"②由此可得,正当性与同意、接受关系密切。换言之,正当性是以同意为基础而接受某种形态的结果。这种意义上的正当性,与法律科学上

---

① [英]See Ashcraft, Richard(ed.): *John Locke: Critical Assessments*. London: Routledge, 1991. p.524.

② [德] See Sternberger, Dolf: *"Legitimacy" in International Encyclopedia of the Social Sciences* (ed. D.L. Sills)Vol.9. New York: Macmillan, 1968. p.244.

的正当性具有明显的不同,后者将合法性等同于正当性,认为正当即是合法。但是,不可否认的是,合法性仅仅为正当性的法理支配型,除此之外正当性还应包含卡里斯玛型支配和传统型支配型。[①] 本文正当性的意义则是指刑事庭前程序具有的相关主体的同意而接受,并不仅仅将概念限定在法律规定之上。从这方面说,我国刑事庭前程序的正当性备受质疑。

第一,我国刑事庭前程序不具有独立性和完整性。不具有独立性意味着立法机关还没有把刑事庭前程序作为刑事诉讼程序中的一个独立阶段。换言之,我国刑事庭前程序还不被立法所认同。客观地说,我国刑事程序法的现代化程序直接影响着刑事庭前程序的构建。自 1979 年第一部刑事诉讼法颁布 40 多年以来,我国整个刑事司法改革大都是在模仿的基础上零碎化的展开。以纠问式诉讼模式、弹劾式诉讼模式以及混合式诉讼模式为参照物,针对我国刑事司法的个别性程序或制度,对比三者之差异,模仿、移植以及立法确认。这势必导致这样的结果,即刑事司法体系部分制度或程序当事人化,而部分制度或程序则职权主义化,仰或有混合式模式之特点,导致刑事司法制度之间、程序之间的冲突与对立,刑事司法难以调和最终恢复原样,如卷宗移送方式的改革。同时,40 年来的刑事司法改革都集中在侦查、起诉和审判几个关键的环节上,这几个阶段被视为刑事诉讼程序的核心部分,改革的视角似乎从来没有聚焦在刑事庭前程序上。由于我国刑事司法改革视角的局限化,我国刑事司法与现代法治社会普遍适用的刑事司法人权保障理念、无罪推定原则、科学的起诉制度以及合理的审判程序与标准之间还有很大的差距。而对侦查、起诉和审判关键阶段的聚焦则无暇顾及刑事庭前程序,以至于到 2018 年《刑事诉讼法》始终没有将庭前程序从提起公诉后到第一审程序第一次审判前的阶段作为一个完整的诉讼阶段,更没有把该阶段视为独立的部分,仅仅作为审判阶段中可有可无的一部分。

第二,我国刑事庭前程序欠缺诉讼当事人的同意与接受。程序公正彰显为与诉讼有利害关系的人平等地参与诉讼,发表意见,并对诉讼结果有实质性影响。公诉审查和庭前准备是刑事诉讼程序中不可或缺的部

---

① 参见张弛:《浅析韦伯学说中的"正当性"》,《江淮论坛》2007 年第 3 期,第 92－96 页。

分,也就是说,该两项诉讼行为也应当具备基本诉讼的样态,与诉讼有利害关系的人应同意该程序处理相关事项并接受程序运行的结果,并且须参与诉讼,两造对立,辨明是非,澄清事实。若诉讼当事人对程序既不认可,消极怠工,又不接受程序之结果;仰或程序不允许诉讼当事人有参与诉讼程序并发表意见的平等机会,或对诉讼当事人是否参与诉讼程序没做要求,诉讼当事人参加与不参加对诉讼程序的正常运行没有影响,那么,这种诉讼程序则与正当性背道而驰,相向而行。我国刑事庭前程序的组织架构就有这样的问题。首先,刑事庭前程序是法官单方面庭前了解案情的程序。无论是法官对公诉的审查程序还是庭前准备事项,其出发点即为庭审法官在庭前梳理案情、厘清法律关系、掌握证据,以便于胸有成竹,能更好地主导审判程序。其次,控辩双方对刑事庭前程序的程序性应对,处于消极怠工状态。由于庭前程序对案件进展去向、案件处理结果等并没有实质性作用,如法官不能不受理起诉,也不能驳回起诉;不能实施非法证据排除;庭前程序处理结果也不具有法律效力等,控辩双方对刑事庭前程序持有怀疑甚至排斥的态度,并不会在刑事庭前程序中认真、充分准备,以至于刑事庭前程序之目的与功能落空。再次,被告人参与的非必然性,造成刑事庭前程序的结构性缺失。现行刑事诉讼法并没有要求被告人必须参加刑事庭前程序,被告人参加或不参加,其并不影响刑事庭前程序的进行。辩护人并不能代表被告人所有的想法与行为,且作为具有独立诉讼地位的辩护人与被告人在辩护权的行使方式、方向以及所欲之结果等方面,相差甚远。主张由辩护人代表被告人出席庭前程序,而被告人可以不参加庭前程序的观点,强词夺理,牵强附会。也正是由于被告人的不参与,致使刑事庭前程序中控辩平等对抗与机会均等的诉讼理念的无法落实,刑事庭前程序形成结构性缺失,尤其是被告人辩护权问题。

四、我国刑事庭前程序的形式化倾向

形式与内容是哲学学科中揭示事物内在要素、结构以及表现方式的一组重要范畴。内容是事物或系统内在要素的统一体,而形式则是这种内在统一体的外在表现。形式与内容是辩证统一与现实一切事物之中的,法律也不例外。法律的内容强调法的价值与伦理道德,注重法律适用中的价值判断以及法律推理中的目的性和政策性导向,有时又将法律内容称之为法律的实质化;法律的形式是以法律本身为分析对象,构建法律内容的概念化,厘定法律内容的类型化,要求法律具有内在自主逻辑和运行规律的体系。这种法律形式被称为法律形式化,要求司法过程的形式主义,包括司法的国家统一性、适用法律的合法性、司法解释的严格性以及司法过程的程序性等。依照法哲学上的分析,刑事庭前程序的形式化的最契合解释就是将其理解为严格遵循法律条文之规定,刑事庭前程序的实质化则理解为庭前程序要尊重庭前的价值、目的与功能,强调庭前程序的合理性。

显然,本文所谓的刑事庭前程序形式化则与法哲学的理解有所不同。对于刑事庭前程序形式化而言,庭前程序可能符合法律规定,并按照制度的要求有条不紊地推行,但实际上,刑事庭前程序却仅遵循法律搭建的外壳且缺乏实质内涵,未能发挥刑事庭前程序功能,实现刑事庭前程序价值,达到刑事庭前程序目的,甚至可能直接搁置和规避法律关于刑事庭前程序的相关规定,进而造成刑事庭前程序的实际效果短缺,导致刑事庭前程序只是一种存在的形式而已。我国刑事庭前程序形式化表现为立法上的粗疏简单和司法实践的流于形式。从立法的层面上来说,1979 年《刑事诉讼法》有第 108 条、第 109 条和第 110 条三个条文规定了刑事庭前程序,1996 年《刑事诉讼法》有第 150 条和第 151 条两个条文规定刑事庭前程序,2012 年《刑事诉讼法》有第 181 条和第 182 条两个条文规定刑事庭前程序,2018 年《刑事诉讼法》有第 186 条和第 187 条两个条文规定刑事庭前程序。其中,1998 年《解释》有第 116 条 - 第 120 条五个条文、2012 年《解释》有第 180 条 - 第 185 条以及 2021 年《解释》进行细化。另外从司法实践的层面上来说,由于刑事庭前审查的形式从实质性审查转向程序性审查,尤其是 2012 年刑事诉讼立法,在恢复全案移送方式的同时,删除了法官庭前提讯以及调查取证的相关规定,法官在庭前审查仅对照形式上的条件,又因为法律规定无论是否符合条件人民法院应当受理检察官提起的公诉,而不能对不符合条件的公诉通过驳回起诉的方式终止诉讼。因此,在刑事司法实践中,法官的刑事庭前审查流于形式,徒具过场而已。

第四节　我国刑事庭前程序问题之原因

因果关系是哲学学科中揭示客观世界中普遍联系着的事物先后相继、彼此制约的一对范畴。原因是引起一定现象的现象,结果是由一定原因的作用,与之关联而引起的现象。通常而言,原因在前,结果在后,先因后果是因果关系的特点之一。本部分旨在找到我国刑事庭前程序现存问题的背后原因,为完善该程序梳理制度背后的制约因素并试图改进。原因与结果之间的逻辑关系较为复杂,如有单因关系、双因关系和多因关系;还可以将其分为直接因果关系和间接因果关系;除此之外,还能分为主要因果关系和次要因果关系,诸如此类,实难列尽。鉴于此,我国刑事庭前程序问题之原因,主要关注哪些与刑事诉讼程序,尤其是与审判程序具有直接因果关系。

一、刑事诉讼模式的选择失当

刑事诉讼模式,又可以称为刑事诉讼结构,泛指裁判者、控诉者与辩护者在刑事诉讼中地位以及三者之间法律关系的总称。鉴于各国及一国不同时期的政治权力结构的不同、社会发展阶段的互异和传统法律文化的差别,世界范围内存有不同的刑事诉讼模式。

早期是弹劾式诉讼模式,主要存在于奴隶制民主共和国和封建制初期的一切国家中,其以个人享有控告犯罪权,审判机关不主动追究犯罪,而居中处理刑事案件为特点。从某种程度上说,弹劾式诉讼模式是一种不告不理、审判者居中审判的结构。在封建君主专制时期,为树立君主之威望,权力逐渐集中。这种政治势力的发展趋势影射到刑事诉讼程序中,即为纠问式诉讼模式的诞生。纠问式诉讼模式是指国家机关对犯罪行为,无论是否有人控告或揭发,均主动出击,进行追究和审判。而且在这种诉讼模式中,程序的进行是秘密的,被告人是被追究和审判的客体,遵照口供为证据之王,"棰楚之下,何求不得"的刑讯逼供取得所谓的审判之据。最典型的纠问式程序见于德国 1532 年的《加洛林纳法典》。自中世纪后期始,发轫于古代朴素的人权思想的人权理论体系,经过中世纪文艺复兴的塑造,宗教改革的洗礼,启蒙运动的锻造,九转功成。资产阶级以这些人权思想为旗帜,在全球掀起了反对蒙昧主义、专制主义和宗教迷信,依据人的"理性"来思索和判断世间事物的新思想、新主张的资产阶级文化运动。除了英国之外的欧陆国家都摒弃愚昧、野蛮的纠问式诉讼模式,进而转向带有人权和理性精神的职权主义诉讼模式。职权主义诉讼模式使得司法权摆脱了行政权的桎梏,实行控审分离、不告不理,实行无罪推定原则,确立被告人诉讼主体地位,实行公开审判原则,确立直接言词原则,实行证据裁判原则和自由心证制度。由弹劾式诉讼模式到纠问式诉讼模式,再演变为职权主义诉讼模式,这是欧陆主要国家刑事诉讼模式的发展之路。

与此同时,英国作为欧陆国家,其刑事诉讼模式却走向另一条发展之径。起初,英国刑事诉讼法模式也是弹劾式诉讼模式。1066 年诺曼登陆后,威廉并没有废除盎格鲁撒克逊的法律制度,也没有中断该时期的法律传统,而是遵循"贤人会议"的传统和"国王在法律之下"的观念,通过贵族集团利用民主因素、自由制度制约、限制国王权力的膨胀,以至于并没有出现其他欧陆国家国王的权力强大到无以复加的地步。英国没有走上纠问式诉讼模式的主要原因是英国贵族集团与国王权力斗争的结果。[①] 这是其一。其二,英国实行私诉和陪审团审判制度。陪审团最初仅具有告发人或控方证人,随着神示证据制度的没落,陪审团获得了审判的职能。"陪审团审判可以将普通公民带入法庭的专业世界,他们可以在司法程序的核心领域发出决定性的声音。"[②]在陪审团审判制度下,由国王任命的法官被限制在确保诉讼程序的顺利进行以及定性后的宣读判决上。"法官只有在陪审团定罪的基础上才能判刑,这对法官及任何以权压法的人都是一种制约。"[③]陪审团审判及限制的国王的权力又使得民众普遍确立

① 参见汪海燕:《刑事诉讼模式的演进》,中国政法大学博士论文,2003 年,第 100 – 105 页。

② 〔英〕麦高伟,杰弗里·威尔逊主编:《英国刑事司法程序》,姚永吉等译,北京:法律出版社2003 年版,第 347 页。

③ 钱承旦:《第一个工业化社会》,成都:四川人民出版社 1988 年版,第 21 页。

了公平、公正、民主等法之根本。这也是英国没有走向职权主义诉讼模式的原因，也为其刑事诉讼模式演进为当事人主义诉讼模式夯实了基础。由弹劾式诉讼跨过纠问式诉讼模式，而直接确立当事人主义诉讼模式，这是英国刑事诉讼模式沿革之路。随后，当事人主义诉讼模式被英国殖民者带入美国，并使得当事人主义诉讼模式随着美国逐渐强大，而被广而告之，逐渐传播开来。

现如今，除了大陆法系国家实行的职权主义诉讼模式和英美法系国家实行的当事人主义诉讼模式之外，还有以日本、意大利为代表的混合式刑事诉讼模式。起初，日本刑事诉讼模式也是酌古参今，尤其是欧陆国家的德国与法国刑事诉讼模式，践行从弹劾式诉讼模式，走向纠问式诉讼模式，随之，迈向职权主义诉讼模式。二战后，在美国直接管理的状态下，日本刑事诉讼深受美国刑事诉讼的影响。从 1948 年刑事诉讼法至 20 世纪 50 年代末，日本刑事诉讼模式在职权主义诉讼模式的基础上吸收当事人主义诉讼模式的精华，兼容并蓄，形成了混合式刑事诉讼模式。如沉默权、起诉一本主义、法官庭审前禁止接触案卷资料、证据由控辩双方提出、实行交叉询问等等，具有当事人主义诉讼模式的特点。与此同时，日本仍然保留着法官主导审判程序，在案件事实和证据的调查起主导作用，并在特定情况下为查明真相，法官可以主动调查证据，对控辩双方提出的调查证据申请不予准许等职权主义诉讼模式的特点。此外，日本刑事司法制度改革的主要目标在于建立"适应国民期望的司法制度"，改变法曹队伍状况，建立国民参与审判的诉讼制度；创设准备程序，充实事实和证据争点整理，明确证据开示规则；建立公共辩护制度，加强犯罪嫌疑人、被告人权利保障。意大利刑事诉讼原属于职权主义诉讼模式，法官控制诉讼程序，被告人权利流于形式。二战后，尤其是 1988 年，意大利刑事诉讼法大量吸收英美法系当事人主义诉讼模式的内容，删除、修订、增设诸多内容。如对证人、鉴定人实行交叉询问、沉默权、有限制的诉讼资料移送制度等，同时又保留着职权主义诉讼模式的一些重要特征，主要表现为法官主导诉讼程序，向证人、鉴定人及被告人等发问，依职权调查证据，并在法庭调查结束后，法官还可以决定调取新的证据材料等。由此可见，日本和意大利混合式刑事诉讼模式，增加了当事人主义诉讼模式的内容，但法官并不是一个消极的裁决者，而依然是一个积极地调查事实、证据的诉讼程序控制者。

我国 1979 年刑事诉讼法，确立了一种被学者称为超职权主义诉讼模式，或强职权主义诉讼模式。这是既区别于纠问式诉讼模式又不同于同时期的职权主义诉讼模式的我国特有的诉讼模式。其突出特点表现为：第一，公检法三机关"分工负责、互相配合、互相制约"基本原则。这一方面异于纠问式诉讼模式中起诉者与裁决者同一的情况，另一方面又由于起诉者拥有更大的指控权，如刑事诉讼中令状制度和司法审查制度的空缺使得起诉者享有比职权主义诉讼模式中指控者更多的权力。第二，被告人主体地位弱化。我国刑事诉讼法承认被告人诉讼主体地位，但没有明确无罪推定原则，不享有沉默权，无法获得中立机关的关照，其权利保障具有不可预期性。第三，审判权具有泛行政化倾向。审判机关内部上下级请示制度、外部的政法委及党委协调干预惯例以及法官依职权主动作为倾向等一系列因素，导致审判机关徒有司法独立之名而无司法独立之实，审判权行政化或者说审判权泛行政化业已成为当时之势。

1996 年刑事诉讼法第一次修改至今，我国刑事诉讼法模式一直向着当事人主义诉讼模式靠近，这业已成为理论界和实务界的共识。这既是在两种法系互相借鉴、相互融合的全球刑事司法趋同的形势下不得已的选择，也是对我国刑事诉讼程序之缺陷必要的革新。在这种境遇中，我们所要审视的不是改革的走向而是达到预期目的所选择的途径与方法，也即欲取得良好的结果而愈加慎重对待实现美好结果的手段。需要注意的是，尽管我国刑事诉讼逐步借鉴并吸纳当事人主义诉讼模式的大量内容，但是，我国政治体制、经济因素、法律文化传统以及法律思维等方面，都在潜移默化地决定着我国刑事诉讼模式的选择与适用。我国刑事诉讼法每一次修改仅仅是弱化了强职权主义诉讼模式的因素，没有完全剔除强职权主义诉讼模式的内容。1996 年刑事诉讼法加强了被追诉人的权利保障，如确立"确立未经人民法院依法判决不得定罪的原则"，律师、辩护人参加诉讼的时间提前至第一次讯问之后或采取强制措施之日起等；弱化指控者权力，如取消免于起诉制度等；审判者中立地位强化，如扩大合议庭权力，庭审调查由控辩双方推进等。这些变化都说明 1996 年刑事诉讼吸收当事人主义诉讼模式的有关制度并弱化了强职权主义诉讼模式因素。2012 年刑事诉讼法也是如此。第一，强化了法官的主导地位。2012 年刑事诉讼法在保留法官决定庭审五个环节、主动发问、制止和随时介入控辩双方诉讼行为的基础上，又新增加了庭前会议、非法证据排除、排除合理怀疑证明标准以及决定证人、鉴定人、警察是否出庭制度，强化法官的审判职能。第二，改变卷宗移送方式，明确指控方的举证责任。卷宗移送回归全案移送方式，并明确规定公诉案件被告人有罪之举证责任由公诉人承担，借此明确义务并限制指控者的权力行使，以期公诉者践行客观公正之义务。第三，加强辩护权行使权能，完善相关制度。明确犯罪嫌疑人侦查阶段委托辩护人，增加审查批准逮捕时讯问被追诉人和听取辩护律师意见，修改辩护律师凭律师执业证书、律师事务所证明和委托书或法律援助公函的会见权，修正辩护律师的阅卷权，扩大法律援助的适用范围，修正辩护人的申请回避权以及辩护人对阻碍其依法行使诉讼权利的申诉控告及处理机制等，进一步完善辩护权的权能。2018 年刑事诉讼法增设认罪认罚从宽、速裁程序、缺席审判程序等，坚持惩罚犯罪与保障人权并举，秉持实体公正与程序公正并行。

总之，我国刑事诉讼模式在朝着当事人主义诉讼模式改革推进，不遗余力。但是，现阶段当事人主义诉讼模式既不符合我国实际情况，也不具有现实可操作性。在当事人主义诉讼模式的引力下，我国刑事诉讼具体制度的改革并没有得到很好的施行，或者建构的制度与程序被搁置，以至于刑事司法改革出现回归、反复现象，就是一个很好的例证。我国刑事诉讼模式应是在强职权主义诉讼模式的基础上，逐渐剔除不合理的制度与因素，向现代职权主义诉讼模式靠近，而不是由强职权主义诉讼模式向当事人主义诉讼模式抑或改良式当事人主义诉讼模式靠近。现代职权主义诉讼模式，不仅强调发现事实而且注重权利保障，其着力从审前程序或庭前程序的改革完善刑事审判程序，统筹庭前程序与庭审程序两个方面，协调处理刑事诉讼程序出现的突出问题。这对我国刑事诉讼改革提供了模板。在完善庭审程序的过程中，我国刑事诉讼的改革与完善务必在现代职权主义诉讼模式的基础上，坚持统筹庭前程序与庭审程序两个方面，并通过庭前程序的制度构建，加强庭审程序的实质化，进而推进整个刑事诉讼程序的重塑。

二、司法审查权的缺位

司法审查是维护权力平衡与权利保障的不二法宝。它又被称为违宪审查，是指人民法院通过司法程序审查、裁决立法和行政机关制定的法律、法令以及行为是否违反宪法的方式制约权力。司法审查通过一种国家权力监督制约另一种国家权力，审查并纠正不法行为，以保护公民的合法权益免受国家权力的侵害。可见，司法审查是三权分立国家中平衡权力之需要，并在权力的平衡中践行权利之保障。司法审查机制已经深深嵌入法治国家的日常生活中，"作为现代民主、法治国家普遍设立的一项重要的法律制度，司法审查制度的基本理念就在于保护人民的权利、自由和幸福不受行政权力的非法侵害，是抑制行政权消极作用的最后的也是最坚固的一道防线。司法审查制度的实行是希望以往一向桀骜不驯的行政权力能够被收服、皈依在白纸黑字的宪法和法律之中。它以人民法院的司法权力来制约行政权力，典型地反映国家权力的分立与制约，保障人民的民主权利，体现宪政体制的民主理念。"①司法审查作为法治理念根深蒂固于西方法治国家中，并贯穿于国家的具体制度中。这一法治理念也理所当然地体现在作为小宪法之称的刑事诉讼中。具体到刑事庭前程序，有学者把英美法系国家中的预审程序，称为"纯粹司法审查意义上的预审"，把大陆法系国家中的预审，称为"侦查兼司法审查意义上的预审"。② 根据权力制衡之原则，两大法系国家刑事庭前程序都对公诉之行为（公诉被视为行政权是不争的事实）设置了司法审查机制，由法官对公诉进行审查、裁决，排除不法之诉，保障被追诉人的权利，进而也保证了诉讼程序的正当性。

与此对比，我国刑事诉讼程序中则缺乏司法审查机制，既体现为审前程序中没有"司法令状制度"，又表现为庭前程序没有对公诉等行政权性

---

① 傅思明：《中国司法审查制度》，北京：中国民主法制出版社 2002 年版，第 6 页。
② 参见潘金贵：《刑事预审程序研究》，北京：法律出版社 2008 年版，第 4 页。

质权力进行审查的制约。令状制度即是通过司法授权的方式使得刑事侦查行为获得权限而得以实施,否则即被视为无权之行为。易言之,执行侦查行为的机关或侦查部门只有获得法官签署的令状才有权实施逮捕、搜查、扣押、监听等侦查行为。这已经成为西方法治国家通行的做法。而我国则还没有这种类似于"中间力量"介入的司法令状制度,侦查机关或侦查部门在自我授权、自我行为、自我监督的内部循环系统内自得其乐。其次,我国没有对审前羁押进行听审或聆讯制度。审前羁押作为"任何人未经依法判决之前,应视为无罪"的例外而且限制被追诉人人身自由的一种最严厉的强制性措施,理所当然地受到严密的控制,既包括羁押前的听审也包括羁押的聆讯。两者都是通过法官对实施羁押是否符合法定情形以及是否有继续羁押之必要进行司法审查。西方法治国家通过设置逮捕到案措施、逮捕与羁押分离机制以及必要性审查机制进行司法控制。对此,我国刑事诉讼将羁押作为逮捕、拘留甚至审判的必然延伸,并非强制措施的一种,既没有羁押前的对标审查,也没有羁押后必要性审查。再次,我国对公诉审查的形式化,没有起到应有之效。作为行政权性质的公诉权,其积极行为表现起诉,消极行为表现为不起诉。对滥诉行为侵犯私权进行严格审查,对不起诉行为进行内部控制已经成为普世观念。如英美法系国家实行公诉审查机制,其中美国联邦和部分州实行治安法官和大陪审团的两级审查机制后才能提起公诉。法国实行预审法官的审查机制,德国通过中间程序的法官审查机制。我国公诉审查机制从实质性审查过渡到程序性审查,直至今日的形式性审查,人民法院对公诉也仅仅表现履行手续而言,基本无法实现审查之功效。最后,庭前会议不具备司法审查之能也无法起到排除非法证据之效。司法审查的起因于行政权或立法权对宪法的违背,发展到司法审查不仅仅对是否违宪进行审查,衍生出司法权对行政权和立法权的制约。我国刑事诉讼程序中也具备了司法审查的必要性与可行性,"反司法审查观"[①]业已丧失了所存背景与条件,尤其是在刑事司法全球化趋势之下。

---

① 参见郭春镇:《论反司法审查观的"民主解药"》,《法律科学(西北政法大学学报)》2012 年第 2 期,第 22 - 29 页。

三、检察机关的特殊地位

纵观资本主义各国检察机关的设置,从隶属性质上来说,检察机关要么隶属于国家司法行政机关,要么与司法行政机构一体化。如美国,联邦总检察长同时又是联邦司法部长;各州检察长也为各州司法部长。法国、德国的检察机关也是隶属于司法行政部门。日本各级检察机关自成一体,但是最高检察厅隶属于法务省。由此可见,资本主义国家的检察机关是一种司法行政机关,属于政府的一个专门机构,属于行政权范畴。从检察机关职权上来说,检察机关主要行使侦查、起诉、出席法庭支持公诉等公诉行为,以及与此相关的指挥侦查、上诉、监督判决和裁定的执行等职权。从检察机关行使职权的程序来说,检察机关也主要是从保证有效地追诉犯罪的监督加以规定的。因此,资本主义国家中检察机关实质上就是司法监督机关或者公诉机关,代表国家追诉犯罪的国家原告人,也作为一方当事人的身份参加刑事诉讼。

与此相比较而言,我国检察机关是根据建立和加强社会主义民主与法制的需要,基于列宁关于法律监督学说创建与发展的。列宁在《论"双重"领导和法制》一文中指出:"检察长的唯一职权和必须做的事情只是一件:监视整个共和国对法制有真正一致的了解,不管人格地方的差别,不受任何地方的影响。"彭真说:"列宁在十月革命后,曾坚持检察机关的职权是维护法制的统一。我们的组织法运用列宁这一指导思想。""确定检察机关的性质是国家的法律监督机关。"[①]所谓的法律监督就是指法定的机关对遵守和执行法律的情况实行的国家监督。列宁检察制度法律监督学说包括社会主义国家的法制统一、检察机关应当成为维护法制统一的专门机关、检察权与行政权分开,检察机关独立行使职权、检察机关实行自上而下的领导体制。因此其法律监督实行刑事、民事和行政的全面监督,其职能不同于资本主义国家检察机关主管负责刑事案件的公诉职能。列宁法律监督理论在我国检察制度中的体现为:第一,人民检察院是法律

---

① 王桂五编:《中华人民共和国检察制度研究》,北京:中国检察出版社 2008 年版,第 89 页。

监督机关,而不单单是公诉机关,其职权不局限于刑事犯罪的追诉,还包括监督民事、行政的违法行为,追究侵犯国家重大利益,侵犯公民人身权利、民主权利和其他权利的法律责任,以维护国家法律、法令的平稳实施,保障社会主义现代化建设的顺利进行;第二,检察机关独立行使检察权,不受行政机关、社会团体和个人的干涉;第三,检察机关上下级之间是领导与被领导的关系,等。检察机关的性质和职权在刑事诉讼程序中的表现为:对部分刑事案件的行使侦查权以及对公安机关刑事侦查工作行使侦查监督权,尤其是批准逮捕权;对公诉案件通过审查决定起诉,提起公诉和出庭支持公诉行使公诉权;对人民法院的刑事审判监督权以及刑罚执行阶段的监督等。

由此可见,检察机关在我国刑事诉讼程序中有五种法律地位:检察机关是部分犯罪案件的侦查机关、是刑事公诉案件的公诉机关、是各类诉讼案件的监督机关、刑事错案的赔偿义务机关还是享有司法解释权的有权解释机关。又加上,我国"一委一府两院"体制一直以来都将检察机关视为司法机关,并在某些诉讼制度或诉讼理念改革中由检察机关审查或审核公安机诉讼活动,而被视为我国刑事诉讼制度改革中的"相对合理主义",为世人广为接受。检察机关除了负责起诉阶段之外,其职权既可以前伸至侦查阶段,又可以后延伸至审判阶段,甚至执行阶段,在刑事诉讼程序中鹤立鸡群、独占鳌头。这也导致了我国刑事庭前程序中相关规则、制度都无法建立。如人民法院对人民检察院提起公诉的案件进行审查,鉴于检察机关为司法机关的地位,司法权对行政权制约的理念无法达成,进而以此理念为指导的司法令状及司法审查机制均不得实施。再如,庭前程序中的非法证据排除事宜,也是由于检察机关的三重地位,压缩了审判机关着力推进于庭审前排除非法证据的空间。当然又因为此,审判机关欲排除非法证据,却对取证、举证、质证中占尽优势的检察机关无可奈何。2017 年最高人民法院发布《人民法院办理刑事案件庭前会议规程(试行)》《人民法院办理刑事案件排除非法证据规程(试行)》和《人民法院办理刑事案件第一审普通程序法庭调查规程(试行)》(以下简称"三项规程"),既可以认为是对庭前会议、非法证据排除和第一审普通程序法庭调查的进一步细化与明确,又被视为 2012 年刑事诉讼法关于庭前会议的规定被付之高阁,或者是最高人民法院无法实施该制度的变通规定。"三项规定"仅为最高人民法院的一厢情愿,居于刑事诉讼程序特殊地位的检察机关系统的支持与配合是其实施的关键。

四、诉讼阶段的不当划分

我国刑事诉讼深受前苏联刑事诉讼理念的影响,刑事诉讼制度建造在"诉讼阶段论"的基础上,其主要表现为:第一,依照诉讼阶段论将刑事诉讼程序划分为立案、侦查、起诉、审判、执行五个阶段,每个阶段各自独立、互不依属。但是,各阶段之间又相互依存,环环相扣,推动着刑事诉讼向前发展。第二,刑事诉讼中的三个专门机关,分工负责、相互配合、互相制约,作为非隶属关系的"流水作业式"诉讼阶段上的三个操作员,前后接力,共同实现刑事诉讼惩罚犯罪、保障人权的诉讼目的。第三,我国刑事诉讼阶段完全按照刑事诉讼法典分则的篇章体例顺序客观描述,既没有体现出刑事诉讼本身的内涵、结构、任务与目的,也忽视了刑事诉讼的内在价值,其直接的后果即体现为国家追诉犯罪活动的前后相继以及刑事诉讼作为该追究犯罪的工具价值。

最为关键的是,依照诉讼阶段论而划分的诉讼阶段,被解读为每个阶段都有不同的诉讼任务、诉讼主体、诉讼行为、诉讼法律关系以及诉讼总结性文件,这变相承认了诉讼主体,尤其是诉讼中的专门机关自主决定各自负责的诉讼阶段的诉讼行为,而其他诉讼主体抑或诉讼专门机关无法逾越雷池半步。因此,也就出现了我国特有的警检机构控制侦查、审查起诉、起诉等阶段,不允许人民法院染指审判前的诉讼活动,这丧失了事前的司法授权和事中或事后的司法审查机制存在的空间,这是其一。其二,分工负责、互相配合、互相制约原则在诉讼阶段论的决定呈现出分工明确、配合有余、制约不足的局面。作为"流水线"上的三个主体,按照管辖,各司其职,分段管理,时而在政法委或党委的组织协调下,开展"公检法联合执法"工作,互相配合,尽职尽责。但是,三机关在制约被替换或被闲置方面尚有很大提升空间。其三,在诉讼阶段论的影响下,变相促进了"侦查中心主义""卷宗裁判主义"的产生。我国建国初期实行军人或者退役军人进公检法的"军管政法"之局面,又由于我国政治体制之特点,形成了"大公安、小人民法院、中间夹个人民检察院"的刑事司法局面,至今也没有得以扭转。这就使得警检机关的侦查以及由此得出的司法卷宗也就具有定性兼定量之作用。[①]又因为,国家公权力机关完全掌控刑事案件的侦查,辩护律师虽徒享有书面上调查取证权而不能且不敢事实调查取证,法官也只能根据警检机关层层移送的部分司法卷宗进行研习与裁判,久而久之,以至于形成了我国特色的"侦查中心主义""卷宗裁判主义"的刑事司法现象。

诉讼阶段本应具有厘清诉讼主体职责、明确诉讼程序进展、彰显诉讼程序价值之功效。可惜的是,由于我国现行刑事诉讼阶段并没有实质性意义,也没有起到诉讼阶段的应有之效,甚至于有些诉讼阶段的划分,显然不具有诉讼之本质。因此,我国刑事诉讼阶段应当得以重新划分。首先,划分刑事诉讼阶段之意义在于厘清诉讼主体之职责。不相容职责分离原则是刑事诉讼程序高效有序开展的前提和控权之保障。现行刑事诉讼法及相关司法解释已经对公检法专门机关以及被告人、辩护人、被害人、证人等其他诉讼参与人的权利和责任大致上有所区分。如公安机关负责绝大多数刑事案件的侦查,检察机关负责批准逮捕、提起公诉等,人民法院负责审判,被告人及其辩护人负责辩护职能。但是,对于刑事诉讼中的某些诉讼行为则尚存在空白或职责不清。如刑事庭前程序由哪个诉讼主体来履职尽责?诸如检察机关提起公诉后的审查、庭前会议的举行、证据开示的开展以及非法证据的排除、事实与证据争点的整理等。作为衔接提起公诉与审判程序的庭前程序没有作为独立的诉讼阶段是其主要原因之一。其次,诉讼阶段的划分应明确个案之进展程序。法律作为法治社会的标杆与尺度,普通市民能够通过相关资讯清楚明白涉及自身案件的进展程序及诉讼阶段,是司法公开及司法诚信的必然要求。现有的诉讼阶段划分具有囊括了诸多诉讼主体的诉讼行为,具有综合性与复杂性。如侦查阶段,侦查机关对刑事案件实施了多种侦查行为及强制措施,

---

① 司法卷宗可分为侦查卷宗(侦查正卷)、侦查工作卷宗(副卷)和秘密侦查卷宗(绝密卷)。参见左卫民:《中国刑事案卷制度研究——以证据案卷为重心》,《法学研究》2007年第6期,第95页。

且诉讼期限较长，如不加区分与细化，非法律专业人士甚至辩护律师也很难清楚案件的进展情况与程度。再如起诉阶段，从侦查机关移送侦查终结之资料到检察机关的审查起诉，一直到提起公诉，都视为起诉阶段。这也具有诉讼阶段的综合性与复杂性，不利于当事人及辩护律师知悉案件进展情况，进而也无法展开相应的维权举措。再次，诉讼阶段理应彰显刑事诉讼之价值。刑事诉讼除了工具价值之外还有自身的价值，已经是不言自明的通说之言。诉讼阶段如何体现刑事诉讼之价值，是要思考的。例如，现行的执行阶段，因为在执行阶段，被告人的刑罚权已经得到明确，仅仅涉及到刑法执行机关的单方行为，很少存在典型控诉审三方诉讼架构。由于不存在诉讼纷争，即被告人是否有罪的实体性问题和程序性问题，那么该阶段也就不具有诉讼意义，更加无法体现诉讼程序之价值。再如立案阶段，作为案件来源与启动诉讼程序之因素，亦难以表彰刑事诉讼程序之价值，无法形成诉讼之架构。作为我国刑事诉讼程度特有之阶段，屡次被学者所诟病，取消立案阶段的划分不无道理。

第四章

我国刑事庭前程序的宏观框架

　　制度构建或完善应具有整体性理念,从全局性的角度俯瞰能够避免碎片化导致的利益多元分化、制度之间的重复与冲突以及分制度主体的自我中心主义。英国学者佩里·希克斯认为,"碎片化的治理存在转嫁责任……重复建设而浪费资源,缺乏干预或干预结果不理想以及在对需要做出反应时各自为政、公众无法得到服务或对得到的服务感到困惑等问题。"[①]刑事庭前程序的构建与完善也应从整体层面上进行宏观的总体框架设计,通过整合刑事庭前程序构成要素,达到无缝隙衔接;通过协调刑事庭前程序各分支,使之相互介入又各有所重,实现共融和洽,协调一致;整体性理念能够避免刑事庭前程序中包含的诸多内容彼此矛盾,相互冲突,以至于消解刑事庭前程序之功能与价值。

第一节　我国刑事庭前程序完善之宏观思维

一、模式选择与目标设定

　　完善刑事庭前程序的前提就是要确定该程序中各个诉讼主体之间诉讼地位和法律关系以及刑事庭前程序模式。该模式分为刑事庭前程序在

---

① See Perri 6, Diana Leat, Kimberly Seltzer and Gerry Stoker. *Towards Holistic Governance: The New Reform Agenda*. Palgrave, Press, 2002, p.36.

刑事诉讼程序中的地位与作用、刑事庭前程序内部构造以及各内部构造之间的关系。

（一）刑事庭前程序应当作为一个独立的诉讼阶段而存在

这是从刑事庭前程序与刑事诉讼其他程序之间的关系，以及刑事庭前程序在刑事诉讼法中的地位进行观察得出的。按照刑事诉讼阶段论的观点而言，作为一个独立的诉讼阶段必须包括三个关键要点：有独立的诉讼任务，有完成该任务的工作方法或工作程序，有其特定的范围和诉讼期限。据此，刑事庭前程序完全具备这三个关键要素，理应成为我国刑事诉讼中的一个独立的诉讼阶段。第一，刑事庭前程序有其特定的诉讼任务。刑事庭前程序由庭前审查和庭前准备两部分组成。在庭前审查中，庭前法官审查公诉案件，过滤不当起诉，防止公诉权滥用，实现权力制约；通过证据预先处理，控辩双方知悉案件事实和证据，易于形成协商与合作，进而实现程序分流。所以，庭前审查的诉讼任务在于制约公诉权、分流诉讼程序。在庭前准备中，庭前法官通过争点整理制度，梳理案件事实和证据的争执点，分门别类地归类整理，便于庭审集中精力对争执点进行审判；通过庭前会议，处理阻碍庭审的事项，便于庭审集中、有序、高效进行。所以，庭前准备的诉讼任务在于对移交审判的案件进行开庭审判前的充分准备，实现集中审判、实质性审判和高效审判。因此，刑事庭前程序具有其他诉讼阶段不可代替的诉讼任务，且其任务之重要、作用之关键，将伴随着"以审判为中心"诉讼制度改革的逐步推进，愈加凸显。第二，刑事庭前程序有完成诉讼任务的工作方法或工作程序。为了完成特定诉讼任务，刑事庭前程序涵摄了一系列诉讼程序或诉讼制度。如为了预防公诉权之滥用，其含有法官对公诉案件于庭前进行审查的机制或程序；为了实现案件繁简分流，刑事庭前程序通过证据开示、申请、排除与保全，使得案件事实与证据大白于控辩双方，进而实现案件之速裁程序、简易程序、刑事和解、认罪认罚从宽之分流等；为了正式庭审集中、有序、高效进行，刑事庭前程序通过庭前会议程序清理阻碍或可能延伸庭审的程序性事项，通过争点整理程序，梳理控辩双方对案件事实和证据争执点，实现庭审集中精力重点审理有争执的事实和证据，以此提高审判质量。第三，刑事庭前程序有其特定的适用范围和诉讼期限。刑事庭前程序仅适用于公诉案件。在此意义上,又可以将刑事庭前程序称为公诉案件刑事庭前程序。这是适用范围限制之一。适用范围的限制之二,在通过刑事庭前审查程序被移交审判后,只有适用第一审普通程序审理的刑事案件才能适用刑事庭前准备程序。因为,在庭前审查程序中实现程序分流的案件,其前提已是通过控辩双方的协商进行合作,进而放弃对抗。然而刑事庭前准备程序中庭前会议制度抑或争点整理制度,都是针对不认罪或无罪辩护的重大、复杂、疑难案件进行的。因此非常规性准备程序适用于不认罪或无罪辩护的重大、复杂、疑难刑事案件。另外,关于刑事庭前程序的诉讼期间问题,可以参照当前刑事诉讼法有关法院对公诉案件审查的诉讼期间,也可以不产生故意拖延诉讼时效为意图而适当延长,但是该期间应为单独时间,不得记入审判期限。

(二) 刑事庭前程序内部构造彼此之间的法律地位与诉讼关系

这又可以分为两部分,一是刑事庭前程序的结构要件,即刑事庭前程序分为刑事庭前审查程序和刑事庭前准备程序;二是刑事庭前程序的主客观要素,即刑事庭前审查程序和刑事庭前准备程序的主体、行为、与结果等内容(就刑事庭前程序的主客观要素而言,上文已经有所论述,不再赘述)。就刑事庭前程序的结构要件而言,如何匹配两者各自的模式以及两者之间的模式,进而理顺两者之逻辑关系。换言之,如何建构刑事庭前审查程序与刑事庭前准备程序。对此,理论界对如何配置刑事庭前审查和刑事庭前准备、厘清两者之间的分工、理顺两者之逻辑关系,存在分离式建构和一体化建构两种观点。前者将刑事庭前审查程序和刑事庭前准备程序分别组建,使其各自成为一个独立的单元进行运作;后者将刑事庭前审查程序和刑事庭前准备程序视为一个有机整体,予以整体性建构与运作。笔者认为,分离式建构容易产生碎片化利益纠葛,而且导致重复性建设,进而使刑事庭前程序过于复杂,有损研究刑事庭前程序提高诉讼效率的功能。相反,一体化建构将两者视为刑事庭前程序的组成部分予以整体性设置,使其内部构造前后衔接、有序高效的展开,为庭审做足准备。笔者主张将刑事庭前审查程序和刑事庭前准备程序两者共融于刑事庭前程序之中,这也是将刑事庭前程序作为一个独立的诉讼阶段的必然选择。

(三) 刑事庭前程序的目标设定

目标能把需要转变为动机,对行为具有激励作用,也是引起行为的最直接的动机。美国心理学家洛克(E. A. Locke)的"目标设置理论"(Goal Setting Theory)曾指出,目标设定使得人们之行动朝着一定的方向而努力,并不断对照行为结果与既定目标及时进行调整与修正,从而实现目标。[①] 刑事庭前程序的构建也应在目标设定的前提下整合诉讼主体对刑事庭前程序的需要,激励各个诉讼主体实施诉讼行为,并及时、合理调整诉讼行为与既定目标的偏差,以便于完成刑事庭前程序的任务,实现刑事庭前程序的功能。

在刑事庭前程序作为一个独立的诉讼阶段的情况下,我们要审视的是刑事庭前程序预期所要达到的目标,以便激励各个诉讼主体实施诉讼行为,并不断地调整诉讼行为偏差,完成刑事庭前程序的目标。"主要的问题不是法律的起源,而是法律的目标。如果根本不知道道路会导向何方,我们就不可能智慧地选择路径。"[②]借鉴域外成功的先例,刑事庭前程序应达到以下几个目标:第一,防止公诉权滥用,保障被告人权利。这是各国设置刑事庭前审查程序的共同目标,也是刑事庭前程序设置的动机之一。换言之,就是为防止检察官公诉权的滥用,才萌生对其制约与限制,也正是出于制约公诉权,才引入司法审查机制,通过审判权制约公诉权。在权力与权利处于紧张关系的公诉阶段,限制公诉权的不当使用,制约公诉权的越位提起,其意图旨在使被告人避免不当起诉而招致的不利后果,对已经被羁押的被告人予以审查继续羁押的必要性,解除违法羁押、不当羁押和没有羁押必要性的继续羁押。易言之,防止公诉权滥用即是积极或消极保障被告人权利,而保障被告人权利的目的也促使了司法

---

① See Locke, Edwin A., and Bryan, Judith F. *Goal - Setting as a Determinant of the Effect of Knowledge of Score on Performance.* The American Journal of Psychology 81.3(1968): 398 - 406.

② [美]本杰明·卡多佐着:《司法过程的性质》,苏力译,北京:商务印书馆 1998 年版,第 63 页。

审查机制作用于审查程序,实行审判权限制、制约公诉权的权力制约方式。第二,提高审判质量,实现审判公正。刑事庭前审查类似于过滤网,将不当诉讼或错误诉讼挡在审判程序之外,为提高审判质量,实现审判公正奠定了基础。刑事庭前审查得以正常实施的前提是以证据开示为核心的证据预先处理机制,而证据开示机制则为协商性司法提供了条件,协商性司法便于实现诉讼程序繁简分流、轻重分离、快慢分道。如此,刑事庭前审查程序就有利于提高审判质量,实现审判公正。刑事庭前准备程序中的庭前会议提前处理了中断审判的事项,而争点整理制度实现了有争议问题与无争议问题的分门别类整理归类,有利于庭审集中力量于有争议问题上,实现审判对象重者重之,轻者轻之的轻重分离机能。这有利于提高审判质量,实现审判公正。第三,提高诉讼效率。刑事庭前程序通过刑事庭前审查程序的案件过滤、程序分流有利于避免诉讼程序时间被浪费在不当诉讼案件或错误诉讼案件上;刑事庭前程序通过刑事庭前准备程序的庭前会议、争点整理制度提前做好充分准备有利于庭审程序集中、有序、高效进行。综上所述,刑事庭前程序的目标在于:通过审判权制约公诉权,防止公诉权被滥用;通过正式开庭审判之前的充分准备,提高诉讼效率;进而,刑事庭前程序有利于保障被告人诉讼权利,有利于实现审判公正,兼顾司法公正与诉讼效率。

二、法官庭前预断观点再认识

时至今日,法官庭前预断仍然是理论界和实务界担忧、忌惮之处。观其缘由可知,法官于庭审之前接触案件事实、了解案件情况,便产生对案件的预先判断甚至偏见,且由于第一印象而形成的"锚定效应"固定其认知,即使以后的庭审得到与该预断相反的证据或事实也难以改变预先之判断。由于法官庭前预断固定了其对案件的认识与判断,随后的庭审程序也将因此而产生"走过场"式的审判,形式化的审判也必将增加违法判决甚至错案之几率。由此可得,对法官庭前预断普遍观点的思路是这样的:法官庭前接触案件信息,形成先入为主的预先判断,该预断又像沉入海底的锚一样固定人们的认知且难以改变,架空庭审,致使庭审虚化,进而增加违法裁判甚至错案率。所以,刑事诉讼制度构建,尤其是刑事审判改革逐步深入的进程中,应当避免法官庭前预断,并将庭前预断排除作为一项基本原则贯彻其中。

十八大以来,刑事司法改革在全国范围内掀起了"以审判为中心"的诉讼制度改革浪潮。所谓的"以审判为中心"就是指在刑事诉讼的全过程中,确认指控犯罪事实是否发生、被告人是否应当承担刑事责任应当由法官通过审判进行,凸显审判的中心地位,强调审判对定纷止争的重要功能。具体而言:第一,以审判为中心,应以一审为中心,即在一审、二审、复核审和再审的审级体制中,应当以一审为中心;第二,以一审为中心,关键在于以庭审为中心,做到事实证据调查在庭审、定罪量刑辩论在庭审和裁判结果形成于庭审;第三,以庭审为中心,重点在于以质证为中心,在庭审过程中应全面落实直接言词原则、严格执行非法证据排除制度,通过控辩双方的质证完成庭审中心的任务;第四,以质证为中心,前提在于取证,即表征为侦查机关的取证行为。在"以审判为中心"的诉讼制度改革范畴之内,庭审实质化是其应有之意。而庭审实质化与庭审虚化或庭审形式化针锋相对,不容共存,学者普遍认为庭审形式化的主要原因之一即是法官庭前预断。因此,"以审判为中心"的诉讼制度改革必然要求庭审实质化,庭审实质化必然剔除庭审形式化,排除庭审形式化也就要排除法官庭前预断。易言之,"以审判为中心"的诉讼制度改革对排除庭前预断也是秉持一以贯之的观念,法官庭前预断在此也没有一线生机。

法官庭前预断果真如此不堪吗? 或者法官庭前预断的后果真是如专家学者所言之情形吗? 法官庭前预断在我国刑事诉讼法中的真实图景到底如何? 这一系列的问题应该得到深入研究与探讨。在刑事庭前程序的研究中也理应对之作出回应,因为刑事庭前审查程序以及刑事庭前准备程序都将涉及到该两个程序的主体,尤其是庭前法官这一特殊主体。也就是说,作为刑事庭前程序主持者的庭前法官应当由哪些人员构成,刑事庭前程序中的庭前法官与随后的庭审程序中的审判法官是否需要分离。庭前法官与庭审法官相分离,自成体系,相互独立,互不干涉,这就使得庭审法官在庭审之前无法得知案件信息,也就不能对案件形成预断,排除预断原则也就得以实现;相反,如果庭前法官由庭审法官承担,不实行分离构建,庭审法官在庭审之前通过庭刑事前审查程序和刑事庭前准备程序对案件情况有所掌握甚至了如指掌,也就势必对案件形成预断,进而产生法官庭前预断之一系列后果,预断排除原则也就分崩离析。所以,我国刑事庭前程序构建欲完善,必须要认真对待法官庭前预断问题,解读庭前预断之真实含义,分析庭前预断之真实图景,进而正视庭前预断之现实状况。

(一) 预断实属人类认知系统

预断(Prejudgment)为未经审判的预先判断、事先判断。[1] 而判断(Judgement)是人类思维的基本形式之一,即为肯定或否定某种事物的存在,或指明某一对象是否具有某种属性的思维过程。所以从本质上说,预断就是人类认知系统的组成部分,是人类获取知识的渠道之一。人类获取知识的认知系统可谓无处不在,只要人类接触到信息,无论是通过视觉、听觉或者味觉等途径,大脑皮层脂肪即刻对该信息予以加工处理。借助人脑中已经存储的信息,调动所有神经触手将新收到的信息与之对比、排查。若是已有信息,则调取以往对该信息的存储资料进行认知,若是新的信息,则对该信息的特征、内容进行认识并归类储存,以备后用。预断即是人脑收到外界信息后,迅速对之进行对比、排查、分类、储存,并获取知识认知系统组成部分。但凡接触到信息,人脑就对之有所处理与判断,这是再正常不过的常识。

(二) 预断不同于偏见

预断被视为人类思维的基本形式之一,只不过此种判断先于彼种判断而已,是在未获得充分证据而判断抑或未经详究而判断。这种判断显然不同于偏见(Bias)。偏见是指未了解事实或不顾事实真相而形成的观点或判断。[2] 结合刑事诉讼程序而言,法官庭前预断是指庭审法官在开庭审判之前基于接触部分案件事实和证据,或者没有经过深思熟虑而作

---

① 参见宋雷:《英汉法律用语大辞典》,北京:法律出版社 2005 年版,第 897 页。
② 参见薛波:《元照英美法词典》,北京:法律出版社 2003 年版,第 145 页。

出的事先判断。这是法官于审判前对系争事项持有的观点或看法。而法官偏见则是指法官对诉讼当事人存在心理上的倾向性,从而不能公正地履职尽责,作出裁决。这是法官对案件事实持有的倾向性片面成见。戈尔丁认为"纠纷解决者不应有支持或反对某一方的偏见"。[①]这里程序公正的标准之一即为"不应有支持或反对某一方的偏见",而不是不应对案件事实和证据处理结果的事先判断。

　　人类运用认知系统的内外部信息自动加工,能够创造性地解决各类问题,但是有些正确的解决途径或答案却可能与我们擦肩而过,导致这种情形出现的认知性原因之一就是偏见。人们一旦形成偏见,倾向于搜集可能证实自己观点的信息资料。这种倾向被普通心理学者称之为"证实偏见"(Confirmation Bias)。有学者实证证明,人们不愿意去寻找可能推翻、反驳自己观点的信息,而更热衷于寻找证据证明、核实自己的观点。[②] 弗朗西斯·培根在《新工具》一书中曾经指出:"任何一种主张一经提出……,人们对其的理解便是动用其他所有力量来为之添油加醋并加以证实。"[③]人们一旦形成了偏见,常常难以自拔,由此导致了人们认知错误的第二个原因——"固着"(Fixation)。所谓"固着"是指不能从新资料的视野对待问题,对与其观点不一致的资料信息具有明显的排斥观念。人们之所以会在解决某些问题或者某一类问题时固执己见,是因为以往成功的方式方法在人们解决新问题的过程中常常起到了引导或决定性作用。不可否认,过去管用的方式方法确实有助于我们解决问题,但也会消解、干扰甚至误导我们寻找解决问题的途径及动力。这种沿袭过去成功解决问题方法的倾向是固着的一种典型类型,被称为"心理定势"(Mental Set),就如同视觉定势使我们先入为主地对事物进行感知一样,心理定势也会使我们运用以往成功的经验先入为主地去思考并解决问题。

————————

① 参见龙宗智:《现代刑事诉讼的十项原则》,载龙宗智:《相对合理主义》,北京:中国政法大学出版社 1999 年版,第 206 页。

② 参见[美]戴维·迈克斯:《心理学》,黄希庭等译,北京:人民邮电出版社 2006 年版,第 328 - 340 页。

③ [英]培根:《新工具》,许宝骙译,北京:商务出版社 1984 年版,第 230 页。

这种对偏见进行心理学上的解读与我国学者普遍认为的法官庭前预断的后果是一样的。由于接触信息,形成部分认识,进而固执己见,不能从新的视角去看待和观察问题,且还有条有理地为自己辩解,难以从悖理中自拔,进而导致庭审如同形式而已,"过场式"庭审程序也就难以避免,最终增加了违法裁判甚至错案的发生率。由此可见,学者所担心的并不是法官在庭前的事先判断,而是法官在未了解事实或者不顾事实真相对诉讼双方持有支持或反对某一方的片面观点或判断。换言之,在刑事诉讼程序中,与其排除法官的庭前预断毋宁排除法官的庭前偏见。

(三) 预断、直觉和顿悟

从本质上说,预断是人们认知系统中再正常不过的一种判断,这种认知状态与心理学上的直觉(Intuition)极为相似,甚至在某些情况中也与顿悟(Insight)关系密切。人们解决问题的途径无非这几种方法:一是通过反复试验寻找解决之法;二是采用设置按部就班的算法(Algorithm)程序使结果得以论证或问题得以解决;三是有些问题我们时常采用一些简单的策略来解决,这些策略被称为直觉;四是突然之灵感解决之法,即顿悟。第一种和第二种解决问题的方法是一种谨慎思考、理性选择的过程,人们都能理智地对待问题,适用概念,识别规则,有意识地解决问题,并能清晰地觉察和表达解决问题的过程。这种认识被称为"理性分析系统"。与此同时,人们在解决问题时,常常并非三思而后行,绝大多数是凭借感觉行事,也即是依据经验而积累的直觉行事;甚至于,有时人们并没有意识到自己采用了什么策略,在对某一难题困惑许久不得其解,突然间所有的零碎式思绪汇聚到一起,使我们领悟到问题的根结所在并顺利解决问题。这被称为顿悟。直觉和顿悟是一种"经验直觉系统"。"经验直觉系统"使得信息以非连续的整体方式,不受意识制约,占用较少心理资源,自动化且快速的运行。①

司法权本质上是一种判断权业已成为常识。"司法权以判断为本质

---

① 参见[美]卡尼曼:《思考,快与慢》,胡晓姣,李爱民等译,北京:中信出版社 2012 年版,第 255 页。

内容,是判断权……司法判断是针对真与假、是与非、曲与直等问题,根据特定的证据(事实)与既定的规则(法律),通过一定的程序进行认识。"①普遍认为法官进行的司法裁判活动属于理性活动,法官的非理性因素不得对司法裁判之结果造成影响。但是,法官作为特殊群体中自然人而言,其本性中的直觉、顿悟、情感等非理性因子并不会因为其是法官而减少。法官的司法裁判就是人们解决问题方式方法的表征之一,其司法裁判过程与解决问题过程如出一辙,不无例外。也就是说,法官司法裁判的过程绝非只有"理性分析系统"发生作用,"经验直觉系统"也具有一定的影响,并且在某些情况下可能起到了决定的作用。心理学家发现,直觉、顿悟在社会生活中发挥了巨大的作用,"在近期的研究中,直觉性作用比我感觉到的还要大,它是做出决策和判断的幕后使者。"②这种发现对法官司法裁判完全以理性的方式处理信息的观念产生了较大冲击。司法裁判"去神秘化"的现实主义法学派相信,判决中的主导因素是法官个人的直觉和顿悟。美国哈奇森法官曾指出:"判决事实上是依据直觉和预感进行的,而非依据逻辑推论",它是一份"向法官自己证明判决是正确的"书面论证。③

(四) 法官庭前预断难于避免

预断的产生是基于对信息知悉的基础上,既可以是完整的信息也可以是部分的信息。就法官庭前预断而言,法官可以在对案件事实的全部了解的基础上也可以是管中窥豹般略见部分案件事实对其产生预断,而且法官对案件产生的预断,不排除在直觉或者顿悟情况下的事先判断。换言之,能够导致发生事先判断的信息具有广泛性,以及预断产生机制非完全理性化的随机性,最终致使预断排除得以失败而告终。因为,欲排除预断,既要隔断所有信息往来又要人们认知系统及思维系统均理性之对

---

① 孙笑侠:《司法权的本质是判断权——司法权与行政权的十大误区》,《法学》1998年第8期,第34-37页。
② [美]卡尼曼:《思考,快与慢》,胡晓姣,李爱民等译,北京:中信出版社2012年版,第218页。
③ See Joseph C. Hutcheson, Jr., *The Judgment Intuitive: The Function of the Hunch in Judicial Decision*, 39 S. Tex. L. Rev. 889(1998).

待,这是不可能的。首先,阻却所有的信息是不可能的,也是不现实的,尤其是高科技发达的今天,信息的流通管道多、传播速度快、涉及层面广且影响深远。就我国为阻却法官庭前预断而进行的司法改革而言,更加不具有阻却预断的可能性。我国学者在抨击 1979 年《刑事诉讼法》"全案移送主义"和实质性审查的基础上,认为法官事先接触案件资料,先入为主,形成预断是导致庭审形式化的罪魁祸首,因此要隔断侦查与审判之关联,改变卷宗移送方式,减少法官庭前对案件的知悉,进而阻却预断发生的可能性。于是,卷宗移送方式出现了来回反复的现象,其主要目的就在于限制法官庭前预断。但是,仅仅缩小卷宗移送方式或者减少移送案件的信息是不足以防止预断发生的,因为除了案件卷宗之外,法官了解案件事实和证据的途径多种多样,尤其具有一定社会影响力的重大疑难案件,新闻媒体的报道、街头巷尾的议论以及以"微传播"为代表的新媒体传播技术的高效、快速,遍及各处,作为法官不可能置身事外,自闭门户,视若罔闻?在信息如此高科技的今天,完全切断侦查与审判的链接是理想状态,彻底杜绝法官庭前预断是不可能实现的。预断在任何信息的基础上有可能发生,而不论信息的多与寡。试想,仅仅限制卷宗移送方式或减少移送案件信息量的方式能够阻却预断吗? 又因为现行刑事诉讼法又恢复了全案移送方式,法官在庭审之前不仅能看到全部卷宗资料,而且还要在阅读、研习的基础上深入了解案件信息,以免无法掌控庭审。其次,预断与直觉、顿悟有着直接关系,或者说直觉与顿悟是生成预断的主导因素。法官作为一个普通的自然人无法置身于情感、直觉、顿悟等非理性因素以外,而且法官在整个刑事诉讼程序中即是在理性判断与非理性识别相结合的情况下得出结论,处理案件,解决问题。因此排除法官庭前预断即要限制法官大脑认知与主动思维,禁止法官适用直觉和顿悟等非理性认知方式。这除了上帝谁还能处理呢! 因此,无论是从卷宗移送方式或移送案件资料多寡上,还是从限制适应直觉或顿悟等非理性认识上,都不可能也无法做到彻底排除法官庭前预断。从这方面说,所谓的预断排除原则只是理论上的假设,任何国家的刑事诉讼法在任何阶段对此都无可奈何、无能为力。因此,刑事庭前程序的建构不应当以预断排除为指导原则,在此基础上,刑事庭前程序中的法官与庭审法官是否分离就不存在争议之前提:即庭前法官与庭审法官不分离就可能使得庭审法官产生预断进而导致庭审虚化。

（五）预断造成的危害后果未必如此严重

对预断产生过程及其导致危害后果，通说的表述是将庭前预断与庭审形式化直接对接，其思维逻辑是：因为庭前预断所以庭审形式化。其实不然。迄今为止，还没有任何一项研究结果显示，法官庭前预断与庭审形式化有充分、必要的逻辑关系，所有的研究结果只是学者在"自我世界"中的完美演绎。根据形式逻辑规则，假设 A 是条件，B 是结论。（1）由 A 可以推出 B，由 B 可以推出 A，则 A 是 B 的充分必要条件或者说 A 的充分必要条件是 B；（2）由 A 可以推出 B，由 B 不可以推出 A，则 A 是 B 的充分不必要条件；（3）由 A 不可以推出 B，由 B 可以推出 A，则 A 是 B 的必要不充分条件；（4）由 A 不可以推出 B，由 B 不可以推出 A，则 A 是 B 的既不充分也不必要条件。将法官庭前预断视为 A，庭审形式化视为 B，那么，由法官庭前预断可以推出庭审形式化吗？这似乎不能如此断定。有多种因素可能导致庭审形式化，单独由法官庭前预断就必然导致庭审形式化的结论是站不住脚的。相反，由庭审形式化可以推出法官庭前预断吗？似乎并不一定。因此，按照形式逻辑规则，法官庭前预断与庭审形式化之间并不存在充分、必要或者充分必要条件。或者说，两者仅仅具有或然性的逻辑关系，即由法官庭前预断或许导致庭审形式化，而庭审形式化也可能是由法官庭前预断导致的。

三、权利保障改革新视域

被认为最早使用人权一词的古希腊作家欧里庇德斯说："根据自然法则，奴隶和自由民应该是一样的，奴隶之所以成为奴隶，不是因为他们愚笨，而是社会制度和城邦法律造成的。"[1]斯多葛学派进一步发扬了这种平等思想，宣称人类生而平等，人与人的唯一区别在于智慧与愚蠢，所以

---

① 张宏生、谷春德：《西方法律思想史》，北京：北京大学出版社 1990 年版，第 4 页。

奴隶制违反自然应予消灭。西塞罗在其《论共和国·论法律》中以永恒的、普遍的自然法则为前提演绎出人类平等的自然法律观。自中世纪后期始,伴随着文艺复兴、宗教改革运动、启蒙运动,欧洲涌现了一批古典自然法理论家。他们主要代表人物有荷兰的格劳秀斯和斯宾诺莎、英国的霍布斯和洛克、德国的普芬多夫和沃尔夫、法国的孟德斯鸠和卢梭。古典自然法理论主张法律与自由、平等、道德等价值观念有着密切关系。至此,发轫于古希腊文明的人权思想,经过中世纪文艺复兴的塑造,宗教改革的洗礼,启蒙运动的锻造,九转功成。资产阶级以人权思想为旗帜,在全球掀起了反对蒙昧主义、专制主义和宗教迷信的资产阶级文化运动,主张依据人的"理性"来思索、判断世间事物的新思想、新主张。从英国《自由大宪章》到联合国《世界人权宣言》无不以此为据。如 1948 年联合国大会通过的《世界人权宣言》确认了:基本权利(生命权、人身自由、安全权、禁止奴役、奴隶制和奴隶贩卖),司法过程中的人权,人身权利,公民和政治权利和经济、社会和文化权利。二战后,伴随着民族独立与冲突、资源矛盾、能源危机、环境污染、城市问题等各种威胁到人类生存与发展的危机与矛盾,人权之内涵与外延得以延伸。

刑事诉讼法的历史进程也主要是围绕着被告人权利的增加与保障而展开的,作为"小宪法"之称的刑事诉讼法,务必要将人权保障作为其基本诉讼理念。刑事庭前程序的改革与完善也应该如此。刑事庭前程序设置过程中,应让被告人参与刑事庭前程序,即保障被告人的程序参与权。"让与诉讼结果有利害关系的人实质参与诉讼过程并对裁判结果形成有影响和作用,是程序正义的基本要求。"①被告人参与权的设置使得被告人通过陈述观点、发表意见、行使权利,能对刑事庭前程序功能的发挥起到重要之影响;同时被告人参与权体现了诉讼主体地位,有利于庭前法官兼听双方之观点,防止主观臆断或偏听偏信。从某种程度上而言,刑事司法制度的改革与创新都应以被告人权利保障为出发点和落脚点。试想,没有保障被告人权利的刑事司法改革与制度创设绝不是"两造对立、居中

---

① 张斌:《论讯问录音录像的功能异化和属性复归》,《郑州大学学报(哲学社会科学版)》2017 年第 4 期,第 36 页。

裁判"的司法之要义；没有以被告人权利保障为出发点和落脚点的刑事诉讼程序和制度改革也绝不会是现代司法之要求。亦可以说，在被告人权利保障与公权力行使的矛盾体中，忽略了被告人权利保护的刑事诉讼程序或刑事司法改革，将演变为专制体制与压迫政治，被告人权利就有沦落为可有可无的可能性。因此，刑事司法制度的改革与创新应以被告人权利保障为视角，而避免为权力的便利行使而导致的专制与压迫政治的抬头。

被告人程序参与权贯穿于整个刑事诉讼程序之中，刑事庭前程序也不例外。其在刑事庭前程序中的体现：第一，庭前法官的告知义务。权利是实现人利益的力量，唯有以知悉为前提、以告知为保障。庭前法官应当及时告知被告人诉讼进展情况以及相关诉讼权利。如庭前审查中，被告人有要求会见庭前法官的权利、提供相关证据的权利（尤其是涉嫌非法证据的线索等）、要求与侦查人员及相关人员对质的权利、申请证据开示的权利、申请或同意程序分流的权利以及获知庭前审查结果的权利；另外，在庭前准备程序中，被告人出席庭前会议的权利不得被剥夺、被告人有申请进行争点整理的权利等。第二，程序选择权。所谓程序选择权是指被告人有选择定纷止争之方式以及与其有关相关事项的权利。从某种意义上说，任何权利都有选择的可能性，即选择行使抑或选择不行使。程序选择权体现了被告人诉讼主体地位，有利于刑事裁决的可接受性和司法信服度，同时程序选择权还可能大幅度降低诉讼成本，增强被告人诉讼积极性，彰显了诉讼效率的要求。如，被告人在刑事庭前程序中除了基于认罪认罚及真诚悔过之外，还应该享有证据开示、证据调查、证据排除和证据保全等证据预先处理的程序选择权，以及选择庭前会议、整理争点的权利。第三，协同辩护权。所谓协同辩护权，是指刑事诉讼中基于辩护权隶属于犯罪嫌疑人、被告人的本质，辩护人与犯罪嫌疑人、被告人充分沟通、真诚协作，形成一致辩护意见，从而使两者在发现事实、促进程序等方面共同推进刑事诉讼程序的一种范式。刑事庭前程序也务必强化辩护权，协同辩护意味着被告人与其辩护人，尤其是与辩护律师共同行使辩护权，而不是由辩护人接受委托后独自行使、单独行动甚至独断而为。协同辩护权既要启动自主辩护权又要调动辩护人的勤勉敬业义务，还要构建权利告知、被告人和辩护人在场权等配套制度。协同辩护权要求辩护权的行使应当由犯罪嫌疑人、被告人与辩护人共同完成,且以犯罪嫌疑人、被告人的意愿为核心。就刑事庭前程序而言,如被告人在清楚庭前法官之询问内容、明知诉讼行为之结果的情况下可以选择是否同意公诉方的指控。除涉嫌明显违法、犯罪情况之外,辩护人对被告人的同意只有两种选择,要么拒绝继续辩护而退出,要么同意被告人的意见而继续辩护。

四、事实发现模式再审视

我国从 20 世纪 80 年代末 90 年代初启动了审判方式改革,借此强化庭审功能,突出庭审在刑事诉讼程序中的地位。起初,我国刑事审判方式改革始于"证在法庭、辩在法庭、判在法庭"[①]庭审方式 1.0 初级版,确立了如"未经法庭质证的证据不能作为认定案件事实的依据"等至今仍然适用的制度。但由于仅为单个制度的建构,且在刑事司法领域尚未形成"庭审中心"的理念,1996 年刑事诉讼所设置的诸多制度,确被刑事司法实践有意无意的规避,[②]如庭前移送案件资料被变相地改为庭后移送所有卷宗资料,仍然导致架空庭审,1.0 初级版的审判方式改革并没有达到应有之效。2012 年刑事诉讼再次修改时,我国庭审方式继续朝着这个既定方向完善,改进证人、鉴定人出庭制度等。最高法使用"庭审中心主义"一语,并要求"事实证据调查在法庭,定罪量刑辩论在法庭,裁判结果形成于法庭"[③]。此为审判方式的 2.0 升级版。[④] 但是,证人不出庭、庭审无法起到厘清事实、定罪处罚的状况并不鲜见,"以庭审为中心"的局面并没有得到改观,庭审形式化依然存在。2014 年党的十八届四中全会提出"以审判为中心的诉讼制度改革",我国学者对"审判中心主义"展开解读、诠释与演绎,并对审判中心与庭审中心进行对比分析,在对庭审形式化进行剖

① 参见蒋惠岭:《重提"庭审中心主义"》,《人民法院报》,2014 年 4 月 18 日,第 005 版。
② 参见孙长永:《刑事庭审方式改革出现的问题评析》,《中国法学》2002 年第 3 期,第 146 页。
③ 《最高人民法院关于建立健全防范刑事冤假错案工作机制的意见》(法发〔2013〕11 号)第十一条。
④ 参见秦策:《庭审中心主义的理念阐释与现实路径》,《江苏行政学院学报》2015 年第 4 期,第124－129 页。

析的基础上,提出庭审实质化,形成颇为壮观的高质量研究成果。① 随后中央机关连续发布一系列关于推进以审判为中心的刑事诉讼制度改革意见②,我国刑事审判方式改革进入 3.0 升级版。此阶段,我国学者对诸如有关"分工负责、互相配合、互相监督"原则,"笔录中心"审判,审判程序的非法证据排除、举证、质证、认证等证据处理事项,以及庭审调查与辩论等宏观和微观的刑事诉讼原则、规则和制度进行全方位的对标研究。

纵观我国刑事审判方式改革发展方向与迄今为止的三个历程可得,刑事庭审方式由庭审形式化走向庭审实质化,制度设置更多体现为当事人主义庭审方式的路径顺延。换言之,我国刑事审判方式改革的发展趋势被最终定格为将现有超职权主义庭审方式打造成当事人主义的庭审方式,或者称当事人主义庭审方式占据绝大多数比例的庭审模式。这既是在两种法系互相借鉴、相互融合的全球刑事司法趋同的形势下不得已的选择,也是对我国现有庭审方式缺陷必要的革新。刑事审判方式改革倾向于当事人主义模式,刑事诉讼程序也就随之而倒向。于是,刑事庭前程序不可能在迈向当事人主义改革的浪涛中,相悖而行。在这种境遇中,我们所要审视的不是改革的走向而是达到预期目的所选择的途径与方法,也即欲取得良好的结果而愈加慎重对待实现美好结果的手段。易言之,当事人主义是否为我国刑事审判方式或刑事诉讼程序改革的最佳选择。

与以集体利益重于个人利益为出发点、以信赖公权力性善为制度运

---

① 参见陈光中:《推进"以审判为中心"改革的几个问题》,《人民法院报》,2015 年 1 月 21 日,第 005 版;陈光中、步洋洋:《审判中心与相关诉讼制度改革初探》,《政法论坛》2015 年第 3 期,第 120－128 页;樊崇义:《解读"以审判为中心"的诉讼制度改革》,《中国司法》2015 年第 2 期,第 22－17 页;樊崇义、张中:《论以审判为中心的诉讼制度改革》,《中州学刊》2015 年 1 月,第 54－60 页;顾永忠:《试论庭审中心主义》,《法律适用》2014 年第 12 期,第 7－11 页;汪海燕:《论刑事庭审实质化》,《中国社会科学》2015 年第 2 期,第 103－122 页;龙宗智:《庭审实质化的路径与方法》,《法学研究》2015 年第 5 期,第 139－156 页;孙长永、王彪:《论刑事庭审实质化的理念、制度和技术》,《现代法学》2017 年第 3 期,第 123－145 页。

② 2016 年中央全面深化改革领导小组第 25 次会议审议通过《关于推进以审判为中心的刑事诉讼制度改革的意见》、《最高人民法院、最高人民检察院、公安部、国家安全部、司法部关于推进以审判为中心的刑事诉讼制度改革的意见》(法发[2016]18 号);《最高人民法院关于全面推进以审判为中心的刑事诉讼制度改革的实施意见》(法发[2017]5 号)。

行基础且由其推进诉讼进程的职权主义相比,当事人主义是以个人利益平等于集体利益为出发点、以公权力未必善且官僚有权必滥用为运行基础。故,当事人主义尽量消减公权力适用的同时,使诉讼程序委任一般人运作的制度,充分发挥当事人之作用,推进诉讼程序的进程。所以当事人主义的初衷乃置其重点于抑制国家权力、伸张人权方面。当然,当事人主义也并非忽视事实发现。因为刑事诉讼旨在公正判断利益冲突之两造主张孰是孰非,以解决纠纷,定纷止争,所以刑事诉讼亦不能忽略发现事实。与此同时,当事人主义历来被视为发现事实真相的最佳装置。因为当事人主义将追究事实真相的责任加在控辩双方身上,依赖两造当事人倾其全力且周到之诉讼准备,热心收集证据以剖出真相,使事实真相大白。之所以将追究真相之责任加在当事人身上,是因为只有当事人是审判结果获得利益或蒙受损失的人,同时,当事人欲免于受损则定当鼎力追究真相。但是,在现代刑事诉讼法中,认为当事人主义是发现事实最佳装置未免太过于乐观,甚至不切实际。

第一,当事人主义赋予当事人发现事实真相应基于两造具有相等的机会与能力,方能实现。换言之,关于收集拟提交法庭的证据,控辩双方必须具有同等的资力与设备才行;关于保全证据,保护证人,控辩双方必须具有同等机会与权限才行;关于在法庭审判中证据调查与法庭辩论,控辩双方必须具有同等的技能与口才才行。可是,从刑事司法实践而言,控辩双方具有同等的机会与能力的情形实属鲜见。甚至有时则恰恰相反,辩护方在控诉方的强权压制下既无机会、能力与设备,又在机会存在的情况下基于政治挤压而空间小、风险大被迫放弃,最终使得控辩双方在实际上无法成为相等。① 这种状况足以使当事人主义原理的合理性被根本性动摇。

第二,趋利避害人性促使当事人以胜诉为其诉讼之目的。人性的本质即为趋利避害,这无可厚非。但其体现在诉讼中,当事人应倾向争取利益最大化的同时避免利益的不当损失。维护其利益的最直接的体现即为

---

① See Edmund Morris Morgan, *Some Problems of Proof Under the Anglo-American System of Litigation*, 55 Mich. L. Rev. 314(1956).

极力争取案件胜诉,只有胜诉才能保护其利益,始有意义。相对于胜诉而言,真相发现与否对控辩双方而言,凡属次要。控辩双方欲取得胜诉,必想尽术数,弄尽权谋。如,当事人主义要求控辩双方通过证据展示,尤其是双向证据展示,将彼此手上的一切证据均显露无疑,但是,基于趋利避害之本性,控辩双方仅仅披露其认为有利于自己而不利于对方证据,并千方百计地隐匿不利于自己而有利于对方的证据。又如,控辩双方须要向法庭提交与系争案件事实相关的证据,并对提交的证据展开辩论,但是,控辩双方基于趋利避害的本性在审判中故弄玄虚,刻意提出不相关证据,混淆视听,并说服法官倾向于自己,或对有价值之证据行毫无根据的辩论等。更有甚者的是,控辩双方为此可能走上伪造、变造证据,威胁、收买证人之路。实践证明,案件越重大以及公众关注度越高的案件,伪造、变造证据,威胁、收买证人的可能性亦随之而增加。如此之结果,正如弗兰克法官所言:"现在我们的审判模式好比是在外科医生做手术的时候,往他的眼睛里撒胡椒粉。"[1]由此可见,当事人主义预设的当事人热心且周到的诉讼准备,与其是为帮助法官发现事实真相,毋宁是为扰乱法庭,使得法官头昏脑涨而无法看清真相。

第三,控辩双方追究事实真相之责任不见得为可行之举。尽管当事人主义预设控辩双方提出证据,从各自立场展开辩论,真相即可大白,但是此种做法究竟是否为最为可取之手段,无人能给出明确之答案。即使在控辩方式能力、机会、资质和技能均等的情况下,当事人主义就一定能得出事实真相吗? 此也未必。因为难以排除为取得胜诉而捏造有利于己的证据,并在法庭上口若悬河使法官信以为真。与此同时,凭借其能力、资质等躲闪对方之攻击,避免假证据免于露出破绽,并运用奇智或使用不可靠的证据,将对方提出的真证据驳得体无完肤,进而使其瓦解殆尽。[2] 尤其是关于需要技术性鉴定的证据,一方可以雇佣权威性更高、人数更多的专家、学者做相反的鉴定意见提出法庭,以至于使得法官难辨真

---

[1] [美]杰罗姆·弗兰克著:《初审法院——美国司法中的神话与现实》,赵承寿译,北京:中国政法大学出版社 2007 年版,第 85 页。

[2] See Jack B. Weinstein, *Some Difficulties in Devising Rules for Determining Truth in Judicial Trials*, 66 Colum. L. Rev. 223(1966).

假,致使错误判断。[①] 对证人交叉询问也是如此,理论上通过交叉询问引出证人的记忆,以排除错误的证人或者无法证明其真实与否的书面证人证言。但是,证人的记忆力与观察力并非固定不变,而通过交叉询问往往促使证人在法庭上的恐慌与紧张,尤其是反询问对证人人格证据进行询问而带来的尴尬处境。另外,反询问时常变成引导性询问,以此引出错误的证人证言或者看似相关而实不相关的证言,以至于反询问的滥用成为搅乱、威吓询问之结果。如此一来,使得有价值的证人证言最后会因为恐慌、紧张或者羞愧等变成无价值的证据,从而产生排除有价值的证据而使得无价值之证据增光添彩,最终导致法官不明是非,颠倒黑白,距离事实真相也就愈来愈远。[②] 其至,即使在控辩双方对有关证人证言可靠与否,彼此已经有部分之共同见解,亦会针锋相对,互攻其奸,其目的无非在于撕裂一致之见解,守护其利害关系。在越争越烈,愈辩愈乱的状况中,法官也将陷入五里雾中,而难以揭开真相的面纱。这也就难怪有人指出,当事人主义中的发现事实真相之交叉询问与使用骰子决定诉讼之胜败,并没有高明多少。

第四,当事人主义无法避免"突袭"和诉讼拖延之流弊。基于控辩双方鲜见平等之武装,当事人主义审判之"突袭"时常有发生。证据突袭或者事实突袭使得刑事诉讼程序常常被力量较强的一方所控制,而能力较弱的一方则因能力不及、实力不强、装备不足等资质不及对方而败诉。由于诉讼程序的推进完全委任于控辩双方,审判者居中且消极被动审判,以至于即使审判者知悉能力或资质较弱一方不能取证、举证和质证,其也无法主动出击帮扶,以至于不得不裁判能力和资质较强的一方胜诉。这是当事人主义始料未及的。另外,控辩双方为获得胜诉而免受损失之虞,也定会采取拖延战术,使得审判围绕着控辩双方诉讼技巧或诉讼技术原地踏步,来回打转,却毫无有效防止之策。因此,当事人主义往往不能避免诉讼延迟而导致证据散失或证明力消减,既不能迅速发现真相又

---

① See V. C. Ball, *The Moment of Truth: Probability Theory and Standards of Proof*, 14 Vand. L. Rev. 807(1961).

② See Earl T. Thomas, *Cross – Examination of Witnesses*, 32 Miss. L. J. 243(1961); See Jerome K. Heilbron, *Cross Examination and Impeachment*, 15 Ark. L. Rev. 39(1960).

由于诉讼拖延致使法院事务负担量增加，诉讼之运行负重而行，流弊丛生。

综上所述，当事人主义预设具有发现事实真相之功能，实为理论上尚具有其合理性的一面。但是，通过条分缕析，实属使人难以完全相信。正如有些学者所言，当事人主义具有发现真相之功能，充其量，只不过是为有钱人或狡猾者主张之事实加盖所谓的"真相"之印，而为诉讼弱者一方或不富裕一方当事人断念对抗而举行的典礼而已，此绝不比决斗或神明裁判更为科学。[①]于是，我国刑事庭前程序完善不能完全依赖于当事人主义诉讼制度的改革，应理性对待现代职权主义不仅强调发现事实真相而且注重权利保障的事实，我国刑事诉讼的改革与完善应在现代职权主义诉讼模式的基础上，着力从完善庭前程序角度，坚持统筹庭前程序与庭审程序两个方面，并通过庭前程序的制度构建，加强庭审程序的实质化，进而推进整个刑事诉讼程序的重塑。

第二节　我国刑事庭前程序完善之整体架构

在上文中已经阐述了刑事庭前程序作为独立的诉讼阶段的合理性与可行性，并且刑事庭前审查与刑事庭前准备作为刑事庭前程序前后相接的组成部分，整体建构我国刑事庭前程序。在此基础上，刑事庭前程序还需要进一步明确机构设置、人员配备、运行规制等总体框架结构，这既是圈定本文论证、阐述、设置刑事庭前程序的范畴，又是为刑事庭前程序的具体操作奠定基础。在刑事庭前程序的研究中，刑事庭前程序的框架结构是学者关注的热点，也是刑事庭前程序建构中的重点问题之一。我国学者对该机构设置大致提出了几种框架，笔者在综述学者对此观点的基础上，结合我国刑事司法体制、诉讼模式、司法理念等评析其优缺点，并进一步论述我国刑事庭前程序应采取的可行性与现实可操作性的机构设置。

[①]　参见黄东熊：《刑事诉讼法研究》（第三册），台北：元照出版社 2017 年版，第 32 页。

一、我国刑事庭前程序之机构设置

制度构建及具体运行的前提在于其存在载体及运行空间,依托载体设置得当、合理,能促使制度的良性运行及实现设置之初衷。刑事庭前程序的研究与完善也应当依托合理的机构设置,促使其良性运行,实现预设之功能和意义。我国刑事诉讼理论界对此进行了大量有益的探索,提出了很多有价值的建设性观点。

(一) 通过设置预审程序改革刑事庭前程序

学者借鉴国外预审制度的经验,提出建立我国刑事预审制度,设置刑事预审机构,对提起公诉的案件进行庭前审查等有助于庭审程序顺利的事项,进而实现庭前程序与庭审程序的分离。有学者在对刑事预审程序进行深入研究后提出,我国刑事诉讼应将预审程序作为一个独立的、与其他诉讼阶段并列而设的程序。在有关刑事诉讼法学者建议稿中专门设立介于起诉与审判之间的预审,单独成编,其下设“一般规定、证据开示和预审的进行”三章。[1] 此种观点借鉴英美法系国家的预审制度,建立我国独立的预审制度,但是在具体设置预审程序上以起诉为分水岭构建起诉前预审和起诉后预审。前者主张检察院提起初步公诉,经过预审并准予移交审判后再由检察院正式起诉,实行“起诉状一本主义”;[2]后者认为检察官实行“起诉状一本主义”,除了简易程序之外的公诉案件都要经过预审,才能移交审判。[3] 也有学者认为预审程序只适用于重罪案件。[4] 为更好地运行刑事预审程序,针对我国预审机构而言,理论界和实务界大都将目

---

[1] 参见潘金贵:《刑事预审程序研究》,北京:法律出版社 2008 年版,第 150 – 181 页;参见徐静村:《中国刑事诉讼法(第二修正案)学者拟制稿及立法理由》,北京:法律出版社 2005 年版,第 213 – 321 页;汪建成、杨雄:《比较法视野下的刑事庭前审查程序之改造》,《中国刑事法杂志》2002 年第 6 期,第 61 – 63 页。

[2] 参见陈岚、高畅:《论我国公诉方式的重构》,《法学评论》2010 年第 4 期,第 49 页。

[3] 参见徐静村:《中国刑事诉讼法(第二修正案)学者拟制稿及立法理由》,北京:法律出版社 2005 年版,第 206 页。

[4] 参见龙宗智:《刑事诉讼庭前审查程序研究》,《法学研究》1999 年第 3 期,第 69 页。

光聚焦于立案庭上,实行"大立案制度"。这试图将立案庭打造成起诉审查庭或刑事预审庭,借以践行刑事庭前程序之职能。所谓的"大立案制"就是指,所有的刑事案件都送达"大立案庭",由其进行立案审查和庭前审查,对符合开庭审理条件的案件,由法官助理通知控辩双方到庭参加诉讼,同时将案件资料在距离开庭审理前移至审判庭。庭审法官在庭前不接触诉讼双方也不接触案件资料,唯一能做的就是尽量快地熟悉"大立案庭"移送的案件材料,并做好庭审准备。还有一类观点认为,我国应当建立起诉审查庭,或称为预审准备庭,主要行使庭前审查职能,并对刑事庭前程序中的事项进行裁决。起诉审查庭法官被称为审查法官或庭前法官,与审判法官分别建制,先后相继,又互不干涉。

　　针对检察院提起的公诉进行审查的程序,无论是英美法系国家还是大陆法系国家都很重视,差别在于实现的形式不一而已。如英国设有与庭审法官相分离的治安法官进行预审;美国设有治安法官或大陪审团进行预审的制度。英美两国都实行诉前审查,确保提起的公诉不被滥用。法国实行预审法官与二级预审制度;德国废除预审制度,设立中间程序,由庭审法官负责审查起诉。反而观之,我国长期以来都没有对庭前审查程序予以足够的重视,1979 年刑事诉讼法全案移送制度则有助于法官对检察官的起诉进行审查,在很大程度上起到了庭前审查程序的功能。但是,随着刑事诉讼法的修订,全案移送制度变为复印件移送制度,尤其是庭前审查变为程序性审查后,我国对检察院提起的公诉进行审查的制度以及该制度的功能几乎丧失殆尽。学者借鉴英美国家的相关经验,提出的有关构建刑事预审制度的相关建议可谓及时雨,但是我国刑事诉讼程序与英美国家刑事诉讼程序还有明显的不同。英美国家刑事诉讼程序践行程序公正优先的理念,程序的设置与运行较为复杂,与之相对应的是,追究犯罪的诉讼成本增加以及诉讼效率降低,在实行陪审团进行审判的案件中尤其如此,如其刑事审前程序中主要但不限于庭前审查、证据展示、有罪答辩和庭前裁决等相互配合且环环相扣的一系列制度构成。为了保障诉讼资源被合理配置,提高诉讼效率,英美国家通过刑事预审程序来过滤不当之诉讼,防止将不符合起诉条件的案件进入审判程序,与此同时,通过被告人刑事答辩等制度促进辩诉交易处理案件。这样既可以清除不当诉讼占用有限诉讼资源又避免造成诉讼之拖延而增加法官负担。就我国刑事诉讼程序而言,我国检察院不当起诉率不高,这还不足以成为我国建立独立刑事预审制度的原因。因为,检察院提起公诉的标准如同审判标准,即"犯罪嫌疑人的犯罪事实清楚,证据确实、充分,依法应当追究其刑事责任";我国司法改革紧抓司法责任制这个"牛鼻子"不放,践行"谁办案、谁负责"终身制;除此之外,就是检察系统内容严格的质量考评机制等,都促使了以不当起诉过高而影响审判程序的理由构建我国刑事预审程序,尚不充分。从另外一个方面说,即使检察院存有滥用公诉权,提起了不当诉讼,笔者认为也没有必要建立独立的刑事预审程序来防范。独立的刑事预审程序确实能有效防止公诉权的滥用,阻碍不当起诉进入审判程序,但其与其他诉讼程序的配合运行,以及其本身所具有的诉讼拖延及占用诉讼资源的问题,将使得我国刑事诉讼更加窘迫。况且,独立的刑事预审程序无法涵摄庭前准备程序,通过刑事预审被移交审判的案件,所进行的庭前准备程序是否还需要单独设立。若是将庭前准备程序也单独设立,无形中使得刑事诉讼程序支离破碎,徒增诉讼之时间。这与刑事预审程序以及刑事庭前准备程序提高诉讼效率的功能和目的相背离;若是不将庭前准备单独设立,则庭前程序可能会依附于审判程序,使得所有事务都汇集于庭审,将会导致庭审程序不停中断等阻却顺利审判的情况。显而易见,这种间断式的审判程序与有利于实现集中审判的庭前准备程序之目的,也是背道而驰的。可见,这种制度构建模式与我国刑事诉讼程序的运行并不相符,对解决我国庭前程序的弊端也无法发挥应有之效。所以,我国建立独立的刑事预审程序并无必要。虽然建立独立的刑事预审程序尚无必要,但是吸收、借鉴刑事预审程序中有关制度与诉讼理念则是可行的。如被告人答辩制度、证据开示以及类似于辩诉交易促进程序分流的制度。

(二) 通过设置双重程序改革刑事庭前程序

刑事庭前程序按照庭前审查程序和庭前准备程序两个部分,分别独立构建,依照先后之顺序,推进刑事庭前程序的进行。双重程序意指在检察院提起公诉并将案件资料移送到管辖法院,设立起诉审查庭对公诉进行审查,并决定是否符合受理案件的条件。法官对公诉的审查视为防止公诉权滥用的有效途径,在起诉审查庭对公诉进行审查的同时,适时举行由起诉审查庭法官主持的听证程序,事先对证据开示等证据情况予以处理,以及对被告人认罪等协商性的诉讼程序进行分流。刑事庭前准备程序的设置应基于保障集中、公正和迅速的理念,在实现刑事庭前准备程序正当性的前提下,进行开庭前的准备性事务,其中增设庭前会议程序、诉讼合并与分离。

这种通过设置双重程序方式改革我国刑事庭前程序的观点,确实令人耳目一新。这种双重程序的建构,导致了刑事庭前审查程序与刑事庭前准备程序分属于不同诉讼阶段,贯彻不同的诉讼理念,实现不同的诉讼目的与功能。双重设置刑事庭前程序的构建,又分为两种方式:一是刑事庭前审查程序与刑事庭前准备程序,各自独立,互不牵涉,两者有严格的区分,不能互相替代和混同。这种方式主要以英美法系国家为主,与建立独立刑事预审程序有相似之处。二是虽然刑事庭前审查程序与刑事庭前准备程序相互独立,但是刑事庭前审查程序行使了部分刑事庭前准备程序的职能。这种框架设计主要体现在大陆法系国家中的法国、德国。大陆法系国家的这种双重设置的模式也存在着两种分野:即各自属于不同的诉讼阶段或者两者都属于一个诉讼阶段。法国刑事庭前程序中刑事庭前审查程序和刑事庭前准备程序就属于不同的诉讼阶段,预审法官的审查既可以属于侦查阶段,如第一次预审程序,也可以属于审判阶段,如需要第二次预审的程序;德国刑事诉讼中的中间程序,包含了刑事庭前审查程序和部分刑事庭前准备程序的职能,但是两者都属于刑事诉讼中间程序阶段。在刑事庭前审查程序与刑事庭前准备程序双重构建的模式中,两者以交付审判裁定为分水岭作为区分两者的标志,交付审判裁定作出之前为刑事庭前审查程序,交付审判裁定之后为刑事庭前准备程序。有些学者也采用双重设置的模式构建我国刑事庭前程序。韩红兴教授在其博士论文,以及在此基础上出版的《刑事公诉庭前程序研究》中,就对我国刑事庭前程序从刑事公诉审查和刑事公诉庭前准备两个方面进行了重构。在阐述刑事公诉审查程序中,不仅仅强调了对公诉权进行审查,防止滥用的基本功能,还在刑事公诉审查程序中设置了包括刑事公诉庭前准备的诸多事项。如对证据的调查、排除、保存,对被告人人身保护措施的审查以及对诉讼程序实施分流的协商性处理机制等;在阐述刑事公诉庭前准备程序中,则侧重于审查之后审判之前的准备事项。

检察院提起公诉之后,刑事庭前程序先按照刑事庭前审查程序对案件进行审查,对符合条件的案件被移交审判,随后就进入了为正式审判进行准备的庭前准备程序。这种双重设置的建议也是依照这样的思路展开的,但是,双重设置使得刑事庭前审查程序与刑事庭前准备程序两者的职能互相牵涉,无法厘清。这将导致两个问题:第一,双重设置将导致重复性建构,无形中造成诉讼资源的浪费。双重设置的直接后果就是刑事庭前审查程序涵摄了刑事庭前准备程序的职能,刑事庭前审查程序中必将涉及到有关在刑事庭前准备程序中才能处理的事项,于是在庭前审查程序中将构建相关的制度或机制予以实施该事项。如基于协商性司法而产生的诉讼程序分流。然而,刑事庭前审查程序的主要功能或目的在于防止公诉权的滥用,程序分流则是其延伸功能。当延伸功能越多,其主体功能被冲淡的可能性就越大。尤其要说的是,当刑事庭前审查程序中对程序分流功能失去效力或效力不明显时,为了根据案件繁简程度进一步实施程序分流机制,在随后的刑事庭前准备程序中还要构建类似的机制,以保证程序分流功能的事项。如此一来,刑事庭前审查程序和刑事庭前准备程序都设置了有关程序分流的制度,这就形成了刑事诉讼程序的重复性建设,有限的诉讼资源也在双重设置的模式中被浪费了。第二,双重设置将拉长诉讼程序时限,势必造成诉讼效率的降低。双重设置使得公诉刑事案件被提起公诉之后到开庭之前经过了刑事庭前审查程序和刑事庭前准备程序两个步骤,多项诉讼机制的处理。每每经过一个诉讼程序都需要耗费一定的时限,每每适用一个诉讼机制的处理也都会用去一定的时间。双重设置的刑事庭前程序所应分配的诉讼期限定会比整体设置的刑事庭前程序所分配的诉讼期限要多,这是不言自明的道理。所以,双重设置的另一个弊端即是消耗了更多的诉讼时间,拉长了诉讼程序的时限,甚至可能产生拖延诉讼的结果,无形中就降低了诉讼效率。

(三) 我国刑事庭前程序设置框架之选择

如上所述,独立的刑事预审程序和双重设置的刑事庭前程序都有这样或那样的问题,均不相融于我国刑事诉讼。笔者认为我国刑事庭前程序设置框架应如此设置:第一,刑事庭前程序作为一个独立的诉讼阶段,处于提起公诉之后与第一审审判程序之前。独立的诉讼阶段是刑事庭前程序存在的前提与基础。将其镶嵌于提起公诉诉讼阶段之后,便于审查公诉权运行之状况,防止权力滥用所导致的不良后果;将其放在第一审庭前程序之前,便于为正式的庭审做好充分的准备,以便于审判程序集中、有序、高效进行。由此可知,只有为刑事庭前程序设置一个独立的诉讼阶段才能保障其能良性运行,更好地发挥刑事庭前程序的功能。第二,刑事庭前程序应包括刑事庭前审查程序和刑事庭前准备程序两个部分。作为防止公诉权滥用、为正式庭审程序做好充分准备的程序,其内部结构理应包含对公诉的审查和为庭审的准备两部分内容。刑事庭前审查程序的主要目标是实现对公诉权的庭前审查,而刑事庭前准备程序的主要目标是为庭审做好准备。当然,刑事庭前程序除了庭前审查和庭前准备之外,还有由此而必然导致的保障被告人诉讼权利、提高诉讼效率、提升审判质量之功效。就此,刑事庭前程序除了大致上分为刑事庭前审查程序和刑事庭前准备程序两部分内容之外,还包括证据的预先处理、合作式司法或协商式司法程序分流机制,以及以增设争点整理为主要内容而完善现有的庭前会议制度。第三,刑事庭前程序不是刑事案件的必经程序,有其适用之范围与限制。首先,刑事庭前程序适用案件范围。我国刑事庭前程序仅适用于实行普通诉讼程序审理的刑事公诉案件,且一旦有被告人认罪认罚从宽或刑事和解的,则不再适用或终止适用刑事庭前程序。其次,刑事庭前审查程序适用之限制。刑事庭前审查程序的启动遵循"以申请启动为主,以职权启动为辅"的规则;刑事庭前审查程序分为实质审查和形式审查;刑事庭前审查程序的运行遵循"以书面审查为主,以言词审查为辅"的规则;刑事庭前审查程序的标准践行"有合理的证据证明被告人实施了指控的罪行"证明标准;刑事庭前审查程序的结果分为移交审判的裁定和不予起诉等种类。最后,刑事庭前审查与刑事庭前准备的衔接。经过刑事庭前审查程序作出移交审判的裁定后,案件进入刑事庭前准备程序,经过刑事庭前准备程序,案件方可正式庭审。刑事庭前审查与刑事庭前准备先后相接、不能代替也不能混淆。第四,刑事庭前程序需要对证据作出预先处理。刑事庭前程序需要对有关案件的证据进行提前处理,以便于庭审无阻碍、无中断地集中高效进行。庭前证据预先处理包括需要在庭前提出调查证据的申请,证据开示的申请,排除对非法证据的申请以及对相关证据予以保全的申请,庭前法官就该类证据申请予以审查处理并运行相关程序。第五,践行协商式司法加快案件解决。协商式司法或者称为合作式司法,建立在契约精神之上,通过控辩双方或者控辩审三方对案件事实与证据的认知,沟通交流,协商一致,合作解决刑事纷争。相比较于侦查、起诉和审判诉讼阶段而言,刑事庭前程序既具备赋予诉讼主体交流机会与合作空间的资力,又怀有内生协商的条件,并且在该阶段实施协商式司法处理案件,能够使庭审实质化、集中审判原则发挥最大优势。在刑事庭前程序中,通过协商与合作,对标刑事诉讼已经确立的三种审判程序之条件,便宜行使,实现诉讼程序的分流,达到审判程序多样化之目的。所以,刑事庭前程序应当在被告人认罪认罚的基础上构建适用简易程序、速裁程序、刑事和解程序以及认罪认罚从宽程序之机制。第六,增设事实与证据的争点整理制度,进一步完善刑事庭前会议,充实刑事庭前准备程序。对被移交审判的案件在进入庭审之前,梳理案件事实与证据之争点,归纳控辩双方争议焦点并将其类型化处理:即有争执的事实与证据和无争执的事实与证据。随后的审判程序集中精力处理有争执的事实与证据,才能使庭审突出重点,抓住关键,统筹兼顾推进庭审实质化,进而实现"以审判为中心"的刑事诉讼制度改革。另外,刑事庭前准备程序除了常规性的通知、传唤等事务性准备之外,应当以庭前会议为中心,围绕着其适用范围、主体、方式以及效力,着力清除不利于顺利庭审的因素,从而达到准备庭审的目的。

二、我国刑事庭前程序之人员配备

管理学原理认为,在组织目标和组织结构设定之后,人员配备就成为组织机构良性运行的关键。因为人员配备是组织机构有效活动的保障，又是组织机构发展的准备。就刑事庭前程序的人员配备而言，尤其是该程序中主管人员的配备：即刑事庭前程序中的法官、检察官、被告人和辩护人，因各国诉讼理念、诉讼模式以及法律文化传统的不同，产生不同的人员配备。经过细化、归类与整理，刑事庭前程序人员配备按照参加法官为标准主要可以分为：预审法官或治安法官作为刑事庭前程序的主持人和立案庭法官作为刑事庭前程序的主持人，主导进行刑事庭前审程序；以被告人是否参加为标准分为被告人应当参加的刑事庭前程序和被告人可以参加的刑事庭前程序。鉴于被告人应否参加刑事庭前程序已经在上文有所论述，不再赘述。另外，检察官和辩护人尤其是辩护律师作为刑事庭前程序的人员配备，为理所当然之事且其几乎无争议，所以，以下仅就刑事庭前程序中的法官参与情况予以阐述。

（一）预审法官或治安法官

这里所要论述的预审法官或治安法官仅指具有"预审职权"的法官，而有些国家虽有治安法官的称谓但是不具有预审职能，则不在本文论述之列。预审法官主要由大陆法系国家使用，以法国为典型代表。第一，预审法官的产生可以分为任命式和指定式。任命式是指通过法定的任命程序而产生。如法国预审法官从大审法院的法官中遴选后，经过司法部长的提议，共和国总统发布认命通知。指定式是指根据法院内部规章制度由法院负责人在审判法官中指定产生预审法官，而不需要经过国家元首的专门认命程序。这以德国为典型代表。德国刑事诉讼法"中间程序"的法官具有预审职权，则是由首席法官指定职业法官担任，并不需要经过特定的程序。第二，大陆法系国家的预审法官具有法官和侦查人员双重法律地位，进而享有裁决权和侦查权两种诉讼职权。预审法官与法官的选任、培训及考核程序是一样的，在诉讼程序中都享有裁判职权，只是裁判所针对的具体对象不同而已。同时，预审法官拥有不同程度的侦查权，具有与警察相同的法律地位，这是大陆法系国家纠问式诉讼模式之遗风的体现。第三，预审法官权力配置呈现出权力抑制样态。预审法官权力从其诞生之日起就有不同之争议，并在纷争中对其权力予以控制、缩限，消减其"权力霸主"形象。法国预审法官最初为"法国权力最大的人"[1],经过 20 世纪至今的司法改革,法国预审法官权力得到逐渐削弱。先是二级预审由秘密审理和书面审理改为公开审理,后来"乌特罗案件"为导火索,渐次增加了"自由与羁押法官"、临时羁押系统审查制度、预审合议庭制度以及设立预审中心等,都从不同层面、角度对预审法官的权力予以规制。德国在 1975 年废除了预审法官制度,由审判法官对公诉权进行审查,兼负了原预审法官承担的起诉审查职责。

治安法官则主要由英美法系国家使用,以英国和美国为典型代表。第一,治安法官的产生各具特色,不拘一格。英国治安法官分为授薪制治安法官与无薪制治安法官,授薪制法官由英国女王从大法官推荐的执业 7 年以上的出庭律师或事务律师中认命,无薪制治安法官由国王根据大法官的提议认命。美国治安法官分为联邦治安法官和州治安法官。根据《联邦治安法官法》的规定,联邦治安法官由联邦地区法官兼任,州治安法官则根据州相关法律产生。第二,治安法官的职权。治安法官通过签发司法令状拥有对重大侦查行为司法审查的权力。所谓重大侦查行为是指搜查、扣押、逮捕、羁押等对强制性的侦查行为,而不是针对案件是否复杂、重大而言。治安法官还拥有对部分案件进行预审的权力。英国治安法官拥有对可诉罪进行预审的权力,美国治安法官拥有对重罪案件进行预审的权力。另外,治安法官拥有对简易案件进行审判的权力。如英国治安法官可以对简易罪进行审判,美国治安法官可以对轻罪或轻微罪案件进行审判。

我国学者提出,我国应当建立预审法官或治安法官制度,在刑事诉讼程序中对公诉和自诉案件进行预审、对涉及人身自由权和财产权的强制措施进行审查以及正式庭审进行庭前准备。[2] 毫无疑问,预审法官或治安法官在刑事庭前程序中举足轻重,作为这个组织机构之功能的核心部件,不可缺少。但是,在对异域法律制度进行吸纳、移植的时候,我们无法对制度背后的文化、传统等支撑因素视而不见,听而不闻。这种仰慕异域

---

[1] 何勤华主编:《法国法律发达史》,北京:法律出版社 2001 年版,第 466 页。

[2] 参见罗晖:《刑事预审制度研究》,武汉大学博士学位论文,2015 年,第 116 - 118 页;潘金贵:《刑事预审程序研究》,北京:法律出版社 2008 年版,第 164 - 167 页。

法律制度进而移植但忽视制度背后支撑因素的改革思路,在我国刑事诉讼制度改革的过程中有过太多历史教训,足以令人谈虎色变,记忆犹新。支撑预审法官之历史文传统因素发轫于国家对司法领域的社会控制力,或者说国家权力运行结构的专制化与集权化。不可否认,预审法官对于统治者强化社会控制能力,充分发挥公权力在打击犯罪方面的职责,曾经起到了很大的作用。也毋庸置疑的是,预审法官在对重大侦查行为进行司法审查,对公诉权进行审查,维护被追诉人权利等方面确实具有重要意义。但是,时至今日,预审法官诞生并孕育的法律传统、文化传承之变更以及人权意识的觉醒,早就难以维系其继续生存。法国预审法官制度自进入 21 世纪以来的多次变革就是真实例证。在我国,公安机关本来就具有强制压迫权力,侦查权已经对刑事被追诉人造就了严重不平等的地位,若是再设置预审法官,并且让预审法官拥有侦查之权,被追诉人的权利保障可谓乌云压顶,极具遭受第二轮甚至轮番轰炸的可能性。同理,治安法官作为预审法官是英美法系国家司法民主的表现之一。"太平绅士"即是治安法官的前身,其给予了公民参与法律执行的机会,也造就了司法民主化的趋势。但是,作为审查公诉权是否被滥用、过滤不当起诉之案件、保障被追诉人权利的预审法官制度,却由非专业人事担任,实有不称职之嫌,毕竟专业性的治安法官仍然是少数。由此可见,预审法官或治安法官对我国研究刑事庭前程序中的庭前法官并不具有可借鉴性,也不具有可行性。

(二)立案庭法官实施立案审查

在 21 世纪之初,我国法院系统为了实现《人民法院五年改革纲要》之规定,大力推行审判流程管理体系建设,与此同时法院系统内的"大立案制"改革则相应而生。所谓的"大立案制"就是在审判庭之外建立以立案庭为中心的审判流程管理程序,其要求由立案庭对案件立案、收费、送达、庭前准备、安排开庭、审理期间监督以及案件结案文件等事关审判业务中案件管理事项,全部由立案庭统一运作与管理。"大立案制"将案件审判权与案件控制权相分离,立案庭法官负责庭前审查,庭审法官负者案件审判,进而构建立案审查制度,立案法官实施立案审查,同时一并对公诉权的运行、庭前准备以及被追诉人权利保障实施审查,形成庭前审查法官与庭审法官相分立的"准刑事预审制度"。学者认为"各级人民法院正在进行的'大立案'审判流程管理改革为我国庭前审查程序的完善提供了难得的契机。"①

这种由立案庭法官负责刑事庭前审查和刑事庭前准备的思路,为我国所独创,颇具有我国特有的色彩与韵味。在引进英美法治安法官与大陆法系预审法官之路目前存在难以克服障碍的情况下,结合我国的司法体制与刑事司法现状开展创新性的研究,不失为一条务实的"康庄大道"。但是这样的探讨与实践务必将制度性的架构与人员配备,协调一致且要攻防兼备。首先,审判流程管理目的在于强化案件流程管理。审判流程管理是伴随着审判方式改革而提出一种审判管理方式,其强调法院对审判活动组织、指挥、协调与控制。它的出现便于法官对案件审判的管控,尤其是对审判活动的监管,以免出现不当之影响。虽然由立案庭法官接受所有案件的立案工作并进行管理,但是也无法逾越其为法院系统内部行政管理的本质。从当初的"大立案"制度演变为立案登记制,就是法院系统内部进行行政管理的本质体现。其次,"大立案"制度或者立案登记制并不具备审判权对公诉权审查职责。无论是一开始的"大立案"制度还是现在的立案登记制,虽然对立案庭法官的职权有所扩大,甚至于产生立案庭法官代替庭前法官处理庭前事务之现象,但是由于此为法官系统内部的工作调整,而且也没有形成审判权审查公诉权的司法审查理念,立案庭法官在刑事庭前程序中的作用,除了具备一定的庭前准备程序中应处理的通知、送达等常规性事务之外,尚无法防范不当追诉以及保障被告人诉讼权利之目的,且对正常庭审做好充分准备效果也不佳。这种司法改革所带来的只能是法院系统内部部门职能微调之效,至于学者认为立案庭法官进行庭前审查、庭前准备,进而产生预审法官或治安法官之效果,尚不明朗,甚至可以说是学者浪漫主义式的理论构想而已。

(三) 我国刑事庭前程序人员配备的可行性分析

若将刑事庭前程序作为一个独立的诉讼阶段而对待,其人员配备应

---

① 陈学权:《论刑事庭前审查程序》,《法治论丛》2003 年第 2 期,第 71 页。

基于系统性的思维,定位于实现权力制约、权利保障和提高诉讼效率的考量,并在对我国现有的刑事司法体制造成最小影响且能带来最大效益的前提下,务必直击问题之核心,切实可行。第一,人员配备之系统性思维即为刑事庭前程序人员配备与现有刑事诉讼程序相契合。我国刑事诉讼模式仍属于强职权主义诉讼模式是必须要面对的现实问题,也是无可否认的事实,即便我国刑事审判方式改革已经启动了迈向当事人主义诉讼模式的趋势。由于很多因素与当事人主义诉讼模式难以融合,其改革路线出现曲线式的来回摆动,以至于出现了不好之后果。我国刑事诉讼模式改革应在强职权主义诉讼模式的基础上,向现代职权主义诉讼模式靠近,具体到刑事庭前程序人员配备而言,德国刑事诉讼程序中的"中间程序"之人员配备值得学习与借鉴。也就是说,由案件审判组织成员兼任庭前法官对公权进行审查并组织开展庭前准备。第二,刑事庭前程序人员配备有利于实现其功能。刑事庭前程序的功能在于防止公诉权滥用,保障被告人诉讼权利以及提高诉讼效率。大陆法系国家预审制度或审查制度也能实现之。由于法国预审法官制度赋予预审法官身兼审查权、预审权及裁判权等内在顽疾,违背了人类社会长期形成的权力哲学共识,其预审法官制度呈现颓废之势,不日而亡业已成为定局,[①]法国预审法官不具有我国借鉴的可行性。相比之下,德国中间程序实为不二选择。检察官提起公诉后将案件移交给有管辖权的法院,法院的立案庭登记后,分情况送交相应的刑事审判庭。刑事审判庭指认一名职业法官担任刑事庭前程序中的庭前法官,进行阅卷、审查、对有关申请予以处理、送达诉讼文书等准备庭审事务。这里备受非议则是德国中间程序中的审查法官与庭审法官没有实现完全分离,庭审法官进行实质性审查,导致无法排除预断乃至先定后审。但如上文所述,预断属于人类认识领域范畴,无论在哪个国家的刑事诉讼程序中都无法排除,也难以排除,更没有必要排除,需要防范的不是法官庭前的预断,而是法官庭前的偏见。所以,有庭审法官兼任庭前法官不具有非议与不满的心理学基础,反而有利于刑事庭前程序功能

---

① 参见施鹏鹏:《不日而亡——以法国预审法官权力变迁为主线》,《中国刑事法杂志》2012 年第 7 期,第 118—127 页。

的实现,目的的达成,在职权主义诉讼模式的框架内更具有优势。第三,刑事庭前程序人员配备需对刑事诉讼程序的冲击最小化。预审法官或治安法官在我国存有制度性障碍。首先,我国基层法院承担着绝大多数刑事案件的审判工作,但是其下面没有预审法官或治安法官的设置,且由基层法院以外的法院来进行预审不具有现实可行性;其次,司法独立聚焦于法院系统而言,实行法院整体上的独立而非法官独立,鉴于法院系统内的院长、庭长以及审判委员会等内部构造的特点,实行预审法官或治安法官独立预审与我国司法体制有冲突;再次,增设预审法官或治安法官势必加重法院的审判负担,造成诉讼拖延,资源增加,目前实施还有难度;最后,立案庭法官实施预审和庭前准备也与我国检察官与法院同为司法机关的宪法制度与理念相背离,师出无名,制度改革与理念转变任重道远。与此相反的是,由庭审法官兼具庭前法官之职能,既不会与我国司法体制相冲突又不会增加诉讼资源的投入。在现阶段,此人员配备对刑事诉讼程序,乃至对我国司法体制造成的冲击最小,而带来的利益最大,即实现刑事庭前程序设置的目的,达到其功能之实现,何乐而不为呢!(有关庭前法官的具体产生程序及人员请参见第一章刑事庭前程序概念之内容。)

三、我国刑事庭前程序之增设制度

除设立独立的诉讼阶段、整体性的制度建构及系统化的人员配备以外,我国刑事庭前程序在现阶段形式化审查、常规性事务准备以及庭前会议制度的基础上还需要加大制度创设与制度融合,扩大其诉讼制度的包容性、实效性。笔者认为我国刑事庭前程序还应该增设以下制度,以便有效实现刑事庭前程序的设置目的、功能及意义。

第一,刑事证据保全制度。刑事证据保全是司法证明中的关键环节,已经成为许多国家和地区刑事诉讼程序中不可或缺的基本制度。刑事证据保全作为一种保障措施,尤其是保障被追诉人诉讼权利起到了至关重要的作用。刑事证据保全能够弥补被追诉人取证能力不足而导致或加剧控辩之间的不平等。刑事证据保全制度帮助实现诉讼平衡,便于刑事审判机关查明案件事实,并作出正当的裁判。另外,刑事证据保全是镶嵌在现有取证、举证、认证刑事司法证明体系中的一颗明珠,有利于促进刑事司法证明体系的完整性。我国刑事庭前程序构建刑事证据保全制度是庭前审查、庭前会议、非法证据排除等事项的基础性制度,非此不可。

第二,刑事证据开示制度。刑事证据开示制度已经被视为刑事诉讼程序中不可缺少的制度,无论是英美法系国家还是大陆法系国家,抑或是实行混合式诉讼模式的国家。我国刑事诉讼立法仅吸收了刑事证据开示的基本精神,因为法条规定了检察院移送全部卷宗,辩护律师阅卷权以及部分事由的强制性告知义务,但是刑事证据开示制度还没有完全建立。刑事庭前程序中的证据开示制度,使得案件中的证据敞开排在控辩审三方面前,既能让控辩审三方清楚明白地知道案件的具体情况,促使三方便宜行事,尤其是控辩双方对诉讼程序的选择与控制。这对刑事案件的解决以及司法公正的实现不无裨益。

第三,刑事程序分流机制。基于诉讼案件暴增而诉讼资源有限的原因,刑事诉讼程序在承认被追诉人诉讼主体地位的前提下,赋予其享有解决纠纷程序的选择权,不仅仅能够提高诉讼效率,还有利于恢复被犯罪行为所打乱的社会秩序,匡扶失衡之正义天平。现阶段,我国简易程序、速裁程序、认罪认罚从宽程序以及刑事和解程序均为刑事诉讼程序分流机制的体现,在控辩双方协商一致基础上的程序选择权使得刑事诉讼程序不再是剑拔弩张的对抗与对立,也不再是恃强凌弱的较量,蕴含着平等价值理念的协商机制促使刑事庭前程序较好地良性运转。所以,在刑事庭前程序完善程序分流机制是理性之选。

第四,争点整理制度。我国已经建立的庭前会议制度,能够提前处理涉嫌中断或阻碍审判程序连续的事由,防止"挤牙膏式"审判程序的出现,则便有利于实现庭审实质化,进而有助于"以审判为中心"的诉讼制度改革。庭前会议制度业已彰显了刑事诉讼程序的价值与意义,但是现有的庭前会议制度还属于"未完成的变革",对庭前会议适用条件、适用事项、适用程序及其法定效力等方面还有待于进一步的完善。其中,最为紧迫的便是在庭前会议中实施案件事实和证据争点整理制度。争点整理制度就是庭前法官通过控辩双方对案件事实和证据不同意见的表达、交流,开展争议焦点的梳理,将无争议的事实和证据与有争议的事实和证据分别归类整理,便于庭审法院在庭审程序中聚其精力解决有争议的事实和证据,提高审判质量,加速审判效率。

总而言之,我国刑事庭前程序的建构应坚持整体性与系统性思维,使得新设制度与已有制度相融共生,相得益彰;另外,我国刑事庭前程序的构建也应借鉴域外刑事庭前程序科学、合理、正当的立法经验,毕竟"不知别国法律者,对本国法律便也一无所知。"①还需要调整我国刑事诉讼程序倾向于强调国家机关程序化处理纠纷的权力属性以及被告人被动接受司法审判的服从品格,从被告人权利保障以及权利便利行使的角度,重构我国刑事庭前程序的模式选择、制度增设,防止司法一意孤行的专横性,厉行维护权利的被动消极性。正如学者所言:"为了严格遵守权力和竭力保护权利,有时会使罪犯借此隐蔽起来。那就让他去吧。一个狡猾的贼漏网,总比每个人都像贼一样在房间里发抖要好得多。"②

第三节　我国刑事庭前程序完善之配套措施

所谓配套措施既可以指与主要制度、措施组合在一起成为一个整体而完成一项任务,又可以指为了主要制度、措施贯彻落实的措施。无论是成为一体的前者还是作为补充的后者,配套措施皆为主制度良性运转必不可少的条件。此处的配套措施包含前两项内容。我国刑事庭前程序的顺利实施离不开必要的配套措施,本部分从控诉、辩护和审判三方面予以展开阐述。

一、保障刑事辩护权

刑事辩护权是刑事诉讼中不可缺少的一环,也是刑事诉讼文明程度的标尺。刑事庭前程序离不开刑事辩护权的存在,更离不开刑事辩护权

---

① 〔日〕大木雅夫:《比较法》,范愉译,北京:法律出版社1999年版,第68页。
② 张文显:《法学基础范畴研究》,北京:中国人民大学出版社1993年版,第264页。

的有效行使。没有辩护权的刑事庭前程序,只是追诉方与被追诉方所构成的二方结构,该二方结构仅为行政处罚程序的性质,而不具有基本的诉讼形态。诉讼仅为两造对立、审判居中的正三角形样态,缺少一方均不能称之为诉讼。与此同时,在"两造具备、师听五辞"的构造中,徒具备三方结构而不具有实质性权能也是诉讼的大忌。任何一个审慎的关注者,都能轻易地感知我国辩护制度的价值取向是形式辩护而非实质辩护。然而,正是在这一点上,众多试图改变者长期以来却在肯定问题及其产生原因的前提下偶有论及"有效辩护"①,并没有触及其本质,结果是治标难治本。因此,笔者在本文构建刑事庭前程序的同时,从刑事被追诉人基本权利的角度,将保障刑事辩护权作为其配套之措施予以论述。加强刑事辩护权涉及到辩护理念的更新、辩护制度的建构与辩护机制的完善三个方面(其中辩护协同主义理念已经在文中有所提及)。所谓辩护协同主义理念,是指刑事诉讼中基于辩护权隶属于犯罪嫌疑人、被告人的本质,辩护人与犯罪嫌疑人、被告人充分沟通、真诚协作,形成一致辩护意见,从而使两者在发现事实、促进程序等方面共同推进刑事诉讼程序的一种范式。协同辩护权要求辩护权的行使应当由犯罪嫌疑人、被告人与辩护人共同完成,且以犯罪嫌疑人、被告人的意愿为核心,而不是由辩护人接受委托后的独自行使、单独行动甚至独断而为。因此,协同辩护权既要启动自主辩护权又要调动辩护人的勤勉敬业义务,还要构建权利告知、被告人和辩护人在场权等配套制度保障。

第一,建立庭前刑事答辩状制度。所谓庭审刑事答辩状制度,即被告人在收到起诉书副本以后,针对指控的犯罪事实、证据及法律适用等问题,在刑事庭前程序中向庭前法官提出的辩护意见。诉辩之间以证据展示为媒介,即使双方在可以承受的范围内最大限度地妥协,也总会出现意见不一致的情形。这时双方的"异见"通过何种方式进入法庭之中,对于司法公正来说,并不是一件简单便行的事情,但是我国刑事诉讼法对之却做了简单化处理,即全案移送且无须被告人对指控进行辩驳。但是,在全

---

① 关于"有效辩护"的相关内容可参见陈瑞华:《刑事诉讼中的有效辩护问题》,《苏州大学学报（哲学社会科学版）》2014 年第 5 期,第 94—105 页;汪家宝:《论中国刑事司法语境下的有效辩护问题》,《河南财经政法大学学报》2014 年第 5 期,第 106—116 页,等。

部卷宗随案移送的情况下,刑事答辩应当成为被告人的一项与指控方相对等性的权利,目的是让法官在控辩双方不在场时保持兼听则明,并为开庭审理做好准备。与英美法系的辩诉交易制度不同,这种答辩不区分有罪答辩、无罪答辩、不认罪也不辩解的答辩,它只针对起诉书指控的犯罪事实、证据及法律适用等问题提出不同意见,至于该意见是否合情、合理、合法则另当别论。这种答辩并不需要以证据展示为前提,以及有没有律师帮助,被告人都有这种程序性权利。毋庸置疑,律师的答辩状,其针对性、说理能力以及对法官可能形成的偏见的矫正能力,相对于大多被告人来说,不可同日而语。与此同时,为了避免刑事答辩状给被告人带来不利影响,应当禁止法庭将之转交给控方,以防控方据之调查、补充控诉证据。如果可以的话,还可以考虑禁止在庭审过程中控方根据辩护意见有针对性申请补充侦查的情形出现,尽管这样做并不妨碍检察官撤诉后再起诉或者在法院作出证据不足的无罪判决后再起诉,但是它本身所蕴含的程序价值是难以低估的。

第二,完善辩护权行使机制。辩护权的行使方式有两种:一是被告人在没有他人帮助下的自行实施的辩护,属于自行辩护;二是被告人在他人帮助下而进行的辩护,属于辩护人辩护。辩护人辩护又根据辩护人身份的不同分为律师辩护和非律师辩护,其中律师辩护又根据授权形式的不同分为指定辩护、委托辩护。完善辩护权行使机制包括上述所有种类的辩护。自行辩护应首先重视对被告人的尊重与保护,避免被告人因怕而不敢辩;其次应强化公权力履行告知义务、加强侵犯自行辩护权的救济机制。指定辩护应通过优化法律援助的主体、拓展指定辩护的范围、确保指定辩护的资金保障以及强化辩护律师的职业伦理方面予以完善。委托辩护在强化辩护律师执业伦理的基础上,着重基于"委托"含义,构建被告人与辩护律师的协同主义机制,既刺激被告人的主动性又调动辩护律师的积极性。

二、规制公诉权

公诉权分为狭义的公诉权和广义的公诉权。前者是指检察官审查起诉后向法院提起公诉并出庭支持公诉等推进刑事诉讼程序进行的权利；后者除了狭义公诉外还包括终止诉讼程序的不起诉权。狭义的公诉权又被称为积极公诉权，广义的公诉权除了积极公诉权外还包括消极公诉权。学界通常认为公诉权包括提起公诉、支持公诉、变更公诉（追加、补充、撤诉）和上诉（抗诉或提请再审）四项基本权能。公诉权作为国家公权力的一种，具有较强的侵权性及极易被滥用的特征，故务必对其进行限制或制约。制约公诉权主要倾向于由外力介入地制约，基本理念在于权力制约权力，典型形态在于司法权对公诉权的制约，具体体现在于司法审查机制的运用。限制公诉权则倾向于公诉权的自我反省与自我约束。基本理念在于检察官的客观公正义务，典型形态在于检察权分化及检察机构的内部规制，具体体现为限制公诉权的随意性，尤其是公诉变更权的肆意。

第一，贯彻客观公正义务。所谓客观公正义务，是指在刑事诉讼中，检察官应以发现案件真实、实现司法公正为己任，站在客观公正的立场上，不偏不倚地进行刑事诉讼活动。检察官客观公正义务包括客观义务和公正义务两方面。客观义务要求检察官应当发现客观真实，依据证据积极行事，强调检察官发现案件实体真实的义务。公正义务要求检察官要依据法律和诉讼程序实施诉讼行为，强调检察官公正的解释法律、适用法律，保持中立之态，不偏不倚。虽然客观义务和公正义务各有侧重，但是它们有紧密联系。前者是后者的基础，后者对前者具有制约作用。当两者发生冲突时，应当以公正义务优先于客观义务的观念。换言之，检察官既要发现客观真实又要实现司法公正，而且司法公正具有优先性，即检察官应保持中立、不偏不倚、尊重与保护被告人的诉讼权利。检察官客观公正义务应摒除传统的司法理念，树立现代司法理念。传统司法理念强调证据制度的客观真实，刑事诉讼追究犯罪的目的；现代司法理念则主张，刑事诉讼应以发现客观真实为目标，但是发现客观真实时而难以做到；当发现客观真实不可能或者有损于公正时，应当依据现有的证据对案件事实进行认定。这也是新客观真实观的体现，其强调发现客观真实，又兼顾证据裁判主义，还避免了客观真实论的绝对化，与客观公正义务相契合。另外，现代司法理念还主张刑事诉讼人权保障目的的核心地位，"国家权力的行使应当以保障个人权利为宗旨，而不能反过来任意欺凌个人权利"，①现代法治国家也强调，当惩罚犯罪与保障人权冲突时，以保障人权优先。刑事庭前程序中也应贯彻检察官的客观公正义务，强调检察官发现事实真相，又要求检察官尊重被告人、不偏不倚，居中认定，且当两者发生冲突时，则以公正优先。

第二、限制公诉变更权。自由裁量权是指根据具体情况作出决定或裁定的权限。通常情况下，自由裁量权适用于行政领域，注重行政执法人员的个人经验与良心，而司法领域则遵循法定原则强调法的确定性与一致性。法律规范法定性通过实体法上的罪刑法定原则与程序法上的程序法定原则而被贯彻落实，只有确保法定原则，才能有效防止权力肆意妄为本质倾向。然而，绝对的确定性尚不存在，案件事实的复杂性和多样性决定了检察官和行政人员一样，要面对僵化的法条与鲜活的事实之间的矛盾。于是，检察官在司法过程中坚持灵活性与确定性相结合，而灵活性的实现即为自由裁量权。检察官自由裁量权是指检察官在法律规定的范围和幅度内，根据案件的具体情况，理性决断事实之认定、法律之运用的权力。

公诉权是检察权的核心内容，检察官自由裁量权也主要体现为公诉裁量权。所谓公诉裁量权，意指检察官对案件依照法律规定选择是否提起公诉以及提起公诉后是否变更公诉的权利。"是否提起公诉"包括提起公诉和不起诉，不起诉又包括了法定不起诉、酌定不起诉、附条件不起诉和存疑不起诉；"提起公诉后是否变更公诉"则是指，检察机关对已经提起的公诉，发现被指控犯罪主体、犯罪事实与证据以及适用法律条文与罪名等情况与起诉书不符，而予以更正、追加或撤回指控的权力。具体包括三种形态：更正公诉权、追加公诉权、撤回公诉权。所谓更正公诉权意指检察官对原起诉书的内容或形式的错误予以改正，抑或检察官行使公诉权的方式予以调整。其基本样态表现为"以新换旧"。如原起诉书对被告人、犯罪事实与证据、适用法律与罪名等作出订正，以部分新的内容代替旧的内容；或者检察官公诉权运行机制上的调整，如将对抗式的指控模式调整为协商式的指控模式，适时、适地、适度、适情灵活使用公诉权。所谓

---

① 谢佑平等：《刑事救济程序研究》，北京：中国人民大学出版社 2007 年版，第 28 页。

追加公诉权,意指在原提起的公诉基础上,将漏犯漏罪纳入原诉的范围。其基本样态表现为"原诉的扩张",此与"补充"行为类似。所谓撤回公诉权意指,将已经提起的公诉予以撤退,回到没有提起公诉的状态。撤回公诉权主要是基于指控的错误或行为不应追究刑事责任等法定情形,其基本样态表现为撤回部分或全部起诉,即为全部或部分起诉消灭。

　　检察官提起的公诉有权进行变更,尤其是以于审判程序开始之前的公诉变更为主要趋势,已是各国通例。就我国而言,检察官在刑事庭前程序阶段也应当拥有公诉变更权。基于平衡法安定性与法公正性之间的利益冲突,刑事庭前程序公诉变更权应从变更公诉的实体边界和变更公诉的程序边界予以限制。实体性边界是指公诉权变更的实体限制,应确立公诉事实同一性的变更公诉制度。在刑事庭前程序中,庭前法官原则上应当准许,检察官在不妨碍公诉事实同一性的范围内,变更起诉书中记载的犯罪主体、犯罪事实以及法律评价。程序性边界是指,公诉权变更的程序限制,应从变更公诉权的时间设定、权力制约和权利保障三个角度,厘定变更公诉权的程序边界。时间设定是指将不利于被告人的变更限定于刑事庭前程序,庭审程序中可以启动有利于被告人的变更公诉程序;权利制约,是指刑事庭前程序应架构"庭前法官主导、检察官制衡"模式,健全检察官与法官相互制衡机制,确保变更公诉权的正当程序。具体而言,该模式要求检察官在变更公诉前必须经过庭前法官审查同意,另一方面,庭前法官在庭前程序期间发现起诉指控的法律评价使用不当,应当建议或命令检察官予以变更;权利保障,即为完善刑事庭前程序变更公诉权程序中被告人的权利保障机制。其保障机制可以分为:首先,明确赋予被告人知情权,即检察官作出变更公诉权决定后,庭前法官应当将变更内容及时告知被告人及其辩护人;其次,保障被告人辩护机会与准备时间,即被告人及其辩护人对变更公诉权有异议,庭前法官适时组织控辩双方对变更部分进行质证和辩论。对于变更公诉权的案件,庭前法官可以裁定延期准备,以给被告人及辩护人准备时间;最后,完善被告人的程序性救济机制。对不应变更而变更,抑或应当变更而不变更的情形,或者没有保障被告人及辩护人知情权或辩护机会与准备时间,对被告人造成了实质性损害的,赋予被告人及辩护人据此提起上诉的权利。

三、规范庭前法官诉讼指挥权

　　法庭为审判法官业务工作的主要存在空间,而审判法官则是法庭的主角之一,借助法庭得以法律之实施;法官与法庭之间可谓相互依存,须臾不可分离。从法官"掌控""主导"法庭到法官"主持""指挥"法庭的转变,可以得出我国刑事诉讼审判方式从超职权主义诉讼模式迈向当事人主义诉讼模式的历史发展脉络。所谓法官诉讼指挥权就是指,为了实现刑事审判程序公正、有序和高效地开展,法官享有的对刑事诉讼程序进行组织、安排、引导、管理、裁决等的诉讼职权。诉讼指挥权与实体裁决权、事实查证权一并组成审判权的完整形态。实体裁决权与事实查证权是审判权的核心内容,前者涉及到法律的适用和事实的认定,后者是法官实体裁决权依据,既包括积极性查证也包括消极性查证。诉讼指挥权则是法官对刑事诉讼程序进程的管理与控制,是实体裁决权和事实裁决权得以存在并良好运行的空间,其主要目的就在于保证刑事审判程序公正、有序高效地运行。

　　诉讼指挥权行使的主要范围限于审判程序,其实施主体为庭审法官。虽然刑事庭前程序具有独立的诉讼阶段,不隶属于庭审程序,但是刑事庭前程序也具有诉讼三方主体基本的诉讼结构,并对控诉方的控诉也进行类似于庭审程序中的审查,其审查结果以刑事裁定的形式出现,甚至于不移交审判的裁定将最终终止诉讼程序的继续进行;另外庭前审查中的庭前会议和争点整理,也能就诉讼程序的相关事项进行裁决,并使得诸如公开审理、回避、非法证据排除以及分门别类地整理控辩双方争议焦点,以便于庭审程序的集中、有序、高效运行。所以,刑事庭前程序也具有庭审程序的特点,庭前程序与庭审程序一并构成审判程序,庭审法官在庭审程序中享有庭审程序的诉讼指挥权,而庭前法官则对庭前程序享有庭前程序的诉讼指挥权。这应为理所当然之事。那么,庭前法官诉讼指挥权则是指庭前法官对刑事庭前程序安排与管理、引导与裁决的诉讼职权。具体为:应被告人及辩护人申请,庭前法官对庭前审查程序中公诉审查、证据开示、调查证据、证据保全、程序分流的组织、安排、引导、管理与裁决;

庭前法官对庭前准备程序中的争点整理、庭前会议以及常规事务性通知与送达等的组织、安排、引导、管理与裁决。

法官诉讼指挥权的内容界定,观点不一。我国台湾学者蔡墩铭教授认为诉讼指挥权包括阐明权、禁止权、权限、介入权;而龙宗智教授则认为,法官诉讼指挥权内容包括庭审引导权、规则维护权、诉讼权限、秩序维持权,而不应该包括介入权(事实查证权)。笔者认为法官诉讼指挥权应当包括诉讼权限、诉讼裁决权、诉讼引导权、程序控制权和秩序维持权。诉讼权限是指法官对控辩双方和其他诉讼参与人的申请,进行审查批准能够实施某一种诉讼行为的权力。它包括消极权限和积极权限。前者是针对申请而决定是否同意的权利,后者是针对违反诉讼规则或证据规则的行为主动予以禁止或纠正的权力。诉讼裁决权是法官对控辩双方有异议的事项作出裁决的权力。诉讼引导权包括狭义诉讼引导权和广义诉讼引导权,前者指法官通过事实与证据争点整理,引导控辩双方针对案件焦点或争议点进行举证、质证,以便于查明案件真相;后者包括除狭义引导权以外还有告知权和释明权。告知权是法院就诉讼权利和义务等向诉讼参与人的告知和解释。释明权是法官以发问和晓谕的方式将当事人不明白的声明或不清楚的陈述予以澄清的权能。来源于民事诉讼法,也可以引入刑事诉讼法中运用。程序控制权则是指法官对刑事诉讼程序的安排的权力。秩序维持权即法官对违反法庭秩序的行为予以惩罚的权力。与此同理,庭前法官对刑事庭前程序享有的诉讼指挥权也是由诉讼权限、诉讼裁决权、诉讼引导权、程序控制权和秩序维持权构成。

正如庭审法官是庭审程序的指挥者一样,刑事庭前程序的指挥者,非庭前法官莫属,其指挥着控辩双方庭前交往,共同推动刑事庭前程序。刑事庭前程序能否顺利进行,完成使命,不仅仅要有完善辩护权、限制公诉权,还要有规范庭前法官的行为,庭前法官的行为对于庭前程序而言具有指挥功能、协调功能以及决断功能。规范庭前法官的行为对于刑事庭前程序至关重要,其理想状态下的行为规范主要体现为:首先,平等地对待控辩双方。庭前法官给予控辩双方对等的诉讼机会并保障控辩双方诉讼权利的实现,尤其是给被告人及辩护人对等的机会,尊重并保障其诉讼权利的实现,这是刑事庭前程序得以实施的前提,也是其实现功能与意义的保障。其次,理性地思辨,谨慎地言行。庭前法官对案件理应着眼于控辩双方提交的事实与证据,从众多繁杂的材料中,由表及里、去伪存真,进行理性分析和综合评判,形成"内心确信",抽离出客观真实,并坚守程序公正。除此之外,庭前法官与庭审法官一样,应谨言慎行,既不要妄加评论,又不能擅自行为。最后,客观公正地裁决。庭前法官对庭前程序中的事项进行裁决时,更需要坚持法律为准绳,排除外界因素干扰,依据内心确定,依法做出裁决。

第五章

我国刑事庭前程序的具体建构

通过界定内涵与功能、审视境外与境内、梳理现状与原因、厘定模式与框架的一系列探讨、对比、商榷、分析,其最终目的还在于探讨构建既符合我国现实国情又能对未来有所涵摄的刑事庭前程序。所谓符合现实国情,意味着刑事庭前程序的构建要面对现实,实事求是,充分考虑我国刑事诉讼法发展的现实情况,立足于此,求真务实;所谓对未来有所涵摄,意味着刑事庭前程序的构建要以世界的眼光,开放的胸怀,认真学习并借鉴当代法治国家体现诉讼民主和公正的有益经验,勇于更新理念,跟上最新动态,及时调整、变革刑事庭前程序的有关制度和程序。为此,在宏观框架设计的基础上,我国刑事庭前程序的具体构建分为以下五个方面。

第一节 刑事庭前程序之要素组成

制度作为一个系统,是由各种不同的要素组成的综合体。制度之组成要素分为主观要素和客观要素,两者相互依存、彼此制约、互相弥补。刑事庭前程序也由诸多的主观要素和客观要素组成,主观要素是指刑事庭前程序得以运行中的人的要素,即刑事庭前程序中的主体,主体是制度的核心要素;客观要素是指刑事庭前程序主体在组织、安排程序运行的过程中呈现出来的行为的具体指向及其判定行为的标准和后果。综合而论,刑事庭前程序的组成要素分为,刑事庭前程序的主体、内容、方式、标准和结果。

一、刑事庭前程序的主体

诉讼程序需要主体推进,刑事庭前程序的主体是指刑事庭前程序中的参加者。就我国刑事庭前程序而言,其参与主体应包括控辩审三方组成。

第一,提起公诉的检察官应当是刑事庭前程序的主体。一方面,检察官是刑事诉讼程序的诉讼主体之一,作为刑事诉讼程序有机组成部分的刑事庭前程序,提起公诉的检察官理应出席。另外,我国检察系统坚持"一类事项原则上由一个部门统筹、一件事情原则上由一个部门负责",分门别类地划分案件,实现"捕诉合一"制度,改变原来的批准逮捕与提起公诉由不同部门、不同人员分开负责而导致工作重复、效率不高、衔接不畅等现象。这就是批捕权和起诉权由同一个检察官或者检察官办案组行使的"捕诉合一"。"捕诉合一"是在司法责任改革的背景下,推进员额制检察官制度,配合"以审判为中心"诉讼制度改革的必然要求。在刑事庭前程序中,参加庭前程序的检察官既是提起公诉的检察官,又是批准逮捕的检察官,还是庭审程序出庭支持公诉的检察官,使得多重职能于一身。这种从侦查阶段就介入其中的检察官,有司法责任制这一司法改革"牛鼻子"的牵制,必定将全身心地投入、集中精力地办案,有利于庭前审查、证据开示、程序分流以及庭前会议等诉讼机制的落实,也便于刑事庭前程序中其他诉讼机制的高效运转,保质保量地解决纠纷,处理案件。

第二,辩护方由被告人及其辩护人共同承担。辩护权是一项基本权利。基本权利是任何一个公民所享有的,确保其生存、发展以及维护尊严而必须享有的权利。"这种权利既不是造物主或君主赋予的,也不是国家或宪法赋予的,而是人本身所固有的,同时又多为宪法所认可和保障,为此其固有性和宪法规定性是相互统一的。"①辩护权是被告人的核心权利。被告人是刑事诉讼程序的诉讼主体之一,刑事诉讼程序主要围绕着被追诉人是否犯罪以及如何量刑而展开。作为诉讼主体,在控诉方拥有

---

① 林来梵:《从宪法规范到规范宪法》,北京:法律出版社 2001 年版,第 80 页。

指控权的前提下,被告人拥有辩护权是基于控辩平等对抗的诉讼理念之事。况且,被告人拥有辩护权既是维护其自身权利的有效手段也是司法公正得以实现的基础。所以,无论从诉讼程序的角度还是从司法公正的角度、抑或从保障权利的角度而言,辩护权都是被告人最基本、最重要的权利,处于被告人诉讼权利的核心地位。由此可见,被告人作为辩护权的权利主体,也当然地具有行使刑事庭前程序辩护权的主体地位,这是被告人成为刑事庭前程序诉讼主体的基础。辩护权表现为一种诉权。诉权的行使方式即为通过向司法机关提出申请,希望其给予协助或保障。刑事庭前程序包容了庭前审查、庭前会议、非法证据排除、证据展示、案件争点整理、程序分流等一系列的制度,而且这些制度与被告人"利益攸关"。所以,被告人在刑事庭前程序中应当拥有提出申请调查证据的权利、申请证据开示以及申请排除非法证据等权利,应该成为刑事庭前程序不可或缺的人员。

辩护人也是辩护权的权利主体。毋庸置疑,在刑事诉讼程序中,辩护权是被告人的辩护权,被告人是辩护权的权利主体。因此,可以肯定地说,辩护权的第一权利主体指向于犯罪嫌疑人、被告人。辩护人基于犯罪嫌疑人、被告人的委托或法律援助机构的指派而参加诉讼程序,其责任是根据事实和法律,提出犯罪嫌疑人、被告人无罪、罪轻或者减轻、免除其刑事责任的材料和意见,维护犯罪嫌疑人、被告人的诉讼权利和其他合法权益。在委托辩护的情况下,辩护人的辩护权来源于犯罪嫌疑人、被告人的委托,或者言之为,犯罪嫌疑人、被告人依据法律规定基于信赖关系将其辩护权委托给辩护人行使。作为辩护权的享有者,被追诉人可以决定权利行使与否以及如何合法地行使。被追诉人可以对辩护人失去信任而撤销授权,也可以因信任的消减,而授权辩护人行使部分辩护权利,或者被追诉人决定和辩护人一起行使辩护权。这是不违反权利之本质要求的。在指派辩护的情况下,辩护人的辩护权来源于法律之规定。为保障公民和有关当事人的合法权益,保障法律正确实施,维护社会公平正义,国家建立了为经济困难公民和符合法定条件的当事人无偿提供刑事辩护的刑事法律援助制度,公安司法机关对没有委托辩护人的犯罪嫌疑人、被告人,通知法律援助机构指派律师担任辩护人提供刑事辩护服务。辩护人的辩护权来自法律的明确规定,具有法定性之特征。

刑事辩护制度是刑事诉讼程序中不可或缺的部分,任何放弃或忽视辩护制度的刑事诉讼程序都是蹩脚的程序、民主的丧失与强权的彰显。辩护制度中的辩护人,尤其是辩护律师又是辩护制度中最为常见且较为重要的组成部分。从某种程度上说,辩护人尤其是刑事辩护律师的存在是刑事诉讼程序正当性的基础,更是一个国家法治文明程度的标尺。因此,辩护人尤其是辩护律师则是刑事庭前程序坚守实体公正与程序公正的保障,辩护人成为刑事庭前程序的诉讼主体,理所当然。需要强调的是,尽管作为权利的主体享有行使权利的自主性,但是并不意味着权利主体就必然在场。易言之,虽然被告人作为辩护权的权利主体,但是并不意味着被告人必然于所有的诉讼程序中都在场。被告人是否在场主要取决于被告人的自我意识,除此之外,还要基于诉讼效率以及其他因素的考量。当被告人放弃在场权时,或者被告人不在场既不会致使其权利受损,反而对诉讼效率或其他诉讼价值有所增加时,有权机关亦可以决定被告人不在场。因此,在刑事庭前程序中,被告人是否在场,首先取决于被告人自我的真实意思表示,其次还应权衡被告人不在场遭受的诉讼权利损失及诉讼价值消减的情况。刑事庭前程序在被告人有正当理由不能参加或拒绝参加时,抑或司法机关在权衡被告人在场与不在场造成诉讼价值增减情况后拒绝其在场,而正常举行刑事庭前程序也是未尝不可的。这在境外国家或地区的刑事庭前程序中也有类似的规定。

第三,审判方应由审判长或合议庭其他审判员承担。就审判方参与刑事庭前程序的主体而言,争议问题主要集中于刑事庭前法官与庭审法官是否分设。赞同刑事庭前法官与庭审法官分设的理由有:刑事庭前程序的特殊性、可有效避免有罪预断对庭审的影响以及司法实务中有委托合议庭以外审判人员参与的需求;反对刑事庭前法官与庭审法官分设的理由主要基于诉讼资源的有限性和诉讼效率的迅速性。[①] 纵观两种观点,得失利弊互有分说。赞同观点认为有利于发挥庭前程序的功能并避

---

① 参见邓陕峡:《我国刑事庭前会议的实证研究与理论阐述》,北京:中国政法大学出版社 2017 年版,第 74 – 76 页。

免庭前预断的影响；反对观点认为从诉讼资源及诉讼效率的角度，更符合我国刑事审判的现实，但是两者互补，相得益彰之功效最佳。在综合比较、认真分析、谨慎设置的基础上，笔者认为我国刑事庭前程序的审判方应由庭审法官担任。在法官员额制及法院人员分类管理制度改革背景下，单独设立庭前法官还缺乏现实条件，庭前法官与庭审法官不分设更加符合当下司法实务现实需求。但是，庭前法官与庭审法官不分设并不代表不能进行调整或革新，审判方的具体人员为案件的庭审法官更为适宜。一方面，预断乃人类认知思维的内在要求，既无法排除又难以避免，且在一定程度上实乃认识外部世界的必要之举。回到刑事诉讼程序中，法官庭前预断并不必然形成先入为主的认知或判断，甚至形成所谓的内心确定无疑与笃定。这种认知心理学上的观点在被刑事法学者无形地放大过程中，也仅仅存在学者们的"预断"，司法实践中并无实证研究确定预断与庭审形式化之间具有必然性关系，甚至预断与损害司法公正之间具有逻辑关系。另一方面，庭前法官的配备应紧密配合法官员额制司法改革，使得庭前法官的指定、配备最终体现或落实为法官员额制中的员额法官。法官员额制改革与司法责任制是我国深化司法改革的举措，员额制旨在去司法行政化，司法责任制旨在实现"审判者有权，审判者担责"，力除司法地方化。这两者的结合是我国司法改革的着力点，强调法官的专业化、司法的去行政法化和司法的去地方化，提高司法公信力，增强司法权威。换言之，庭前法官的构成应以审判长为主，合议庭其他审判员为辅。在两者不分设的前提下，合议庭内部应当予以适当分工，指定合议庭成员之一主要负责刑事庭前程序，并设置庭审时向法庭报告制度。这样既能协调赞同说与反对说，又能及时有效将庭前结果运用到庭审之中，确保刑事庭前程序功能实现。

二、刑事庭前程序的内容

刑事庭前程序为提起公诉之后，法院开庭审判前的诉讼阶段，其主要内容包括对公诉案件的审查以及正式开庭审判的准备。因此，我国刑事庭前程序主要包括刑事庭前审查程序和刑事庭前准备程序两个部分。

第一，刑事庭前审查程序。刑事庭前审查程序主要表现为庭前法官通过庭前审查机制，审核起诉是否具有适当理由与合理根据，是否具备移交审判的条件，进而过滤不适当或者不必要的公诉案件进入审判程序，实现审判权对公诉权的制约，防止公诉权滥用，保护被告人的诉讼权利以及防止诉讼资源的浪费，在一定程度上保证了审判程序的正当性。另外，刑事庭前审查程序对涉及的证据问题和程序性问题预先进行处理，如证据开示，尤其是对控辩双方在证据预先处理基础上的协商式司法予以回应，开展以案件繁简程度及协商式司法为条件的程序分流，能够加快诉讼进程，实现提高诉讼效率的目的。从某种意义上说，刑事庭前审查程序是以过滤案件为手段，以权力制约为形式，以保护被告人人权、避免浪费诉讼资源和提高诉讼效率为目的。

由于我国对刑事庭前审查机制的功能认识不足，该审查程序历经从实质性审查和法官调查取证转变为现行的程序性审查，即由实质性审查转变成程序性审查，最终导致刑事庭前审查程序彻底成为形式化的、履行手续式的过程。立法机关所设置的程序性庭前审查机制既无法实现过滤案件、制约公诉权也无法实现程序分流、提高诉讼效率，更没有设置证据开示和证据保全等机制保障被追诉人权利。这种情况具体落实到刑事司法实践中，就出现了不尽如人意的状况：如本不应该交付审判程序的案件交付了审判，使得法院进退维谷，公诉方以撤诉而致使案件脱离诉讼程序之规制，致使被追诉人承受着诸多不利后果。鉴于刑事诉讼程序所要排除的是偏见而不是预断，更不是被告人的程序选择权，笔者认为刑事庭前审查程序可以由两部分组成：以辩护方是否申请审查为标准，刑事庭前审查程序区分为辩护方申请的实质性审查和辩护方不申请的程序性审查。所谓实质性审查是指庭前法官对控诉方移送的全案案卷和证据，进行案件事实和证据的审查。所谓程序性审查是指庭前法官不对检察官移送的全案案卷和证据进行事实和证据审查，仅就起诉书程序性事项予以审查。实质性审查意味着，被告人及其辩护人对控诉方提起公诉的案件有异议，而向受理案件的法院提出对该案件进行庭前审查的申请，庭前法官针对已经移送的全案案卷和证据进行事实和证据的全面审查，以核实案件是否存在不当起诉和不必要起诉以及是否存在侵害被告人诉讼权利的情况。程序性审查意味着,庭前法官在被告人及其辩护人没有提出庭前审查申请的前提下对起诉书进行的符合法律规定形式的审查,既不核对事实也不过问证据。

第二,刑事庭前准备程序。刑事庭前准备程序主要表现为庭前法官通过庭前准备机制"使人与物能齐聚于审判期日"[1]。刑事庭前准备程序为了审判程序能够集中审理,庭前法官通过合议庭的组成、传票、通知书的送达等常规性准备事项,以及对于重大、复杂的案件,为了避免审理期限过长而依职权或依申请召集控辩双方到庭进行的庭前会议,实施准备程序,处理准备程序所涉及的有关问题。如,询问被告人是否做有罪陈述;被告人是否申请人民陪审员组成陪审合议庭;确定起诉效力范围以及有无变更诉讼的情况与事由;整理案件事实和证据的争点;审查辩方提出的非法证据排除申请;辩方庭前提出的证据调查和证据保全申请;以及庭审程序中法庭调查阶段证据调查的范围、顺序和方法等。

2012 年《刑事诉讼法》增设了庭前会议制度,以便于庭审法官确定审判重难点、提高审判效率、保障审判质量。但是,由于庭前会议功能定位不明、程序设置缺位、辩护权保障不足、法律效力模糊等一系列问题不断突显,导致庭前会议在刑事司法实践适用率并不高,甚至很多司法人员以及学者对刑事庭前会议的必要性与合理性产生了质疑,于是对刑事庭前会议制度加以完善业已成为我国刑事庭前准备程序的必然之举。另外,刑事庭前准备程序对辩护方申请证据调查、证据保全以及非法证据排除予以必要之准备,实乃刑事庭前准备程序实现集中审判原则的关键。除此之外,刑事庭前准备程序还应当增设事实和证据争点整理制度。这些在我国现行刑事诉讼程序中还都没有涉及,刑事庭前准备程序尚显不足。

鉴于刑事庭前准备程序的重要性,笔者认为以准备事项的具体内容为标准,我国刑事庭前准备程序分为常规性准备程序和非常规性准备程序。常规性准备程序主要包括确定审判人员、送达起诉书、告知委托辩护人或指定辩护、传票或通知书的送达等事项。在常规性准备事项中,庭前法官应与控辩双方充分协商准备事项,避免庭前法官一意孤行而造成的

---

[1]　林钰雄:《刑事诉讼法》(下),北京:中国人民大学出版社 2005 年版,第 174 页。

权利保护失当、权力行使失范。非常规性准备程序是指并非所有刑事庭前程序必经之程序,主要指庭前会议、事实和证据争点整理以及证据预先处理等程序。根据非常规性准备程序之内涵与性质,非常规性准备事项分为依职权的非常规性准备事项和依申请的非常规性准备事项。依职权的非常规性准备事项是指庭前法官根据案件性质严重、社会影响重大、案件事实繁杂、涉及证据较多以及涉案人员众多等情况决定启动的庭前会议和争点整理程序等。依申请的非常规性准备程序是指在庭前法官未决定举行非常规性准备程序的情况下,由控辩双方申请举行非常规性准备程序。非常规性准备程序包括庭前会议、争点整理以及证据预先处理等内容,其中就庭前会议而言,应从庭前会议的启动、庭前会议的程序以及庭前会议的效力等几个方面进行完善。就争点整理而言,建构我国刑事案件争点整理制度的主体要素、客体要素、时空要素、结果要素;鉴别并区分实质性争点与非实质性争点,将实质性争点分为实体性争点与程序性争点;明确争点整理程序的运行机制。就证据的预先处理而言,刑事庭前准备程序,尤其是在庭前会议或者争点整理中应当允许辩护方申请庭前法官调取相关证据以弥补其取证能力的不足;构建我国刑事证据保全制度;允许辩护方申请庭前法官对相关证据进行保全以弥补其举证能力的不足;允许辩护方申请庭前法官排除非法证据以弥补其质证能力的不足。

三、刑事庭前程序的方式

纵观世界各国刑事庭前程序的方式,共有书面审查方式和言词审查方式。所谓书面审查方式是指,庭前法官在刑事庭前程序中根据控辩双方提交的案件事实和证据进行阅卷,而不需要以开庭质证、辩论进行审查的方式。在书面审查中,庭前法官的任务实际上就是审查双方提供的书面资料,这些书面资料包括检察官移交的全部案件卷宗,也包括控辩双方提供的书面陈述。庭前法官审查的目的在于判断这些书面资料是否符合法律规定的条件。所谓言词审查方式又可以称为辩论式审查,是指在刑事庭前程序中庭前法官通过传唤证人出庭并接受控辩双方的交叉询问,为控辩双方提供充分的举证、质证和辩论机会的审查方式。言词审查方式类似于庭审方式,由庭前法官组织、指挥,控辩双方通过各自的举证、质证以及辩论行为推动刑事庭前程序的进行。庭前法官的任务是通过控辩双方的诉讼行为判断案件是否符合移交审判的条件等事项。总体而言,书面审查方式有利于提高诉讼效率,但容易导致刑事庭前程序的形式化;言词审查方式为控辩双方提供了充分参与及辩论机会,有利于实现刑事庭前程序的公正审判及权利保障的功能,但其耗时费力,增加诉讼成本,延缓诉讼效率。可见,无论是书面审查方式还是言辞审查方式,都有其利弊得失。

我国刑事庭前程序方式应正视书面审查与言词审查的优缺点,理性选择适当的方式进行。首先,庭前法官适用的方式应当依据刑事庭前审查程序和刑事庭前准备程序的不同而有所变化。其次,由于刑事庭前程序所要解决的主要问题是案件是否符合开庭审判的条件,是否将案件移交审判以及移交审判程序的案件进行开庭审判前的准备事项,不同于庭审程序断定案件事实、评价证据运用、适用法律规定,所以刑事庭前程序的方式也应与庭审程序不同。最后,庭前法官采取何种方式进行刑事庭前程序也应平衡控辩双方之间的关系。言而总之,我国刑事庭前程序应当采取"书面与言词相结合"的方式,详细论述如下:第一,就刑事庭前审查程序而言,笔者认为实质性审查程序采用以言词为主,而程序性审查程序采用以书面为主。因为,实质性审查程序是基于辩护方对控诉方提起公诉的异议而申请审查,也正是由于辩护方申请才对案件进行实质性审查,以防止公诉权的滥用,保护被告人的人权,所以对实质性审查程序采用以言词审查为主的方式。尽管言词审查有可能延缓诉讼效率,但是在维护公正与保障人权面前,诉讼效率实属于下位价值。与此同理,程序性审查采用以书面审查为主的方式。这也是基于被告人权利保障以及平衡公正与效率关系的考量。就具体落实而言,在实质性审查程序中,庭前法官在查阅全部案卷资料的基础上组织并指挥庭前审查程序(或者称之为庭前听证程序),控辩双方到庭参加听证,并通过举证、质证及辩论的方式进行。首先由检察院对指控的犯罪事实和证据进行陈述,然后由被告人及其辩护人对事实和证据发表意见,被告人可以不参加庭前听证,但是须有其正当理由。证人应当出庭作证并接受控辩双方的交叉询问。庭前法官在必要时可以依职权或依申请询问被告人或证人。以言词方式举行的庭前审查程序应在自辩护方申请之日起十日内作出裁定;以书面审查方式进行的庭前审查程序应在自辩护方申请之日起三日内作出裁定。第二,就刑事庭前准备程序而言,笔者认为常规性准备程序以书面方式为主,而非常规性准备程序则以言词方式为主。常规性准备事项是审前准备程序的重要环节,每一项活动都涉及诉讼能否顺利进行,关系到庭审的质量,甚至影响到判决的既定力。由于常规性准备事项是在案件系属法院之后,被理解为审判活动的必然之内容,由法官组织、指挥进行。其体现在刑事庭前准备程序中,则是由庭前法官以书面的方式进行最为恰当。非常规性准备事项主要以庭前会议为中心而开展的准备性事项,其包括庭前会议、事实和证据争点整理、证据预先处理(申请调查证据、申请证据保全、申请非法证据排除)以及涉及程序分流程序的延续问题等。事实和证据争点整理、证据预先处理以及程序分流都在庭前会议制度的涵摄之内,所以从这方面说,刑事庭前准备程序就包括了常规性准备事项和庭前会议。鉴于非常规性准备事项分为依职权的非常规性准备事项和依申请的非常规性准备事项,也就是说庭前会议分为依职权启动和依申请启动两类,前者涉及特殊情况,后者涉及程序启动主体多元化。因此笔者认为,对于庭前会议而言应当以言词方式为主,当且仅当言词方式有阻碍诉讼、延缓效率、不当侵权之虞时才能适用书面方式进行。其中证据预先处理以言词方式为主、以书面方式为辅。就证据调查而言,当庭前法官同意庭前证据调查之申请时,庭前法官应当组织控辩双方同时在场,一并进行证据调查行为;就证据保全而言,其中只要涉及先行询问证人的事宜,也就是说,当证人于审判时不能到庭的情况,控辩审可以在庭审之前询问证人,对证据予以保全。就争点整理而言,其参与主体包括控辩审三方,其中庭前法官负有组织指挥以及裁决之职能,控辩双方则对案件事实和证据展开对质与辩论,庭前法官汇总并形成有异议争点清单和无异议争点清单。可见,在争点整理过程中以言词方式进行是该制度得以良性运行的必备条件。

四、刑事庭前程序的标准

刑事庭前准备实为案件被裁定移交审判之后为庭审而做准备的机制,其只有是否充分之说而不存在准备标准之虑。所以,所谓的刑事庭前程序标准主要是指刑事庭前审查程序的标准,也就是说,庭前法官对公诉案件进行审查后是否作出移交审判的标准。符合标准,庭前法官作出移交审判的裁定;否则,庭前法官根据案件情况适时作出其他适当的判断。按照现行刑事诉讼法的规定,我国检察官提起公诉的证明标准与法官做出有罪判决的证明标准是一样的,即是"案件事实清楚,证据确实、充分"。究其缘由可知,我国刑事诉讼程序中的庭前审查机制一直被弱化,不具有实质性的庭前审查机制,法院对检察院提起公诉的案件都应当立案受理,于是法院在审查时也就想当然地依照有罪审判的标准予以审查,避免由于庭前审查过失进入庭审程序的案件与有罪判决的案件在认定标准上的不一致而给法院带来的不必要风险。另外一个原因就是,我国刑事诉讼程序证明标准的一元化。"案件事实清楚,证据确实、充分"贯穿于整个刑事诉讼程序中,不区分诉讼阶段的差异,也不区分诉讼主体的不同。

然而,证明标准的层次化体系已经在法治国家的刑事诉讼程序中得以确立,一般都在不同的诉讼阶段适用与之相对应的证明标准、针对不同的对象适用不同的证明标准以及诉讼主体的不同也适用不同的证明标准。我国刑事诉讼证明标准也应当从一元化走向多元化,从单一标准走向层次分明的多重证明标准。就刑事庭前审查程序而言,由于刑事庭前审查程序的任务与庭审程序的任务完全不同,也就不能适用同一个诉讼证明标准。若证明标准相同,刑事庭前审查机制的存在意义则损失近半,欲于庭前审查过滤不当诉讼或不必要诉讼之目的也将难以达成。所以,刑事庭前审查程序的证明标准与庭审程序的证明标准应当有所区别,且前者的证明标准应低于后者的证明标准。有学者认为,审查起诉阶段的证明标准应为"优势标准",即检察院审查侦查终结移送的案件材料认为起诉获得有罪判决的可能性要大于无罪判决的可能。[①] 笔者认为这是可行的。审查起诉的证明标准为"优势标准",那么,检察院认为符合"优势标准"即可提起公诉;庭前法官对已经提起公诉的案件进行实质性审查时应略高于审查起诉的标准且低于庭审定罪的标准。笔者认为刑事庭前审查标准应该适用"有合理的证据证明被告人实施了被指控的罪行"中的"有合理根据"的标准。"有合理根据"证明标准包含三层含义:第一,有证据证明发生了犯罪事实;第二,有证据证明被指控被告人实施了该犯罪事实;第三,证明被告人实施犯罪行为的证据是明显的。三个条件同时具备即可认为检察院提起的公诉具备了移交审判的条件,应当作出移交审判的裁定。换言之,庭前法官对公诉案件进行庭前审查时,只要有明显的证据证明发生了犯罪事实且该犯罪事实是被指控被告人所实施的,即可以作出移交审判的裁定。

五、刑事庭前程序的结果

虽然刑事庭前准备程序中的诸多事项也应有准备之结果,如非法证据是否得以排除之结果、争点整理之结果等,但是此等结果仅仅具备准备性,即使非法证据在刑事庭前程序中没有得以排除,在庭审程序仍然可以作为辩护方辩护手段之一提起动议。因此,刑事庭前准备程序中的准备事项则不具有终局性,仅为准备性的活动,即使准备不足或准备有碍,在庭审程序中还允许再次提出并予以补正。本部分所说的刑事庭前程序结果仅指刑事庭前审查的结果,即当庭前法官做出不予移交审判裁定或驳回起诉的裁定时,该案件的诉讼程序将有可能就此终结。

现行刑事诉讼法对刑事庭前审查程序的审查结果有:裁定终止审理、退回检察院、限期补正以及被告人真实身份不明但符合刑事诉讼法相关规定的受理。值得注意的是,现行刑事诉讼法取消了法官在刑事庭前审查后作出"不予受理"的决定。更言之,根据现行刑事诉讼法的有关规定,

---

① 参见陈海锋:《刑事审查起诉程序正当性完善研究》,华东政法大学,2013 年,博士论文,第 278 页。

但凡提起公诉的案件法院都应当受理,没有不予受理或驳回起诉的权力,即使认为提起公诉的材料不全,也只能要求其限期予以补正。为了更好地发挥刑事庭前程序的功能,笔者认为我国刑事庭前审查的结果应当包括以下几种:第一,裁定移交审判。若符合刑事庭前审查的标准,则作出移交审判的裁定。该裁定也应当明确指控的犯罪事实、负责审判的法庭并作出对被告人是否羁押、继续羁押或者变更强制措施的决定。裁定书应当送达检察院和被告人及其辩护人。对于移交审判的裁定不得上诉。第二,裁定驳回起诉。若检察官提供的证据不足以认定被指控的罪行,则裁定驳回起诉。驳回起诉的裁定应当附具理由;若起诉书形式上有瑕疵,应限三日补正,否则裁定驳回起诉。裁定驳回起诉的案件,只有依据新事实或者新证据才能再行起诉。裁定书送达检察院和被告人及其辩护人。对不驳回起诉的裁定,可行上诉。第三,裁定不予受理。包含起诉程序违法;重复起诉;告诉才处理因未经告诉或已经撤回告诉;曾经不起诉、撤回起诉或者附条件不起诉期满未经撤销的,没有新的事实、证据而再次起诉;被告人死亡;对被告人无审判权。第四,裁定不予追诉。庭前审查后,案件具有下列情形之一的,应当裁定不予追诉:已经判决确定、时效已经完成、已经赦免、犯罪后法律已经废止刑罚。第五,决定开庭审理。被告人未申请庭前审查的案件,法院进行程序性审查后,符合起诉标准的,法院应当作出开庭审理的决定。

第二节　刑事庭前程序之证据预先处理

事实与证据是所有诉讼程序都必须面对的两个问题。诉讼程序通过运用证据,认定事实,进而解决纠纷,起到定纷止争的效果。在诉讼之范畴内,事实至关重要,但是证据却是认定事实之基础与依据,可以说是重要之重要。虽然刑事庭前程序与庭审程序需要完成的任务不同,但是在处理案件所要涉及到的情况是一样的:都要在证据的基础上处理案件事实,也只有以证据为根据,才能实现诉讼之公正、人权之保障。所以,刑事庭前程序也要直面案件事实和证据,尤其是庭前法官在庭前审查程序中,审查检察官提交的证据能否证明被告人实施了被指控的犯罪事实,这主要涉及到庭前法官对证据的处理。刑事庭前程序之证据处理主要是指,庭前法官在刑事庭前程序中对有关证据预先进行处理,以避免全部在庭审程序中解决而影响庭审程序的正常进行,不必要的延误诉讼程序。这包括申请庭前调查证据、证据开示、证据保全以及非法证据排除。这些证据预先处理贯穿于刑事庭前程序的全过程,但是刑事庭前程序的两个组成部分对其也有所侧重。证据开示主要适用于刑事庭前审查程序中,庭前法官在审查公诉案件之时,由控辩双方进行双向开示各自所掌握的证据,既有利于庭前法官审查又便于控辩双方协商处理纠纷以及选择处理纠纷的程序。申请调查证据、证据保全以及证据排除主要适用在刑事庭前准备程序中,也主要是基于辩护方的申请,辩护方通过刑事庭前审查知悉有关情况,但对可能用于庭审的证据无力调取,则应当允许辩护方申请庭前法官予以协助;对于可能灭失、毁损的证据,允许辩护方申请证据保全,尤其是对有正当理由而无法出庭的证人予以预先询问;对于采取非法手段获取的证据,也理应允许辩护方申请排除。

一、刑事庭前证据展示

刑事证据开示是指在刑事诉讼程序中由控辩双方按照一定的规则或命令向对方出示各自所掌握的与案件有关的证据材料的诉讼活动。无论是英美法系国家还是混合制国家,乃至大陆法系国家,大都建立了比较完善的证据开示制度。从制度设置的内涵来看,证据开示制度经历了单向开示向双向开示的转变,证据开示的范围逐渐扩大,法官在证据开示制度的作用不断得到加强以及证据开示的司法救济逐渐强化。一直以来,我国刑事诉讼法学者也对证据开示制度开展了积极的探索和有益的尝试。我国现行刑事诉讼法已吸收了证据开示制度的部分因素,但并没有完全建立真正的证据开示制度,这不仅难以迎合庭审程序的当事人主义诉讼模式的改革方向,而且也无法确保控辩双方的平等对抗。"对于中国的刑事审判制度而言,如果没有完备的证据开示制度,对抗式诉讼程序永远只能存在于书本而不是司法实践中。"①

　　证据开示既可以发生在刑事庭前程序中,也可以发生在刑事庭审程序中,但相比较而言,刑事庭前程序中进行证据开示更能实现其价值与功能。因为,在庭审之前就将控辩双方的全部证据展示于对方,保证控辩双方知悉即将在庭审程序中适用的证据资料,将"证据突袭"扼杀在庭审之前,避免庭审陷入混乱之中。如英国的证据开示大都是在预审程序、答辩和指导性听审、预先听审中进行;美国的证据开示都是在传讯、审前动议、庭前会议中进行;日本证据开示在第一次审判前的准备程序进行;意大利的证据开示在初步庭审程序进行。笔者认为,我国应当在刑事庭前程序中建立证据开示制度,其具体情况如下:

　　第一,庭前证据开示的时间与地点。刑事庭前程序证据开示可以分为两种方式进行,即证据开示与刑事庭前审查相结合和证据开示与庭前会议相结合。对于前者而言,实行控诉方的强制开示与辩护方便宜开示形式。由于我国采取全案移送,检察院在提起公诉之时,将全部案件资料和应当开示的证据一并移送法院,这为控诉方的强制开示提供保障。庭前法官收到全案卷宗资料后应当送达起诉书副本,通知被告人及其辩护人及时查阅卷宗资料和证据资料,并且告知其查阅之后可以申请实质性审查和申请控诉方进行证据开示。对没有委托辩护人的被告人,通知其有权委托辩护人或对符合条件的指定辩护人。辩护方在查阅卷宗资料后,也可以向控诉方展示其所掌握的证据资料,但此阶段并不是必须展示。至于该阶段证据展示的地点,笔者认为在庭前法官的主持下控辩双方应在庭前法官指定的法院内部固定地点进行,不必要也不适合在此之外的其他地点,尤其是控诉方指定的地点。这是对证据展示制度中的不开示禁止出示原则的贯彻落实,逼迫着控诉方必须就其所掌握的准备在庭审程序适用的所有证据一并展示。

　　第二,控诉方开示义务。首先,控诉方应当开示在侦查、起诉过程中获取的与案件指控事实有关的所有证据材料。该开示材料以与被指控犯罪事实的相关性为标准,其范围包括侦查机关移送的案卷材料以及检察

━━━━━━━━━━━━━━━━━━━━

① 陈瑞华:《刑事诉讼的前沿问题》,北京:中国人民大学出版社 2000 版,第 539 页。

机关提起公诉时补充取证的材料。这种广泛的开示范围有利于辩护方实现辩护权,也符合刑事诉讼法加强保障被告人诉讼权利的指导思想。其次,在第一步的基础上进一步限定,但凡准备在庭审时提出的证据务必主动向辩护方开示。这是控诉方开示义务中的强制性开示。这种强制性、主动开示证据的义务不得违背,凡未事前开示的证据,庭审法官除有合理的根据以外,不能使用。这种强制性开示义务是国际上通用的做法,可以有效避免以相关性为标准所带来的不确定性。复次,控诉方不准备在庭审使用的相关证据,经辩护方要求,控诉方也应当开示的证据。这种证据开示是在第一项和第二项的基础上由辩护方申请的证据开示,对控诉方而言属于被动性开示。由于控诉方不将该类证据提交法庭,意味着对控诉方的作用有限,但是该类证据对辩护方而言可能恰恰为其所需之证据。只要辩护方要求其开示,控诉方也必须将该类证据予以开示。再次,控诉方不得故意隐瞒对辩护方有利的证据。对这部分证据而言,准备使用于庭审程序的,必须开示;不准备在庭审使用的,经辩护方要求,也应当开示;但是如果辩护方在第一项开示中没有发现,或者控诉方对证据材料选择性开示,导致没有全部开示,又或者控诉方知悉该有利于被告人的证据但没有收集。控诉方应当开示该证据或证据线索,而不得故意隐瞒。这是检察官秉持客观公正之护法精神之所在,也是实现诉讼公正的要求。最后,控诉方开示之例外。控诉方认为相关证据的开示可能泄露国家秘密、危害国家安全或者危及证人人身安全时,可以附理由地申请庭前法官裁定不予开示相关证据,以防止控诉方任意扩大解释证据开示的例外情况。

第三,辩护方开示义务。首先,在控诉方证据开示后,在被告人没有参与证据开示的情况下,辩护律师应当及时会见被告人,并将证据开示的相关信息告知。同时,辩护律师应当将及时查阅、复制、摘抄的有关卷宗资料与被告人进行核对,听其观点并形成一致意见,提交庭前法官,予以开示。如果被告人和辩护律师共同参与了控诉方的证据开示,被告人应与辩护律师协商、讨论并形成一致意见,提交庭前法官,予以开示。其次,辩护方在控诉方证据开示后准备做不在犯罪现场、患有精神疾病、未达法定刑事责任年龄、正当防卫、紧急避险等积极辩护时,应当向控诉方开示相关证据。最后,辩护方应当秉承诉讼效率之理念,在控诉方证据开示之后,迅速、及时举行证据开示诉讼行为。笔者建议,辩护方应当在控诉方证据开示后五日以内向控诉方开示上述证据资料。

第四,证据开示的司法救济。证据开示的司法救济包括违法制裁与争议处理。首先,违法制裁。作为一项完整的制度需要相应的制裁条款,控辩双方违反证据开示制度之规定,应分别予以否定性评价。鉴于控辩双方取证能力的差别以及证据开示机制主要要求控方义务以及不对等开示的理念,所以,控诉方违反证据开示制度的制裁较辩护方违反证据开示制度的制裁严重得多,这是合情合理的。控诉方违反证据开示义务,庭前法官可以裁定控诉方开示相关证据、禁止控诉方提出未经开示的证据、甚至不采纳应当开示而未开示的证据作为定案根据;辩护方违反证据开示义务,庭前法官可以裁定开示相关证据、或对辩护律师处以罚款并向司法行政机关提出限期禁止执业的司法建议书。其次,争议处理。证据开示的参与主体为控辩审三方,其中审判方为庭前法官,作为证据开示的组织、指挥者理应是被动、消极、中立。当控辩双方对证据开示产生争议时,应由控辩双方申请庭前法官对之作出裁定。该争议包括是否应当证据开示以及证据开示的范围等相关事宜。为了避免证据开示程序过于拖沓,不允许控辩双方对该裁定提出上诉,实行一裁而定。

二、刑事庭前证据调查

基于控辩平等对抗之理念,控辩双方在刑事诉讼程序中取证、举证、质证是应有之义。但是,在国家组建检察机关并由其垄断了绝大部分案件的起诉事宜之后,背靠着国家统治,手握着公权力的检察机关,无论是在取证环节还是在举证环节,抑或在质证环节,都拥有着辩护方无可比拟的手段、能力与资源。尤其是在我国刑事诉讼程序中,辩护方虽然拥有调查取证的权利,但是,无论是被告人还是辩护律师其调查取证的权利仅限于书面的规定,当然并不能排除司法实践中有些辩护律师行使该权利。可是,高悬的"达摩克斯之剑"时刻都有下坠的危险,致使辩护方的取证能力岌岌可危,这导致了其举证和质证能力明显不足。因此,本部分所称的申请庭前调查证据,即是为了弥补辩护方取证、举证、质证能力的不足,由辩护方申请庭审法官予以帮助的诉讼行为。这不仅仅是协助辩护方进行庭审,致力于控辩平等对抗、审判中立的诉讼理念,还是审判方履行职责、达至审判公正之需要。

我国现行刑事诉讼法规定了被告人及其辩护人有权在庭审程序中申请新的证人到庭、申请调取新的证据,申请重新鉴定和重新勘验、检查等权利。由于被告人及其辩护人行使该权利,法院通常会做出延期审理的决定,以便核对申请、实施调取证据之行为,如此行事,则将导致法庭审判程序被迫中断,诉讼期限也不得不延期。这悖离了现行刑事诉讼理念所要求的集中审判原则、直接言词原则。如果这些申请调查证据之事项能在刑事庭前程序中予以解决,既能保障庭审的集中进行又能提高诉讼效率,况且在刑事庭前程序中解决申请调查取证之事宜也在两大法系主要国家的刑事诉讼法中都有所规定。由辩护方于刑事庭前程序中对其不能获取,或者无法获取的有利于辩护方的证据,提出调查取证的申请,庭审法官根据案情和证据情况作出证据调查令,由辩护律师持该证据调查令调取证据,或者在辩护律师持证据调查令调取证据困难时,庭前法官应在控辩双方均在场的情况下强行调查取证。这为可取之途径。

三、刑事庭前证据保全

我国刑事诉讼法对证据保全制度没有规定。对很多人来说,证据保全仅限于民事诉讼和行政诉讼上的制度或概念。这首先是因为学者认为证据保全在刑事诉讼中没有必要,绝大多数刑事案件均有公安机关或检察机关经过侦查、起诉,如果证据有灭失或者以后难以取得的情况,公检法三机关就应当依照其职权采取措施进行收集,证据灭失或毁损而以后难以取得的情况并不多见。其次也是因为我国对刑事证据保全制度的功能及意义研究尚不深入,到底什么是证据保全、证据保全的意义为何,我国有没有必要确立证据保全制度等诸多问题仍需探讨。毫无疑问,证据保全是查明案件事实的需要,有利于实体公正的实现;证据保全是强化辩护权,平衡控辩力量的重要手段,有利于程序公正的实现;证据保全体现诉讼及时,保全证据节省时间,提高诉讼效率。为此,以美国为代表的当事人主义诉讼模式国家、以德国为代表的职权主义诉讼模式国家以及以日本为代表的混合式诉讼模式国家,大都建立了刑事证据保全制度。

我国也应当建立刑事证据保全制度,且将刑事证据保全制度与控辩审三方的调查取证制度相分离,也与侦查主体对证据采取的有关收集、保管、存放等制度相分离。刑事证据保全是指在刑事庭前程序中,对于某些证据面临毁损、灭失或其他无法取得与使用,由控辩双方向庭前法官提出对证据采取预防性保护的诉讼行为。证据保全制度是镶嵌在司法证据体系中的一颗明珠,有利于促进刑事司法证明体系的完整性。如果说证据是刑事诉讼程序的灵魂,那么刑事证据保全制度则是守护灵魂、防止灵魂出窍的有效方法。

我国刑事证据保全制度,是以庭前法官为主体,以控辩双方的申请为前提(但更强调辩护方),以控辩审三方在场为核心,对证据采取的预防性保护措施。首先,证据保全的主体为庭前法官。这意味着,庭前法官是证据保全制度中预防性保护行为的实施者,这是区别侦查主体对证据收集、固定与存放的标准之一。作为中立的司法者,承担着审查、认定事实和证据的职责,其行为为司法行为。庭前法官予以证据保全时,是以控辩审三方均在场的情况下对证据事实采取的预防性保护,这与侦查主体的单方行政行为具有性质和行为方式上的差别。其次,证据保全的参与人为控辩双方。这是刑事证据保全具备诉讼本质的根本性要求。刑事证据保全由控辩双方申请,庭前法官居中判断,基本具备了“两造具备,师听五辞”诉讼形态。在申请方的申请下,庭前法官决定采取保全措施后,庭审法官应组织并指挥控诉方和辩护方同时在场对相关证据采取保全措施,这也是经过保全的证据具有证据能力的前提条件。再次,除控辩双方申请启动之外,刑事证据保全程序能否由庭前法官依职权启动。这涉及到刑事证据保全制度的基本价值取向以及其所依托的诉讼模式。当刑事证据保全依托于当事人主义诉讼模式之上,且其目标在于权衡控辩平等之考量时,刑事证据保全则不应当允许庭前法官依职权启动程序;当证据保全依托于职权主义诉讼模式之上,且其目标更加强调发现事实真相之考量时,刑事证据保全则可以允许庭前法官依职权启动程序。最后,刑事证据保全的适用时间、适用条件以及适用范围。刑事证据保全适用的时间限于刑事庭前程序，即提起公诉之后至第一审庭审程序之前。侦查阶段是刑事追诉的初始阶段，也是收集证据的最佳时间，侦查机关在实施侦查行为、收集证据的过程中，将边侦查边收集边保存。只有到刑事庭前程序阶段，法官才能介入并且此时的证据资料，也才被视为案件的全部证据资料已经被收集完毕，此时发生证据灭失或毁损将影响案件的走向，所以此时为刑事证据保全的最佳时机。刑事证据保全的条件为证据"面临毁损、灭失或其他无法取得与使用"。就刑事证据保全的适用范围，或者称刑事证据保全的具体适用对象而言。应当说，只要存在"面临毁损、灭失或其他无法取得与使用"的前提条件，证据保全适用于所有的证据种类中。但是，就我国证据种类在司法实践中适用的紧迫情况而言，刑事证据保全制度应首先适用于言词证据中的证人证言、口供以及被害人陈述。例如证人证言，当出现证人有正当理由在庭审之时无法出庭作证之情形，此种情形主要是指证人年事已高、病重可能死亡、或可能移居国外等紧迫性的事项。依控辩双方中的一方或双方之申请，庭前法官可以决定询问证人。询问时，法庭应同时通知检察官、被告人及其辩护人到场，必要时，也可以通知被害人及其诉讼代理人到场。这种由庭前法官组织控辩双方参与的预先询问，以保护证据的灭失与毁损等情形的措施，产生了保全证据的实效，即该被保全的证人证言不受传闻证据规则的限制，在法庭审判过程中，证人无须出庭作证，该证人证言即可被采信。这种刑事证据保全较好地缓解了我国证人不出庭作证、大量使用书面证言现状导致的弊端。与此同理，证据保全制度也应急需适用于被害人陈述和口供等言词证据上。

四、刑事庭前非法证据排除

非法证据排除规则是英美法系国家证据法的核心内容，随着刑事司法的国际化趋势以及被告人权利保障等普世价值观的盛行，非法证据排除理念、原则、规则被世界各国普遍认同。对我国刑事诉讼程序而言，非法证据排除的确立也是顺应此潮流而动，是借鉴法治国家的立法经验，尤其是英美法系国家有关非法证据排除规定之后的舶来品。我国非法证据排除理念的树立、制度的构建呈现出从肌体排异到制度调试,再到逐步完善的趋势。在此期间,我国刑事法理论与立法对其学理研究与刑事立法逐步深化。从理论上看,学者从非法证据排除的基本理论和技术性规则构建等方面,着眼于制度构建、条文解释、运行困境和实践效果,对其展开了立法论、解释论和适用论等不同层面的大量研究。[①] 从立法沿革上看,我国也在确立非法证据排除规则的征途中渐入佳境。[②] 迄今为止,我国非法证据排除已经完成从理念到原则,从原则到规则,再从规则到制度的构建,形成了我国特色的非法证据排除制度。所谓的特色其主要体现之一便是,非法证据排除适用在侦查、起诉、审判各个诉讼阶段,适用主体涵摄了公安机关、检察机关和审判机关。为了阻却无证据能力的证据进入法庭,应当在庭前程序中预先处理证据的可采性问题。域外刑事证据立法,尤其是当事人主义诉讼模式的刑事证据立法及实践,一般在刑事庭前程序中排除非法证据。我国刑事证据立法也借鉴了这种做法,完善非法证据排除的程序。2010 年《关于办理刑事案件排除非法证据若干问题的规定》赋予被告人在庭前申请非法证据排除的权利。2012 年《刑事诉讼

[①] 如龙宗智《我国非法口供排除的"痛苦规则"及相关问题》、陈瑞华《非法证据排除规则的中国模式》、顾永忠《我国司法体制下非法证据排除规则的本土化研究》、何家弘《适用非法证据排除规则需要司法判例》、陈卫东《"两个证据规定"实施情况调研报告》、吴洪淇《证据排除抑或证据把关:审查起诉阶段非法证据排除的实证研究》以及吴宏耀《非法证据排除的规则与实效》等,被视为我国学者研究非法证据排除的代表性作品。

[②] 1996 年《刑事诉讼法》承袭 1979 年《刑事诉讼法》的规定,粗线条的禁止非法取证,尚未能确立非法证据排除的理念与规则。最高法和最高检的司法解释规定应当排除非法言词证据,但刑事司法实践并未能贯彻落实。2001 年最高检颁布《关于严禁将刑讯逼供获取的犯罪嫌疑人供述作为定案依据的通知》初步明确非法证据排除规则。2010 年《关于办理刑事案件排除非法证据若干问题的规定》系统性地规定了非法证据排除,涉及证据裁判原则、证据种类、证据审查、非法证据排除等方面。2012 年《刑事诉讼法》正式确立了非法证据排除规则及其实施程序。随后,最高法、最高检和公安部从各个角度进行细化。2013 年最高法《关于建立健全防范刑事冤假错案工作机制的意见》拓展了非法证据排除的范围,将刑讯逼供等非法方法细化为"刑讯逼供或者冻、饿、晒、烤、疲劳审讯等非法方法",同时确立了严重违反法定程序取得证据的排除。如在规定场所讯问取得的口供、未依法进行全程录音录像讯问取得的供述等。2013 年十八届三中全会《关于全面深化改革若干重大问题的决定》中明确规定"严禁刑讯逼供、体罚虐待,严格实行非法证据排除规则"。2014 年十八届四中全会《关于全面推进依法治国若干重大问题的决定》指出,"推进以审判为中心的诉讼制度改革,健全落实非法证据排除制度。"随后,2017 年颁布《关于办理刑事案件严格排除非法证据若干问题的规定》,进一步明确、完善了非法证据排除的审查方式、认定标准和适用程序。

法》增设了庭前会议制度,并将庭前会议打造成申请非法证据排除的平台,控辩双方在此平台上进行举证、质证,充分发表、交换意见,法庭也在该平台上"听取意见、了解情况"。但是由于庭前会议制度没有明确非法证据排除的法律效力,制约了该平台功能的实现。所谓该法律效力涉及了三个方面的问题:第一,控辩双方对排除非法证据形成的合意,是否具有法律约束力;第二,法院在听取意见、了解情况后能否做出排除非法证据的决定以及该决定的法律效力;第三,庭前会议处理决定对庭前程序的法律效力。庭前会议排除非法证据的法律效力反映出我国刑事庭前程序在非法证据排除上的两大难点:第一,庭前会议是否应当承载非法证据排除的功能。"庭审程序排除论"认为庭前会议只是排除非法证据的准备环节,非法证据排除只能在庭审程序中进行;"庭前会议排除论"认为"程序问题应当先于实体问题解决"[①]"程序争议解决前置,实体审判后置的原则"[②]庭前会议应当排除非法证据,以防止不具备证据能力的证据进入法庭污染裁判者的认知,避免非法证据调查及裁判造成庭审程序的中断,浪费诉讼资源;"庭前会议有限排除论"认为,鉴于相对合理主义的理念,目前庭前会议只解决控辩双方达成合意的非法证据排除事宜,并作出裁决。对于控辩双方尚未达成合意的情况,就需要在庭审程序中处理。[③] 笔者认为"庭前会议排除论"较为可行。首先,域外国家或地区一般都在庭前程序排除非法证据。美国证据法立法和实践要求,排除非法证据之主张应在庭前动议中提出,在庭审程序之前解决,并且赋予了非法证据排除裁定的法律效力;日本刑事证据立法也将排除非法证据放在了审判期日前的准备程序中;我国香港地区也规定了法官在审前会议中确定证据可采性问题;我国台湾地区的刑事诉讼立法在 2013 年修改后,也在庭前准备程序决定证据的可采性问题。其次,庭前会议为非法证据排除提供了适

---

① 杨宇冠、兰卫东:《论我国〈刑事诉讼法〉修改与人权保障的进步》,《河南社会科学》2013 年第 3 期,第 7 页。

② 陈瑞华:《刑事诉讼法修改对检察工作的影响》,《国家检察官学院学报》2012 年第 4 期,第 156 页。

③ 参见陈卫东、杜磊:《庭前会议制度的规范建构与制度适用——兼评《刑事诉讼法》第 182 条第 2 款之规定》,《浙江社会科学》2012 年第 11 期,第 40－41 页;陈光中、郭志媛:《非法证据排除规则实施若干问题研究——以实证调查为视角》,《法学杂志》2014 年第 9 期,第 14 页。

用空间。庭前会议就是为了解决证据材料较多、案情疑难复杂、社会影响重大且控辩双方对事实和证据存在较大争议，法官于庭审前听取控辩双方的意见，为庭审程序做好充分的准备。非法证据在刑事庭前程序中予以排除既能够避免"审判中的审判"现象的发生，中断审判程序，拖延诉讼进程，又能较好地防止法官的偏见和有罪预断，尤其是法官以非法证据为裁判根据，作出错误判断。庭前会议为处理非法证据提供一个由控辩审三方共同参与的平台，于庭前会议期间排除非法证据也能较好地兼顾司法公正与效率。最后，"相对合理主义"美其名曰为结合实际情况而逐步推进，实为减缓规则或制度的实际适用，采取中庸之道运行抑或使规则或制度束之高阁。"相对合理主义"预设现实困境与制度移植两者排异反应之背景，进而设置了司法改革的长远目标、现实目标和近期目标三个层次分明的路径与方法。① 理论上而言，在刑事司法改革的标准与方向以及司法操作的路径与方法上，"相对合理主义"具有逻辑上的自洽性以及现实理论上的可行性，但也仅限于书面的设想，具有改革上的乐观主义与理想主义色彩，极具说服力和诱惑力。可是，已有的或者已经恢复的刑事司法改革方案业已将"相对合理主义"的设想击得粉身碎骨。如起诉方式改革的回归。可见，刑事司法改革中的"折中式"的方案不仅丢失了原制度的功能和意义而且还滋生出不可预知的弊端。遇到此种情形，不应该采取"鸵鸟效应"，避而不谈或者企图寻找中间道路，虚与委蛇，而是应当因势利导，革旧图新。第二，庭前会议与庭审程序在排除非法证据事宜上的关系。由于庭前会议定位于"听取意见、了解情况"，庭前法官在庭前会议上仅限于组织、召集控辩双方对非法证据问题听取各方意见，了解情况，所以没有明确规定是否排除非法证据以及排除结果的效力。其原因之一就在于庭前会议的准备性不能冲击、代替庭审程序，进而导致庭审形式化。但笔者认为，关于庭前会议与庭审程序在排除非法证据事宜上，应当以庭前会议为主，庭审程序为辅。作为刑事庭前程序的组成部分之一的庭前会议为非法证据排除提供的平台，兼顾了公正与效率，理应作为非法证据排除的主要程序。另外，庭前会议排除非法证据的效力也应当等同

---

① 参见龙宗智：《相对合理主义》，北京：中国政法大学出版社 1999 年版，第 3 - 28 页。

于庭审程序排除非法证据的效力。否则,辩护律师不愿在庭前程序中提出申请,而更愿意在庭审程序提出,以避免因庭前会议决定没有法律效力而又提前暴露其辩护策略,所导致的对其不利境地。

庭前会议中排除非法证据的运行机制如下:第一,庭前法官告知权利。庭前法官应告知被告人及其辩护人知悉其享有在庭前会议中申请排除非法证据的权利,以及不在庭前会议中提出申请的不利后果。首先,告知时间。明确规定庭前法官在送达起诉书副本时,应当告知被告人及其辩护人享有申请排除非法证据的权利。其次,告知内容。庭前法官负有释明义务,即向被告人及其辩护人解释申请排除非法证据权利的具体涵义,并在告知书上附有相关法条;告知被告人及其辩护人应在刑事庭前程序中提出排除非法证据的申请,无正当理由在刑事庭审程序中提出申请的,庭审法官有权拒绝审查。最后,告知的方式。制作《刑事被告人诉讼权利告知书》,庭前法官应当书面方式送达,并由被告人及其辩护人签字确认。第二,申请时间和方式。公诉案件中的被告人及其辩护人有权申请非法证据排除,申请时间应在收到起诉书副本和《刑事被告人诉讼权利告知书》后到第一次开庭审理之前。也就说,申请人申请非法证据排除的时间不一定在庭前会议阶段,也可以在庭前审查时提出。但是,无正当理由不得在庭审程序中提出,否则产生诉讼权利耗尽之效。被告人及其辩护人申请排除非法证据的方式应当以书面方式为主、口头方式为辅,即一般情况下,申请人应在刑事庭前程序中向庭前法官提出排除非法证据的书面申请,当且仅当特殊情况才允许申请人口头提出申请。对于口头申请而言,应当由庭前法官或者被告人之辩护律师做口头申请之笔录,并由被告人签名确认后提交;对于书面申请而言,其申请书应当列明排除的具体证据、并附有相关的线索和资料。庭前法官收到申请书及相关线索和资料后,应当启动非法证据排除程序,该排除程序选择适当时机,既可以与庭前审查程序相结合也可以融入庭前会议程序中予以实施。第三,排除程序具体运行。在通常情况下非法证据排除程序应当以言词方式进行。庭前法官承担组织、指挥作用,被告人及其辩护人作为申请方参加程序,控诉方承担非法证据的证明责任参与程序。首先,由申请主体发表意见,阐述申请理由,出示相关线索与资料。申请方是被告人的,且被告人有正当理由不参加排除程序的,经由其辩护律师确权后,由辩护律师代替参与。其次,由控诉方发表意见。如果控诉方同意申请主体的申请,予以排除非法证据,庭前法官则在询问控辩双方的基础上,制作排除非法证据意见书,由控辩双方签字确认,并记录在庭前程序笔录中,该结果即生效力。庭审程序应当直接使用该裁决,并且无正当理由控辩双方不得在庭审中反悔。若控诉方不同意排除证据,则控诉方应当承担证明责任,证明证据收集的合法性。控诉方可以采取出示讯问笔录、讯问全程同步录音录像等方式予以证明取证行为的合法性。最后,庭前法官在控辩双方多次举证、质证、辩论的基础上,做出是否排除的裁定。除控辩双方达成合意而排除或不排除的以外,庭前法官应当根据审查的情况做出裁定,依据是否为非法证据作出排除或不排除之裁定。对于不排除的裁定,允许申请主体在庭审程序再次提起,但是没有新的事实和证据的除外。如果控辩双方对非法证据的排除争议较大,庭前法官根据现有之证据难以裁决并需要结合案件其他情况综合考虑的,也可以在庭前程序中收集证据、做好准备,在庭审程序一并解决。此为例外情况。

第三节 刑事庭前程序之庭前会议

2012 年《刑事诉讼法》增设庭前会议制度,这是我国继公诉方式改革之后再一次将我国刑事审判方式改革的目光聚焦于庭审之前的程序上。根据刑事诉讼法的规定,庭前会议是作为起诉和审判之间的一个"中间程序",搭建了控辩审三方沟通协商之平台,促进庭审程序便利运行。为此,司法解释进一步明确庭前会议程序的内容,各地方司法机关也开始积极探索庭前会议运行机制,有些地方还制定了实施细则或实施办法指导庭前会议的实践,使得庭前会议从法律条文变成了刑事司法实务中运行的程序。[①] 我国对庭前会议的研究起始于民事诉讼领域,后逐渐进入刑事

---

① 参见邓陕峡:《我国刑事庭前会议的实证研究与理论阐释》,北京:中国政法大学出版社 2017 年版,第 45－46 页。

诉讼研究领域。早在 1999 年，学者就提出实行审前讨论会，讨论证据展示、开庭时间、证据调查顺序等问题。[①] 2001 年中国人民大学法学院司法改革研究中心寿光模式调研课题组开展刑事证据开示制度试点工作，其中涉及到刑事庭前会议的改革与探索，分析了我国庭前会议建构中的诸多问题。[②] 这也是我国迄今为止最早的就庭前会议制度进行探索的实践调研资料。此外还有，专家学者出版的刑事诉讼法再修改专家建议稿中都对庭前会议有所研究。2012 年之后，理论界对我国庭前会议进行了专门研究，研究范围从理论探索到实践实施，从文本解读到制度反思。迄今为止，我国理论界和实务界对刑事庭前会议的研究已经形成了初步的研究成果，但是对庭前会议的基本理论问题还不够深入与系统，如庭前会议的定位不准、庭前会议的功能尚有争议等；对庭前会议运行机制的研究还有待加强，如庭前会议的启动、主体、方式以及效力等内容。笔者认为，在现有的庭前会议制度的基础上，还需要重新审视其定位与功能，合理化其运行机制并在司法实务中不断完善。

一、刑事庭前会议的定位与功能

刑事庭前会议的定位可以从该程序与其他刑事诉讼程序的关系中由其具体所要解决的事宜决定的。首先，刑事庭前会议是刑事庭前准备程序的重要内容。刑事庭前会议是刑事庭前准备程序的重要内容之一，刑事庭前会议不同于刑事庭前审查程序，后者主要是在于防止公诉权的滥用和避免不适当的起诉，而庭前会议则是交付审判后为庭审做准备的程序之一。同样，庭前会议与庭审程序也不一样，庭前会议是刑事准备程序的组成部分，其关键在于为庭审程序做好充分的"准备"，或者说庭前会议具有"准备性"而不具有"替代性"，即庭前会议不能替代庭审，无法处理只有庭审才能解决的问题，而刑事案件的处理必须以庭审为中心，禁止庭前

---

① 参见龙宗智：《刑事诉讼庭前审查程序研究》，《法学研究》1999 年第 3 期，第 69 页。
② 参见陈卫东：《寿光证据开示试点模式的理论阐释》，《山东审判》2005 年第 1 期，第 4－7 页；王春花、卢东晓：《建立刑事诉讼证据开示制度的探索与思考——山东省寿光市法院刑事证据开示试点工作经验》，《人民司法》2005 年第 5 期，第 61－64 页。

或庭后定案。所以,"作为一种庭审前专门性预备活动,其程序的设置和运作理应与刑事庭审保持内在的协调一致",①确保守位而不失位,到位而不越位。庭前会议的"准备性"体现在庭前会议只处理程序性争议;控辩双方在庭前会议中可提出异议,但不能取代法庭调查;庭前会议处理程序性争议的前提取决于控辩双方对相关事项的无争议,对于有争议的事项应在庭审程序予以解决。其次,刑事庭前会议是一个程序载体。从解读规范性文件规定庭前会议的内容上可以看出,我国庭前会议是一个容纳了众多程序的载体或平台。作为一个程序载体,它可以装置不同的程序机制,很多庭前欲以解决的问题都可以在该平台上完成。有学者对庭前会议予以高度评价,庭前会议"将纯粹手续性的庭前审查程序改造为程序性的庭审预备程序""将附属于审判的程序改造为相对独立的审判前程序"。② 庭前会议通过准备而使人与物能聚齐于审判程序中,防止庭审程序因不必要事项被中断,从而实现庭前会议具有庭前准备的制度定位。最后,庭前会议主要处理与审判有关的程序性争议。现有的刑事诉讼立法和司法解释已经规定了庭前会议处理事项,但由于刑事诉讼法与最高法解释、最高检规则不一致,且最高法解释与最高检规则也不一致,造成了庭前会议在刑事司法实践中适用范围不一致的现状。但从法教义学的角度而言,现行刑事诉讼法没有详细列举,仅在使用"等与审判相关的问题",又因其为"准备性"的活动,不得干涉庭审程序中的事项,由此可以推断,庭前会议所要处理的事项务必为"与审判相关的程序性事项"。那么,其可以容纳以下几个机制:证据开示、非法证据排除、争点整理、协商沟通以及程序分流等。

二、刑事庭前会议运行机制再完善

(一) 刑事庭前会议的主体

刑事庭前会议的主体主要涉及到庭前会议的主持者和参与者。就主

---

① 牟军、张青:《法院审前准备与刑事庭审程序的运行》,《西南民族大学学报(人文社会科学版)》2012 年第 5 期,第 88 页。
② 参见汪建成:《刑事审判程序的重大变革及其展开》,《法学家》2012 年第 3 期,第 91 页。

持者而言,根据现行刑事诉讼的规定,有权召集和主持的是"审判人员",但是对"审判人员"的含义并没有明确的界定。学者对庭前会议主持者也有两种观点,即主张主持庭前会议的审判人员与庭审法官分设和反对主持庭前会议的审判人员与庭审法官分设。各方均都言辞凿凿。基于我国现行司法体制和诉讼资源有限性,笔者赞同不分设的观点。首先,庭前会议的主要目的在于为庭审做准备,主持者与庭审法官不分设,由庭审审判组织指定审判人员作为庭前法官主持庭审,能够全面把握案件材料与信息,有的放矢地指挥庭审。其次,我国还不具备预审法官或治安法官的法律文化,也无法在现有的司法体制中单独设置一个法官序列。由庭审审判人员充当庭前法官,主持庭前程序中的相关事宜对我国现行司法体制冲击力最小。另外,鉴于司法资源的有限性,从长远的角度而言,此处的"审判人员"可以做扩大适用,即只要是该案件审判组织里的具备"法官"的人员均可以称为庭前会议的主持者。该主持者与笔者所称的庭前法官具有一致性。简言之,庭前会议的主持者由庭前法官承担较为合适。

就庭前会议的参与者而言。根据现行法律规定,庭前会议参加者有公诉人,必要时可配备书记员进行记录;被告人及其辩护人;被害人;附带民事诉讼的原告与被告人。就公诉案件而言,庭前会议的主要参与者是控辩双方,即公诉人、被告人及其辩护人。公诉人参加庭前会议自不待言,但是部分调研资料显示检察官参加庭前会议以及对庭前会议具体运行的认识存在较大争议。[①] 公诉人的积极主动参与和配合是庭前会议得以取得应有之效的关键一环,如公诉人对庭前会议涉及事项发表意见、向辩护方展示指控证据等。参与者中最为争议的是被告人是否参与的问题。被告人理应最清楚案件事实的发生及其经过,且辩护方的权利归属也是被告人。在知悉权、选择权等权利的基础上,被告人理应成为庭前会议的主要参与者,"程序正义的核心与实质在于程序主体的平等参与和自主选择。"[②]权利的享有者不一定就必须是权利的践行者,放弃已经拥有

---

① 参见闵春雷等:《东北三省检察机关新刑诉法实施调研报告》,《国家检察官学报》2014 年第 3 期,第 49 页。

② 邱联恭:《程序选择权之法理——着重阐述其理论基础并准以展望新世纪之民事程序法学》,《民事诉讼法制研讨》(四),台湾:台湾三民书局 1993 年版,第 575 页。

的权利,也是权利主体行使其权利的一种方式。绝大多数案件中,被告人的知识储备、诉讼技能等并不具备较好的独自辩护之能力,被告人有权获得辩护律师的帮助,这已经是被全世界所公认的事实。在庭前会议中,当被告人放弃参与权、或者有正当理由不能参与庭前会议的,辩护律师可凭借被告人的委托参与庭前会议,陈述被告人的意见或者被告人与辩护律师对程序性事项达成一致的意见。对无力聘请辩护律师的被告人,为了保护其辩护权的行使,庭前法官需要在庭前适时扩大指定辩护的范围。

(二) 刑事庭前会议的启动

根据现行刑事诉讼法和司法解释的规定,刑事庭前会议的启动程序涉及了庭前会议的适用范围、启动方式、启动时间和启动形式。就刑事庭前会议的适用范围而言,现行刑事诉讼法没有明确庭前会议的适用案件范围,最高法解释和最高检规则细化了庭前会议的适用范围,主要有"证据材料多、案情重大复杂的案件,申请排除非法证据的案件,社会影响重大的案件,其他需要召开庭前会议的案件"。总体上而言,除了"申请排除非法证据的案件"以外,其他的三个都具有很大的伸缩性,由于规定上的模糊性将导致司法实务中的不知所措或者脱离法律规定各行其是。笔者认为,庭前会议的适用范围应坚持开放性适用原则,并在此基础上可以区分为"应当召开"和"可以召开"两种情形。之所以将庭前会议设置成"应该召开"和"可以召开"是基于对被告人权利的保障,任何刑事诉讼制度或程序的构建抛开被告人权利保障,必将产生压制性的政治态势,最终违背制度构建的初衷。所谓开放性适用原则意指对经过移交审判的案件是否需要庭前会议不做限制条件,即经过庭前审查的所有案件都有适用庭前会议的可能性。作为"应当召开"的情形是指在案件存在召开庭前会议之必要的情况下,庭前会议应当召开的强制性规定。这里所谓的存在召开庭前会议之必要情况,意指三种情况:第一,辩护方提出了排除非法证据之申请。排除非法证据是庭前会议的主要内容之一,辩护方向庭前法官提出排除非法证据的申请时,庭前法官应当召开庭前会议对证据的合法性进行调查。第二,辩护方提出涉嫌中断庭审程序且与审判有关的程序性事项。如管辖权异议、回避申请、不公开审判等,这些事项的提前解决关乎于庭审程序能否顺利进行。第三,辩护方对起诉书指控事实、证据、法律适用有异议的。辩护方因对控诉方的指控存有异议而提出庭前会议申请的,庭前法官应当召开庭前会议,且这种异议越大,庭前会议的召开就越有必要。就"可以召开"情形而言,庭前会议是否召开由庭前法官因地制宜,量体裁衣,自由裁量决定。但是,庭前法官可以从案件性质、社会影响、繁简复杂程度等方面来定。如:重大、疑难、复杂案件;社会重大影响的案件等。

就庭前会议的启动方式而言,鉴于现行刑事诉讼法和司法解释只规定了法院召集庭前会议而没有明确规定法院召集庭前会议的具体方式,笔者认为,我国庭前会议的启动可以有三种方式:一是法院依职权决定启动;二是当事人及其辩护人依申请启动;三是控诉方依职权建议启动。这主要是因为,庭前会议已经是一种控辩审三方共同参与、共同推进的庭前准备活动,具备了基本的诉讼结构。庭前法官作为该案件的审判主体之一,根据案情需要依职权启动庭前会议,以便为庭审程序做好充分准备,不可厚非。被告人及其辩护人申请启动庭前会议则是其诉讼主体地位决定的,更是其拥有辩护权、程序选择权以及程序参与权的具体体现。作为两造中的一方,赋予控诉方依职权建议启动庭前会议,是客观公正义务之必然也是维护控辩平等对抗的体现。需要说明的是,被告人及其辩护人申请启动和控诉方依职权建议启动两者实属申请权,即申请庭前法官对是否启动庭前会议程序进行裁决,以维护其合法之权利。所以,庭前法官应当依据法律之规定、案件之情况以及庭审之需要而决定是否开启庭前会议。

就庭前会议的形式而言,笔者认为庭前会议虽然是以"会议"的形式出现的,但是并不能说明所有庭前会议都是以"会议"的形式举行,而现有的刑事诉讼法和司法解释并没有对庭前会议的举行形式作出明确规定。正如前文笔者所言,庭前会议应当"以言词方式为主、书面方式为辅"一样,而且"言词"即为"辩论"方式,"辩论"有"强对抗的辩论"和"弱对抗的辩论"。鉴于庭前会议的"准备性",笔者认为庭前会议以"弱对抗的辩论"最为合适。所谓的"弱对抗的辩论"概指庭前法官组织庭前会议,召集控辩双方参加,当且仅当以"听证"非公开的方式进行,控辩双方各自提出异议,庭前法官核实、记载,视情况对有关事项做出处理。在司法实践中,法院召集庭前会议大多数是以"听证"非公开的方式进行,这是可行的。换言之,庭前会议通过控辩审三方之间围绕着案件事实、证据和法律适用等事项进行交流、沟通和协商,实现"听取意见、了解情况"的目的。

就庭前会议的时空而言,庭前会议时间和地点的确定与庭前会议有关人员组成及人员职务进展状况有很大关系。假如还没有确定该案件的审判组织,就无法指定庭前法官,进而也就无法确定举行庭前会议的时间和地点。再如被告人及其辩护人还没有进行阅卷,即使确定了庭前会议的召开时间和地点,那也就无法起到应有的效果。所以,针对庭前会议的召开时间应有三个关键点:第一,案件已经确定了审判组织并指定了庭前法官;第二,被告人及其辩护人已经完成了阅卷,并且两者业已形成共识,或者指定辩护律师已经阅卷并会见被告人之后;第三,庭前法官召集时应征询控诉方和辩护方的意见,确定最佳时间。至于庭前会议的地点,笔者建议首先选择受理案件的法院最为适宜,由受理法院组成审判组织后庭前法官与控辩双方协商或依职权指定庭前会议于本法院的法庭举行。当然,除有些案件不宜或不便在法庭举行以外,也可以选择看守所或者远程视频举行。但是,前提是便于庭前会议的召开,便于被告人及其辩护律师的参与以及庭前会议的安全保障。

(三) 刑事庭前会议的主要内容

庭前会议的内容是指庭前会议所要解决的主要问题,这是研究与完善庭前会议的首要问题。对该部分内容的研讨首先要面对的是,如何理解"等与审判相关问题"。现行刑事诉讼法界定庭前会议的内容为"等与审判相关问题",最高法解释和最高检规则都对"等与审判相关问题"予以扩充,并列举出具体事项。并且,两高对庭前会议内容列举本身的不统一性,并没有解决"等与审判相关问题"的具体所指。学界对之也有不同的认知,有人认为"等与审判相关问题"仅指与审判相关的程序性问题,一是"等"的概念应包含在与前面列举事项性质一致的事上,二是"等与审判相关问题"排除了实体性事项主要是为了避免庭前会议过于膨胀,脱离其

"准备性"之性质,进而代替或架空庭审程序。① 也有人认为"等与审判相关问题"不仅仅限定在程序性事项上,也应包括部分实体性事项上,否则庭前会议的功能着实难以发挥出来。② 笔者认为,在现行刑事诉讼法规定的回避、证人出庭名单、非法证据排除等与审判相关的问题中,除了回避、证人出庭名单属于程序性事项以外,非法证据排除显然很难说是纯粹的程序性事项,并从某种程度上说,非法证据排除既是程序性事项又是实体性事项。其中,最高法解释中的"询问控辩双方对证据材料有无异议",以及最高检规则中的"附带民事诉讼调解"等都不属于程序性事项,或多或少地掺杂着实体性事项。那种认为"等与审判相关问题"仅指程序性事项的观点与立法本意不符,具有局限性,也限制了庭前会议功能的发挥。笔者认为庭前会议的处理事项主要为程序性事项,但也不应当排除部分实体性事项,诸如非法证据排除、争点整理以及附带民事诉讼的调解与刑事和解。

笔者认为庭前会议的内容应当着重从以下几个方面予以理解:第一,从庭前会议的"准备性"性质角度把握其内容。庭前会议的"准备性"性质是其处理事项范围的首要因素,换言之,只要是可能消除妨碍庭审程序顺利进行的事项,都可以在庭前会议中予以预先处理。诸如,核实被告人身份情况、申请管辖权异议、申请回避、申请不公开审理、协商开庭审判日期、申请延期审理等事项。这些事项的预先解决,能够充分发挥庭前会议针对庭审程序而言的"准备性"性质,能够避免庭审程序的不必要间断,从而使得庭审程序顺利进行。第二,从庭前会议实质性功能发挥角度把握其内容。庭前会议功能的实质性发挥,离不开对证据的预先处理。一方面,为了贯彻直接言词原则和证据裁判原则,庭前会议应当确定出庭人员名单、申请调查证据、申请非法证据排除、申请证据保全、申请重新鉴定或勘验;另一方面,以庭前会议预备性功能实质化促进庭审实质化,庭前会议还需要将证据开示、争点整理明确为其基本内容。在证据开示的基础上,庭前法官引导控辩双方对案件事实、证据、法律、量刑发表意见,归纳

---

① 参见刘静坤、杨波:《庭前会议制度的具体构建》,《人民法院报》,2012 年 12 月 26 日。
② 参见戴长林:《庭前会议程序若干疑难问题》,《人民司法》2013 年第 21 期,第 8 页。

并整理争点,使庭审围绕着案件争点展开。其中,关于庭前会议开展证据开示、非法证据排除以及争点整理事宜,笔者认为,即使在庭前审查过程中已经进行过开示,庭前会议也可以再次进行。在庭前会议中进行证据开示是由证据开示制度的持续性特点决定的。另外,在庭前会议中,最为关键的两个引擎即是非法证据排除和争点整理。非法证据排除阻止了不具有证据能力的证据进入庭审程序,既符合庭前会议的"准备性"性质又通过审判权或者准审判权对公诉权和侦查权予以制约,维护了控辩平等的理念;争点整理最符合庭前会议甚至庭前准备程序的"准备性"性质,庭审之前将控辩双方的争执点分门别类地归纳整理,为庭审程序的审理厘清重难点,有利于贯彻集中审判原则也有利于提高诉讼效率。

(四) 刑事庭前会议的法律效力

现行刑事诉讼法将庭前会议界定为法官在庭审之前就与审判程序相关的事项向控辩双方"了解情况、听取意见"的活动。这意味着刑事诉讼法并没有赋予庭前法官在庭前会议中就相关事项作出某种具体的结果,即对相关事项作出诉前裁决;另一方面刑事诉讼法也没有明确规定已经经过庭前会议处理过的事项能否在庭审程序中再次提出。换言之,现行刑事庭前会议没有法律效力,具体表现为:庭前会议对相关事项并没有诉前裁决的效力,仅具有"了解情况、听取意见"规范力;即使庭前会议在控辩双方达成合意并在法律规定的基础上对回避、出庭证人名单等事项做出某种处理意见,也不能杜绝控辩双方在庭审程序中再次提出或者另行变更。由于庭前会议没有法律效力,控辩双方达成的合意所产生的约束力并不确定,导致控辩双方宁愿在庭审程序中提出意见而不愿在庭前会议中提前暴露己方主要观点;由于庭前会议没有法律效力,控辩双方选择适用庭前会议的几率很小,或者根本不愿选择庭前会议处理相关问题。因此,无论对控辩双方而言还是对审判人员而言,庭前会议是耗费时间和精力而一无是处的花瓶装置。没有法律效力的庭前会议势必造成控辩双方适用庭前会议的动力不足,最终悖离了庭前会议设置的初衷。

　　笔者认为,刑事庭前会议作为处于公诉审查之后法庭开庭审理之前的刑事庭前准备程序的核心组成部分,其有利于促进庭审程序的实质性优化,实现诉讼公正。法律应当赋予其在处理程序性事项的裁决权,对争点整理、非法证据排除等涉及部分实体性事项,将相关处理结果形成决定或记载于庭前会议笔录并成为后续庭审程序的依据。换言之,庭前会议对于程序性事项应当尽量在该程序中进行,并由庭前法官做出裁决;对于涉及实体性事项应当准确进行记录,以备庭审程序使用。刑事庭前会议的法律效力主要体现在三个部分:第一,对请求的实效性。所谓请求的实效性是指,控辩双方均应在庭前会议上提出各方的程序性请求及部分实体性请求,如管辖、回避、延期审理、调取证据、证据开示、争点整理等事项。如果控辩双方没有在庭前会议期间提出相关请求或异议,那么无正当理由不得在庭审程序中提出、更改或者再次提出。第二,决定的约束性。所谓决定的约束性是指庭前法官在庭前会议期间对相关事项作出的诉前裁决具有法律约束力。其中,就程序性事项而言,控辩双方不得于庭审程序再次提出或变更,否则,庭前法官有权驳回再次提出或变更的申请。除非庭前法官本人基于正当理由作出废止之外,其所做的诉前裁决一直有效,庭审法官应遵守其决定;就涉及的实体性事项而言,庭前法官根据控辩双方能否达成合意为标准,将其分为达成合意的事项与未达成合意的事项。对于达成合意的事项,庭前法官基于控辩协商一致的合意对实体性事项作出诉前裁决,赋予该裁决与对程序性事项裁决一样的约束力;对于未达成合意的事项,庭前法官应对涉及事项进行准确记录,并在庭审程序之初交由庭审法官处理。对此,庭前法官通过庭前会议作出诉前裁决的约束力表现为:已经记录的达成合意事项,由庭审法官在庭审中对相关情况进行简要说明;已经记录的未达成合意的事项,由庭审法官进行审查并对此作出裁决。第三,权利的救济性。庭前会议遵循“准备性”本质的前提下,也应当体现程序的公正性,为申请人提供权利救济的途径。由于庭前法官只对程序性事项或达成合意的部分实体性事项有权做出诉前裁决,而对未达成合意的部分实体性事项只是做好庭前会议记录,为庭审审查处理做好准备,所以,此处所谓权利的救济性主要是指对程序性事项诉前裁决的救济以及对达成合意的部分实体性事项诉前裁决的救济。鉴于庭前会议的立法目的即为通过事前了解情况而充分准备庭审以实现庭审程序的集中有序高效进行，所以对程序性事项和达成合意的实体性事项的诉前裁决，不允许申请人提出上诉。若允许申请人对此提出上诉，则会导致诉讼程序的复杂化以及延迟诉讼、降低效率，这与庭前会议，甚至刑事庭前程序设置的目的相背离。若申请人对庭前法官作出的诉前裁决有异议，允许申请人以提出新证据、新事实为理由在庭审程序再次提出申请。若该申请再次被驳回，但该事项事关当事人基本权利，且对案件审理结果有重要影响的，应当允许当事人以此为理由在第一审程序审结后提出上诉。

第四节　刑事庭前程序之争点整理

从境外刑事诉讼程序立法内容上观察，事实与证据争点整理制度已经成为两大法系相关国家刑事诉讼程序不可或缺的内容，尤其体现在刑事庭前程序的立法规定中。随着刑事司法国际化与趋同性的发展，事实与证据争点整理制度的功能、价值、程序已经被广泛接受且运用。对我国刑事庭前程序而言，事实与证据争点整理制度是一项新事物，但基于其功能与价值，其也应当被吸收并成为刑事庭前程序的有机组成部分。

一、争点整理之界定

关于"争点"的含义历来都没有统一的观点。除了词语本身所具有的争议之外，还有同一术语或同一概念因使用人各异、立场不同而得出不同的含义。这也在所难免。就争点一词而言，其原本是修辞学领域中的术语，"争点"或"争点论"广泛适用于演讲与辩论之中，最早是古希腊修辞学家赫玛戈拉斯系统论述的一种修辞学理论。争点论根据每一个争点的结构将修辞问题分门别类整理，以帮助修辞者辨别不同争点，进而采取相应的论辩策略。这种修辞学中的争点被视为"争论的起点"，类似于法庭审理中控辩双方司法辩论的着眼点或争议、辩驳的焦点。因此从该角度而言,"争点"既是司法审判的逻辑起点又是法官解决纠纷的前提与基础。另外,刑事司法审判的过程即为司法裁判者对控辩双方以证据为支撑,借助举证、质证等相互辩论证明行为的主观判断过程。在刑事司法审判活动中,控辩双方的辩论行为指向于旁听者,其最为主要的是司法裁判者,控辩双方希望司法裁判者能够采纳己方意见,作出有利于己方的裁判。基于此,控辩双方围绕着各自的主题施展宣讲、演说、质疑与反驳等行为。这与"争点论"的适用情况相一致,且古代的司法辩论中早已适用了修辞学中争点的理论。①

域外国家(地区)在刑事庭前程序中设置了争点整理程序。英国通过答辩和指示听证程序、预备听证程序整理案件争点;美国在庭前会议等程序中可以举行一次或者多次会议整理案件争点;德国在中间程序中查明控辩双方争议事实和证据,明晰诉讼争点;法国通过预审程序确保在案件正式审判之前控辩审三方明晰案件争点;日本 2004 年增设"争点及证据的整理程序"要求控辩双方于第一次公审日前或者公审日期间"对持续、有计划且迅速进行充分的公审审理"有必要的案件进行争点及证据整理;我国台湾地区 2003 年新增"准备程序"要求控辩双方于第一次审判期日前或审判日整理案件及证据之重要争点;我国香港地区设置了审前讨论会制度,在庭审前确定控辩双方的态度、看法和异议,整理争点;韩国2007 年增设"公审前的准备程序"规定控辩双方于公诉后至第一次公审之前或者公审日期间针对国民参与的刑事裁决案件强制性整理案件的争点及证据。由此可见,域外国家(地区)刑事诉讼法在兼顾公正与效率的同时,通过架设案件争点整理制度,充实庭前准备程序,促进庭审集中、高效进行。2012 年《刑事诉讼法》增设庭前会议制度,并允许法官在庭前会议中了解情况,听取意见,这就不排除法官询问控辩双方对案件的事实、证据和法律有无异议事项。2013 年最高法《关于建立健全防范刑事冤假错案工作机制的意见》明确规定了庭前会议应当归纳、整理事实、证据之争点。随后,学者也在庭前会议抑或庭审实质化的研究中,探讨庭前程序

① See David Goodwin, *Controversiae Meta - Asystatae and the New Rhetoric*, Rhetoric Society Quarterly, Vol.19, No.3 (Summer, 1989), pp. 205 - 216. 转引舒国滢:《"争点论"探赜》,《政法论坛》2012 年第 2 期,第 13 页。

争点整理制度的相关内容。①

何为争点呢？争点为"诉讼当事人间关于事实或法律的单一、确定、实质性的争点或问题，或法官、陪审团就事实问题作出裁定的有争议的事项或问题。"②有些学者认为争点是民事诉讼程序通过整合、固定而形成的争议焦点；③也有人认为争点是民事诉讼当事人在法官主持下进行对案件争议的陈述，从而确认双方的争议问题。④ 虽然学者对争点的观点不尽相同，但是就争点的本质和意义而言，争点的内涵应当包含以下三个要素：争点是当事人之间的争执点；争点是关于事实、证据、法律等的争执点；争执点是具有实质性的争执点。因此，就刑事诉讼程序而言，所谓争点就是指控辩双方对解决案件有关的事实、证据、法律具有实质性的争执点。那么在刑事庭前程序中，事实或证据争点整理制度或称争点整理制度是指庭前法官对控辩双方关于案件事实、证据和法律争议点的梳理，将双方无争议的事项与有争议的事项分别归类整理，便于庭审法院在庭审程序中聚其精力解决有争议的事项，以提高审判质量，加速诉讼效率的制度。事实与证据争点整理制度试图找出解决控辩双方争执的方法，使得案件的处理结果在控辩双方达成共识的基础上具有可接受性。因此，该制度能够帮助控辩审三方在诉讼程序中鉴别争点，分别判断争点类型，并在此基础上寻找解决争点的理由，尤其是控辩双方能够据此确定各自的辩论理由以及反驳对方的理由。

二、实质性争点之识别

揆诸史乘，学者认为"争点"一词源于希腊文，本义为拳击比赛中攻守双方站立的位置，后来指演讲者或辩论者所采取的站位，尤其是控辩双方

---

① 参见汪海燕：《庭前会议制度若干问题研究——以"审判中心"为视角》，《中国政法大学学报》2016 年第 5 期，第 129－130 页；高一飞、陈晓静：《庭前会议制度的实施难题与解决方案》，《四川理工大学学报(社会科学版)》2013 年第 5 期，第 64－65 页，等等。

② 薛波主编：《元照英美法词典》，北京：法律出版社 2003 年版，第 734 页。

③ 参见邱联恭：《争议事项整合方法论》，台北：三民书局 2005 年版，第 6 页。

④ 参见齐树洁：《中、美、德三国民事审前程序比较研究》，厦门：厦门大学出版社 2004 年版，第 194 页。

在刑事诉讼辩论中必须首先要找到司法辩论的着眼点（起点）。[①] 而诉讼程序的争点似乎成为"罗生门"式的概念。学者在争点分类中阐述，所谓争点即为当事人的争执点或争论要点。如"争点还必须是对于解决案件至关重要的事实。"[②]在学理上，争点被通约为"争议焦点"，是诉讼程序通过整合、固定而形成的争议焦点。[③] 但是，就其本质内涵而言，争点是当事人对诉讼事项有实质性异议并对解决案件的关键性争执点。"诉讼当事人间关于事实或法律的单一、确定、实质性的争点或问题，或法官、陪审团就事实问题作出裁定的有争议的事项或问题。"[④]作为论辩之起点，争点的直接目的在于框定争议中的核心事项，并依此采取对应的辩论策略，进而赢得有利于己的结果。因此，论辩者的首要工作不是寻找与体裁、情景相适应的论题，而是要发现并确定内含于体裁中的实质性争议。

刑事庭前争点整理程序亦不例外。因为"从主观的认识目的来说，诉讼所需查明的事实仅限于对案件处理具有决定意义的事实，而非全部事实。"[⑤]所以只有那些涉及对裁决有实质性意义的、有助于定纷止争的诉讼事项争执点才能成为诉讼程序中的争点，或者称之为实质性争点。反之，控辩双方的争执点则为非实质性争点。由此将争点分为实质性争点和非实质性争点。之所以如此，一方面，识别实质性争点是争点整理的第一道工序，随后才是将其区分为同种类的争议事项，运用不同的应对方法；另一方面，并非控辩双方所有的不同意见都能成为刑事庭前争点整理程序中的争点；再者，主要是排除控辩双方对案件细枝末节的争议以及无关乎案件定性量刑的异议，避免审判程序效率低下。基于控辩双方可能认为所有的争点都是基于案件之诉讼而展开的，对定纷止争均具有推动作用，都能够成为实质性争点。笔者认为，判断者应于个案中依据规范性事实，运用经验和逻辑的方法识别争点的实质性。务实之做法即是：凡有

---

① 参见舒国滢：《"争点论"探赜》，《政法论坛》2012年第2期，第12－13页。

② 齐树洁：《构建我国民事审前程序的思考》，《厦门大学学报（哲学社会科学版）》2003年第1期，第62页。

③ 参见邱联恭：《争点整理方法论》，台北：三民书局2005年版，第6页；齐树洁：《中、美、德三国民事审前程序比较研究》，厦门：厦门大学出版社2004年版，第194页。

④ 薛波主编：《元照英美法词典》，北京：法律出版社2003年版，第734页。

⑤ 张小玲：《刑事诉讼客体论》，北京：中国人民公安大学出版社2010年版，第37页。

此争点比没有此争点对案件事实的认定、证据的运用以及法律的适用更加有帮助,即为实质性争点。否则,为非实质性争点。

三、争点种类之划分

在刑事诉讼领域,学者认为审前明确事实争点和法律争点,事实争点是辩护方对控告方预定事实的争议,法律争点是对起诉书所指控的范围和认定罪名,以及有关量刑的争议。[①] 也有学者指出,刑事诉讼程序中的争点可以分为事实争点、法律争点和程序争点。事实争点是指行为符合刑法有关犯罪的规定,法律争点是指对实体法与程序法适用于具体案件的争论,程序争点是指对具体诉讼程序运用的争论。[②] 不可否认的是,事实争点、法律争点和证据争点之间呈现出关联状态,其最终指向于控辩双方基于证据对事实提出的争议。而且,刑事庭前争点整理程序的"准备性""辅助性"特性,意味着其无取代庭审程序之意。因此,刑事庭前争点整理程序的事实、证据争议理应严格区别于庭审程序中的事实调查、证据质证,仅仅将控辩双方的意见分门别类地归纳与整理,以备庭审之用。笔者认为,该争点仅限于要件事实的事实争点和证据能力的证据争点,不包括证据证明力争点和法律争点。[③]

(一) 要件事实的事实争点

"事实"在哲学、逻辑学和证据学的不同语境中有着不同内涵。但是,在刑事诉讼程序领域内,以证据法的角度审视"事实",可以依次分为:客观事实(生活事实)——案件事实——要件事实(规范性事实)。其中客观事实是指日常生活中发生的"原生态"事实,其尚需从"自在之物"转化为"为我之物",否则,不被"认识"的生活事实难以成为诉争对象。案件事实

---

① 参见高一飞、陈晓静:《庭前会议制度的实施难题与解决方案》,《四川理工大学学报(社会科学版)》2013 年第 5 期,第 64 页。
② 参见汪海燕:《庭前会议制度若干问题研究——以"审判中心"为视角》,《中国政法大学学报》2016 年第 5 期,第 128 页。
③ 鉴于案件材料与案件事实关联性的认定既有法定性又有裁量性,此处的"法律争点"仅指待证事实所使用的实体法争议,不指证据能力的法定性争议。

又有系争事实、情况事实和与系争事实关联的事实之分，①系争事实即为待证事实，情况事实是伴随或解释系争事实的事实。要件事实则是对案件事实凝练、概括、剪裁后有法律意义的事实，即"从立法角度界定的'构成要件说'、从司法角度界定的'法律适用的前提说'"。②当且仅当容许使用证据证明的要件事实，方为现代刑事司法奉行证据裁判原则和罪刑法定原则精要之所在。

因此，要件事实的事实争点是指依据实体法规定的犯罪构成要件所归纳的控辩双方争议焦点，也即事实的实质性争点。这是其一。其二，要件事实混杂在案件事实之中，并不会自然而然地呈现出来。这就需要控辩审三方从纷繁的案件事实中，层层剥离出要件事实，并避免无关紧要之事实的干扰。一般情况下，事实争点的归纳整理可依历史方法进行，即按照行为和事件发生的先后顺序进行归纳要件事实的争点。因为，要件事实主要包括人的行为和事件两类，通过行为和事件的历史发展顺序，既能理顺案件事实的来龙去脉，又便于依照犯罪构成要件准确锁定关键性的要素，有的放矢。即便如此，事实争点亦常常陷于归纳争点的笼统性。如法官仅归纳为犯罪主观方面争点、犯罪客观方面争点等。这种做法无法起到聚焦庭审重点的作用。以协助组织卖淫案，整理被告人是否具备协助行为的事实争点为例。公诉人指控被告人明知他人组织、开设卖淫场所，仍提供帮助，应当以协助组织卖淫罪追究其刑事责任。辩护人认为，虽然被告人提供了帮助行为，但是其从事的是"一般服务性、劳务性工作"，符合《最高人民法院、最高人民检察院关于办理组织、强迫、引诱、容留、介绍卖淫刑事案件适用法律若干问题的解释》第4条第2款出罪的规定。为此，如果法官将控辩双方的争点归纳为"控辩双方对犯罪的客观方面有争议"，虽然符合要件事实的实质性争议点，但是由于难以确定化和具体化，难免于庭审中再次对此全面的调查与辩论，丧失了争点整理程序的功效。法官根据控辩双方对被告人的具体工作以及薪酬提出争议，借

---

① See Peter Murphy. *Murphy on Evidence, Seventh Edition*. Blackstone Press Limited, 2000: 19.

② 杨波：《法律事实构建论论纲——以刑事诉讼为中心的分析》，《吉林大学社会科学学报》2010年第2期，第60页。

助于案卷中记载的事实情况，将争点界定为：被告人的行为是否属于司法解释规定的"一般服务性、劳务性工作"，框定庭审重点，大有裨益。[①]

（二）证据能力的证据争点

作为舶来品，证据能力一词被理论界和实务界广为使用，其意指案件材料成为证据的资格。英美法系国家将其归入证据可采性范畴，通过排除规则予以规制。大陆法系国家主要受证据禁止和排除规则限制。案件材料能否具备证据资格的关键因素在于案件材料与案件事实（待证事实）是否有关联性，这已是两大法系国家证据能力理论的共识，只不过前者在证据入口进行审查，后者在证据出口予以排除。[②]

相关性也是我国证据的属性之一，但由于强大证明力规则的司法惯例，使得相关性成为认定证据能力和证明力的一体式规则。但是，证据能力的审查与认定应当先于证明力的评价与确定，只有证据能力确定之后方才涉及证据证明力的问题。如果证据不具备证明能力，那么该证据不具有作为认定案件事实的资格，更不会产生证据证明力的评价事宜。就此而言，学者主张"将证据能力问题的解决作为法庭审理庭前准备阶段的程序性功能之一应该说是一个合理的选择。"[③]尤其是对非法证据排除而言，应以庭前会议为中心构建独立、前置的排除程序。[④] 鉴于庭前会议与庭前争点整理程序处理事项的分野，将有关证据能力的证据争点置于刑事庭前争点整理程序中更为适宜。

刑事庭前争点整理程序之所以不对证明力进行争点整理，是因为：首先，从自然权威到司法理性转变的司法证明现代化是一个祛魅的过程，其摒弃的是对证据证明力的预先固化以及证据之间冲突时的法定取舍。完

---

① 福建省武夷山市人民法院(2017)闽 0782 刑初 125 号刑事判决书。同样的案例还有，四川省南充市高坪区人民法院(2017)川 1303 刑初 187 号刑事判决书；湖南省娄底市中级人民法院(2019)湘 13 刑终 382 号刑事裁定书；浙江省江山市人民法院(2017)浙 0881 刑初 94 号刑事判决书，参见中华人民共和国最高人民法院刑事审判第一、二、三、四、五庭主办：《刑事审判参考》(总第 115 集)，法律出版社 2019 年版，第 9 页。

② 参见纵博：《我国刑事证据能力之理论归纳及思考》，《法学家》2015 年第 3 期，第 72 页。

③ 陈卫东、付磊：《我国证据能力制度的反思与完善》，《证据科学》2008 年第 1 期，第 13 页。

④ 参见杨波：《由证明力到证据能力——我国非法证据排除规则的实践困境与出路》，《政法论坛》2015 年第 5 期，第 120 页。

全形式化的法定证据制度违背了认识论的基本规律,限制了法官主观能动性的发挥,束缚了理性,其日渐式微并被自由心证证据制度所取代不仅是历史发展的必然也是诉讼文明和民主的结果。将证据证明力的大小和证据取舍与运用赋予意思自治的司法裁判者,根据其理性进行自由判断、选择与权衡,为查明案件事实、正确适用法律提供了可能性。其次,刑事庭前争点整理程序并非法官运用自由裁量权的空间,有关证据证明力的判断留由庭审程序更为适当。证据证明力的基础在于事物间的逻辑或经验关系,对其的判断与取舍确属于事实问题。刑事庭前争点整理程序之目的在于整理争点,以备庭审,而且这种逻辑或经验关系恰恰是裁判者运用自由心证的范畴,让控辩双方于庭审之前对之争论非但无法解决还会混淆庭前程序与庭审程序的界限与分工。

与此同时,应当禁止"证据增补"行为。控辩双方尤其是控诉方在刑事庭前争点整理程序之后,针对获知不利己的证据,或者根据辩护方的证据,再次取证以调整指控事实、增添指控证据,以使审判天平倾向于自己而不利于对方。此为刑事庭前争点整理程序后的"证据增补"。"增补证据"将严重撕裂刑事庭前争点整理程序的定位、功能及目的。控诉方根据辩护方提出的信息再次收集消解对方异议或意见的证据,势必引发辩护方对刑事庭前争点整理程序的提防心理,使其不愿意在庭审之前和盘托出。这无疑与刑事庭前争点整理程序的初衷相悖。申言之,"增补证据"使得刑事庭前争点整理程序无法为庭审程序做好准备,庭审程序聚焦争点审理模式、提升审判质量以及提高诉讼效率也无法实现。在刑事庭前争点整理程序构建的事项上,因"增补证据"而产生的证据突袭,导致庭前争点整理程序异化为控诉方"刺探信息"的渠道与平台,其结果既损害了司法公正又阻塞了诉讼效率。因此,防范"增补证据"行为的发生业已成为庭前争点整理程序能够发挥其应有之效的关键。

(三) 法律争点不应列入刑事庭前争点整理程序

之所以如此,其缘由如下:首先,法律争点主要涉及法律的具体适用事宜。法律适用就是专门机关运用法律推理,从已知的事实和法律规定推论出裁判的过程。法律推理是法律适用中的关键环节。正所谓:"法律推理是法律适用的组成部分，没有法律推理，就没有法律适用。"①法律推理中除了形式推理(演绎推理、归纳推理和类比推理)之外，专门机关还需要针对复杂疑难案件使用实质推理，即涉及思维的实质内容如何确定。所谓的复杂疑难案件除了作为法律推理前提的事实因素之外还涉及到法律规定事项，其包括但不限于法律规定的明确性、法律条文的准确性以及法律适用中合理与合法矛盾等。法院对于实质推理的运用非在庭审程序中经过确凿之证据，权衡利弊认定案件事实不可。况且，司法解释为控诉方公诉变更埋下伏笔，而且审判方也不受控诉方指控事实法律评价的限制，罪名变更频繁发生，诸如此类的变更仅发生在庭审程序中，并不会因为庭前的异议而有所改变。如此一来，与其将有关法律问题的争点置放于争点整理程序中而徒增时间且并无效果，毋宁在庭审程序中经控辩双方充分辩论后，法官予以权衡与选择，且对事实之评价属于法院职权。

其次，事实评价属于诉讼行为之结果，既不属于待证事实也不属于刑事诉讼客体。待证事实属于诉讼中控辩双方存在争议的证明对象，实体法事实和程序法事实已成共识。刑事诉讼客体是诉讼主体实施诉讼行为进行诉讼程序的核心。"刑事诉讼客体维系着刑事诉讼法律关系稳固之基础，只有围绕着这一客体进行的诉讼活动才具有刑事诉讼法律意义，并产生相应的刑事诉讼法律后果；反之，刑事讼法律关系即失去了产生和发展的前提。"②

虽然学界对于刑事诉讼客体的具体内涵至今尚未达成共识，③但是就其本质属性而言，刑事诉讼客体仅为诉讼行为指向的实体性事实而非

---

① 沈宗灵：《法律推理与法律适用》，《法学》1988 年第 5 期，第 1 页。

② 刘仁琦：《共同犯罪案件认罪认罚从宽制度的适用问题研究——以诉讼客体单一性原理解析》，《西南民族大学学报(人文社会科学版)》2020 年第 5 期，第 96－97 页。

③ 我国学者认为刑事诉讼客体包括：1. 实体法事实、法律评价以及程序法问题。陈光中、徐静村主编：《刑事诉讼法》(修订二版)，中国政法大学出版社 1999 年版，第 58－59 页；2. 案件事实和法律评价。熊秋红："刑事证明对象再认识"，载王敏远主编：《公法(第四卷)》，法律出版社 2003 年版，第 30，31 页；3. 案件事实和刑事责任。建林主编：《刑事诉讼法》，法律出版社 1997 年版，第 45 页；宋英辉主编：《刑事诉讼原理》，法律出版社 2003 年版，第 187－188 页；4. 犯罪事实或刑事责任。樊崇义主编：《刑事诉讼法》，中国政法大学出版社 1999 年版，第 44 页；5. 实体法事实和程序法事实。锁正杰：《刑事程序的法哲学原理》，中国人民公安大学出版社 2002 年版，第 75 页；6. 刑事诉讼客体仅为指控事实，不包含对指控事实的评价。参见张小玲，见前注[30]，第 55 页，等。

诉讼行为的结果。

将诉讼结果视为诉讼行为指向对象,意味着审判程序尚未开始就业已认可了控诉方指控事实的法律评价,将控诉方的评价等同于审判方对被追诉人的最终法律评价。这是我国长期以来有罪推定观念的延续,违背了现代刑事司法无罪推定的理念。因此,刑事诉讼的客体仅为实体性事实,其既难以包括法律评价或刑事责任又无法涵盖程序性事实。那么,在庭前会议的争点整理程序中,控辩双方仅就指控事实提出不同见解,法院归纳、整理、质疑焦点,也就成为顺理成章之事。

最后,事实判断先于法律适用。刑事诉讼程序就是司法机关认定案件事实并对之进行法律评价或法律适用的过程,但是在事实判断与法律适用两只之间存在位阶排序问题。一般而言,法官根据证据裁判规则的要求应当先行进行指控事实的判断与认定,然后方为具体法律的适用。"定罪就可以分为两个逻辑层次:一是事实认定,二是法律评价。法律评价必须严格建立在事实基础之上,因而事实判断必然先于法律判断。"①申言之,事实判断优先于法律适用。因此,在指控事实未确定之前何来法律的争议、质疑和适用,如果控辩双方在争点整理程序中对有关法律问题提出异议与质疑,无谓于徒增诉累,延迟诉讼。

其实,日本刑事诉讼法第一次审理前的争点和证据整理程序以及我国台湾地区刑事诉讼法在庭前程序中设置"案件及证据之重要争点"也主要针对案件事实争点和证据争点展开。事实争点是指控辩双方对指控犯罪事实的争议,证据争点是指控辩双方对证据的争议。至于日本《刑事诉讼》第 316 条之五第 1 项"明确诉因或者处罚条款"、第 2 项"允许追加、撤回或者变更诉因或者处罚条款"以及我国台湾地区《刑事诉讼法》第 273 条第 1 项"起诉效力所及之范围与有无应变更检察官所引应适用法条之情形"之情况,仅仅是审判方或控诉方对起诉书诉因的确认或调整,而且法律明确规定,即使起诉书中处罚条文记载错误,只要对被告人的辩护权不产生实质性危险,也不影响起诉的效力。② 由此可知,之所以在刑事庭

① 陈兴良:《论犯罪构成要件的位阶关系》,《法学》2005 年第 4 期,第 7 页。
② 日本《刑事诉讼法》第 256 条第 4 项:"记载罪名时,应当标明适用的处罚条款。但是,处罚条文记载错误,只要不存在对被告人的防御产生实质性不利的危险,就不影响提起公诉的效力。"

前争点整理程序中如此规定,是因为法院要确定审判的范围,需要明确的、具体的审判对象,其实质彰显为控审分离原则下不告不理和诉审同一的必然要求。换言之,该款规定要么是审判方对审判范围的再次确认,要么是控诉方单方面的变更,实不涉及控辩双方对法律适用问题的争议处理。为此,我国台湾地区学者认为:"'起诉效力所及范围'及'有无变更法条',皆以案件之争点确定为前提,是以'起诉效力所及之范围与有无应变更检察官所引应适用法条之情形'之内容,似不宜规定在刑事诉讼法第273 条第一项第一款。"①而且在日本刑事案例中,其争点整理程序也未涉及法律争点。②

四、争点整理之运行

立法和司法解释乃至于学理研究尚未对事实、证据争点如何运行予以界定,但是此乃刑事实务精要之所在。我们认为刑事庭前争点整理程序的运行机制如下:

(一)争点整理的适用范围

基于刑事庭前争点整理程序是庭前会议的必要模块,以及"二元结构"的刑事诉讼程序,其适用范围限定为:在庭前会议案件范围的基础上,主要适用于普通程序中被追诉人不认罪认罚的案件、辩护人作无罪辩护的案件。因为庭前会议提供了刑事庭前争点整理程序运行空间,其适用范围首先应在庭前会议的基础上进行设置。另外,庭前会议解决程序争点,刑事庭前争点整理程序处理事实争点和证据争点,以此圈定刑事庭前争点整理程序的适用空间,针对上述案件集中听取意见,以确定庭审重点,才能真正做到节约司法资源,提高诉讼效率,实现刑事庭前争点整理程序的初衷。

---

① 林俊益:《刑事准备程序中事实上之争点整理——最高法院九十六年度台上字第二〇四号判决析述》,《月旦法学杂志》2007 年第 9 期,第 265 页。

② 最判平 21-10-16 刑集 63-8-937;最判平成 26-4-22 刑集 68-4-730。参见(日)田口守一,见前注[6],第 356—357 页。

（二）争点整理的启动

至于刑事庭前争点整理程序的启动，正如并非所有的案件都要召开庭前会议一样，也应当有所限定。首先，刑事庭前争点整理程序并不必然随着庭前会议的启动而举行。虽然庭前会议提供了寄身空间，但两者处理事项及适用范围不同，耦合度较低，前者的启动并不必然引发后者的举行。其次，刑事庭前争点整理程序启动方式分为职权启动、诉权启动及适当的应当启动。具言之，刑事庭前争点整理程序可以由法院依职权启动，也可以由控辩双方提出申请，由法院决定是否启动，但是对于"控辩双方对事实或证据争议较大"且提出书面申请的，应当启动。职权启动和诉权启动也契合了《庭前会议规程》规定庭前会议的启动方式，而之所以设置应当启动，则考虑到该类案件的数量不多，且控辩双方争议较大，如此既不会因为频繁启动耗费时间又能促使控辩审于庭前沟通交流，吸纳异议，平息争执。

（三）争点整理的参加主体

相比于庭前会议的参加主体，刑事庭前争点整理程序的参加主体尚需要讨论两个问题。其一，主持人的确定。理论界和实务界在探讨庭前会议主持人议题时曾提出法官助理主持、立案庭负责立案的人员主持以及设置独立的庭前法官主持三种方案，其目的在于防范法官先入为主形成预断，但是上述观点均有待商榷。首先，立案庭负责立案的人员大都是助理审判员，其与法官助理一样助理审判人员，可以参加庭前会议，协助审判人员做好工作，而让其主持与立法和司法解释不符。其次，设置独立的庭前法官固然能够防范预断，但是人员配备应与现行司法体制和诉讼制度相契合，如此才能发挥冲击最小而利益最大化之效。单独另设庭前法官序列也与现行司法体制不符，且不利于节约诉讼资源。最后，刑事庭前争点整理程序设置的目的在于排除延误，梳理争点，确定审理重点，提高诉讼效率，保证庭审质量。由庭审法官主持方才能实现此目的，另设法官主持反而不利于庭审法官集中听取意见，把握庭审重点，驾驭庭审。

其二，被告人是否参加。现有研究对被告人是否参加庭前会议的讨

论中存在着"可以参加"和"应当参加"的纷争,而立法和司法解释确立了
"可以参加"之样态。与此同时,建议"可以参加"的学者主张构建被告人
未参加下的权益保障机制,如法官释明权告知、被告人对辩护人的再次授
权、检察官先行征求被告人意见以及强制性辩护等。[①] 但是,刑事庭前争
点整理程序涉及到事实、证据争点提出、识别、归纳、整理,其逻辑内涵包
含着对案件实体性问题的预先准备。作为直接利害关系人的被告人,若
剥夺其参加的权利,势必影响后续庭审程序中辩护权的行使。辩护权是
被告人最核心的母体性权利。在辩护权权利主体与辩护行为主体分离的
现实情况中,仅允许辩护律师参加而剥夺被告人的参加,实质上背离了辩
护权的自然属性。再者,即便在庭前会议中,实证研究也显示出"没有必
要"参加的选择率最低,而"有必要"的比率仅次于"看案件具体情况"的比
率。[②] 因此,若在讨论程序性事项中允许被告人不参加庭前会议具有合
理性,但是刑事庭前争点整理程序因涉及实体性争议,理应赋予被告人参
与权。

(四) 争点整理的具体程序

作为新增程序,尚需要进一步细化刑事庭前争点整理程序的具体环
节,其包括程序初始阶段、异议显现阶段和争点整理与确认阶段。

第一,程序初始阶段。刑事庭前争点整理程序的初始阶段包括控辩
审三者准备性工作。就控诉方的准备工作而言,应完善卷宗移送制度和
保障辩护方的阅卷权,这是庭前争点整理程序的基础。其一,确保案件资
料的完整性和全面性,杜绝选择性移送。全案移送语义本身即意味着控
诉方应将卷宗资料全面、完整地移送到法院,禁止以部门利益或者涉密为
由选择性移送。策略性的选择移送卷宗既撕裂了由司法卷宗所形成的待
证事实又限制了辩护方阅卷权,更误导法官的认知。尤其不能以涉密为

---

① 参见施鹏鹏、陈真楠:《刑事庭前会议制度之检讨》,《江苏社会科学》2014 年第 1 期,第 116
　页;参见莫湘益:《庭前会议:从法理到实证的考察》,《法学研究》2014 年第 3 期,第 55 页;参
　见步洋洋:《审判中心语境下的庭前会议新探》,《河北法学》2018 年第 7 期,第 58 页,等。
② 参见秦宗文、鲍书华:《刑事庭前会议运行实证研究》,《法律科学(西北政法大学学报)》2018
　年第 2 期,第 155 页。

借口将其异化为掩饰办案缺陷或者隐藏辩护证据的工具,钳制控辩交往实质化。其二,细化起诉卷宗管理,增设指控事实概要和证据目录清单。控诉方在内容繁杂的卷宗中增设指控事实概要和证据目录清单,达致指控事实清楚明了,欲出示证据一目了然。辩护方便于确定标靶、明确辩护方向,并针对性地提出事实、证据争议点。

就辩护方的准备工作而言,在会见权、阅卷权的基础上,增强被告人的"阅卷权",并强调积极性抗辩证据的预先出示。其一,扩大"核对有关证据"条文的适用,增强被告人的"阅卷权"。学界对"核实有关证据"有不同的争议。① 笔者认为,被追诉人是辩护权的权利主体,其只有了解、知悉指控事实和证据才能提出针对性的异议,进而形成实质性的争点。辩护律师并不能完全取代被追诉人的认知与权利。另外,若依阅卷方式将阅卷权分为广义阅卷权和狭义阅卷权,将"核实有关证据"视为被追诉人以查阅方式的狭义阅卷权并未不妥。赋予被追诉人狭义阅卷权彰显了辩护权的不可克减性,也对激活被追诉人自主性辩护权,有过之而无不及。其二,强调积极性抗辩证据的预先出示。辩护权是防御性权利,但并不意味着被追诉人及辩护人一味地服从与配合。被追诉人尤其是辩护律师以积极的态度直面不当指控,提出被追诉人不构成犯罪的证据,即积极性抗辩证据。立法及司法解释规定的"辩护人收集的有关犯罪嫌疑人不在犯罪现场、未达到刑事责任年龄、属于依法不负刑事责任的精神病人的证据,应当及时告知"为其表现之一。辩护方在刑事庭前争点整理程序中提出该类证据,能够及时纠正错误指控、维护被追诉人权利,举足轻重。

就审判方的准备工作而言,法官于庭前审查后,根据适用范围、启动方式以确定是否举行刑事庭前争点整理程序。当法官确定举行时,应不延迟以诉讼权利通知书的形式告知被追诉人及其辩护人参加庭前争点整理程序,并将时间、地点、举行方式及时通知控辩双方,以便刑事庭前争点

---

① 参阅陈瑞华:《论被告人的阅卷权》,《法学研究》2013 年第 3 期,第 127 - 137 页;朱孝清:《刑事诉讼法实施中的若干问题研究》,《中国法学》2014 年第 3 期,第 247 - 253 页;孙谦:《关于修改后刑事诉讼法执行情况的若干思考》,《国家检察官学院学报》2015 年第 3 期,第 10 - 11 页;朱孝清:《再论辩护律师向犯罪嫌疑人、被告人核实证据》,《中国法学》2018 年第 4 期,第 44 - 64 页,等。

整理程序,厘清争点,清除诉讼障碍。

第二,异议显露阶段。该阶段分为辩护方的异议提出以及控诉方的异议反驳。辩护方尤其是辩护律师应及时到法院阅卷并会见被追诉人,辩护律师向被告人核实事实和证据,征求被追诉人对有关事实和证据的意见,以及征求其是否参加刑事庭前争点整理程序意见,并将该意见及时反馈给庭前法官。在被追诉人不参加的情况下,辩护律师应与被告人协商一致,达成共识并于刑事庭前争点整理程序期间及时提出;在被告人参加的情况下,辩护律师应当辅助被追诉人表达真实、充分的意见。与此同时,辩护方也可以向庭审法官提交一份对案件事实、证据的书面异议或意见。控诉方在提交全部卷宗资料并提交案情概要和证据目录后,结合辩护方提出的事实、证据异议或意见,再次发表意见并适时提出理由与依据,尤其是对辩护方的意见及理由又有不同意见的情况。需要强调的是,控辩双方对各自的异议或反驳应提出合理的理由,防止毫无根据的异议以及无端的意见。

第三,争点整理与确认阶段。法官根据控辩双方的异议和反驳整理事实争点和证据争点。法官的整理行为分为两部分:一是对控辩双方意见的归纳。法官在听取控辩双方意见的基础上,围绕着争执焦点整理出有关犯罪构成要件的事实争点和有关证据能力的证据争点。与此同时,鉴于控辩双方权利(力)的内省性,允许控辩双方直接会晤,达成共识并制作《刑事案件争点整理合意书》。法官在控辩双方对案件的事实、证据充分表达意见的基础上,分门别类地制作《刑事案件无异议争点清单》和《刑事案件有异议争点清单》。二是对控辩双方意见的确认。法官在归纳控辩双方的争点之后,应当将归纳之结果呈交给控辩双方查阅,控辩双方可以就归纳的事项进行修改、补充和更改。在确定无误后,法官应当要求控辩双方在相关清单上签字予以确认,随后由法官予以备份与封存,以备庭审程序中使用。

尤为重要的是,应当赋予争点结果法律效力。如果刑事庭前争点整理程序缺乏法律效力,导致已经达成合意的事项在庭审程序再次展开审理,无异于否认先前程序存在的意义,其提高诉讼效率的价值也未得彰显。首先,控辩双方的合意效力。法官应告知控辩双方合意事项的法律效力,即控辩双方在刑事庭前争点整理程序中就事实或证据达成一致意见,在法庭审理中无正当理由不得再次提出异议。但对于控辩双方尚存异议的事实或证据,法官整理为有异议清单,留待庭审程序解决。其次,确认与运用流程。在宣读开庭后至法庭调查之前,法官首先出示或宣读控辩双方《刑事案件无异议争点清单》和《刑事案件有异议争点清单》,必要时应呈控辩双方再次查阅。经控辩双方对《刑事案件无异议争点清单》再次确认后,法庭将采信该清单记载的有关事实和证据;在控辩双方确认有争议清单后,法庭调查和法庭辩论主要围绕着有异议争点清单展开。换言之,在庭审程序中,法官在法庭调查前先确认《刑事案件争点整理合意书》和《刑事案件无异议争点清单》,然后重点对《刑事案件有异议争点清单》展开法庭调查与法庭辩论。最后,新异议的处理。通常而言,控辩双方理应在《刑事案件争点整理合意书》的基础上,尊重刑事庭前争点整理程序之结果,无正当理由不得变更。在庭审程序中,当控辩双方有新异议时,法官应先行审查在刑事庭前争点整理程序中没有提出的原因以及新异议的理由。若新异议以及理由具有正当性,法官适时、适度进行识别,经控辩双方认同,调整异议争点清单。否则,法官应当驳回异议。

参考文献

一、著作类

1. 《马克思恩格斯全集》(第 19 卷),北京:人民出版社,1963 年。
2. 陈朴生:《刑事经济学》,台湾:正中书局,1975 年。
3. 陈朴生:《刑事诉讼法实务》,台湾:海天印刷厂有限公司,1981 年。
4. 钱承旦:《第一个工业化社会》,成都:四川人民出版社,1988 年。
5. 张宏生、谷春德:《西方法律思想史》,北京:北京大学出版社,1990 年。
6. 沈宗灵:《现代西方法理学》,北京:北京大学出版社,1992 年。
7. 蔡墩铭:《刑事诉讼法论》,台湾:五南图书出版有限公司,1993 年。
8. 邱联恭:《程序选择权之法理——着重阐述其理论基础并准以展望新世纪之民事程序法学》,《民事诉讼法制研讨》(四),台湾:台湾三民书局,1993 年。
9. 张文显:《法学基础范畴研究》,北京:中国人民大学出版社,1993 年。
10. 《马克思恩格斯选集》(第 3 卷),北京:人民出版社,1995 年。
11. 陈光中编:《中华人民共和国刑事诉讼法修改建议稿与论证》,北京:中国方正出版社,1995 年。
12. 陈光中、严端:《中华人民共和国刑事诉讼法修改建议稿与论证》,北京:中国方正出版社,1995 年。
13. 卞建林译:《美国联邦刑事诉讼规则和证据规则》,北京:中国政法大学出版社,1996 年。
14. 林喆:《权力腐败与权力制约》,北京:法律出版社,1997 年。
15. 谢晖:《法律信仰的理念与基础》,济南:山东人民出版社,1997 年。
16. 宋冰主编:《程序、正义与现代化——外国法学家在华演讲录》,北京:中国政法大学出版社,1998 年。
17. 龙宗智:《相对合理主义》,北京:中国政法大学出版社,1999 年。
18. 陈瑞华:《刑事诉讼的前言研究》,北京:中国人民大学出版社,2000 年。
19. 陈瑞华:《刑事审判原理论》,北京:北京大学出版社,2000 年。
20. 汪建成:《欧盟成员国刑事诉讼概论》,北京:中国人民大学出版社,2000 年。
21. 何勤华等著:《德国法律发达史》,北京:法律出版社,2000 年。
22. 林来梵:《从宪法规范到规范宪法》,北京:法律出版社,2001 年。
23. 何勤华主编:《法国法律发达史》,北京:法律出版社,2001 年。
24. 张文显:《法哲学范畴研究》,北京:中国政法大学出版社,2001 年。
25. 龙宗智:《刑事庭审制度研究》,北京:中国政法大学出版社,2001 年。

26. 李夕思、熊志海主编:《新编刑事诉讼法教程》,北京:中共中央党校出版社, 2001 年。
27. 宋英辉、吴宏耀:《刑事审判前程序研究》,北京:中国政法大学出版社,2002 年。
28. 王兆鹏:《当事人进行主义之刑事诉讼》,台湾:元照出版有限公司,2002 年。
29. 傅思明:《中国司法审查制度》,北京:中国民主法制出版社,2002 年。
30. 江苏省高级人民法院刑一庭:"关于全省刑事审判方式和刑事审判机制改革情况的调查报告",《刑事审判要览》,总第 4 集,北京:法律出版社,2003 年。
31. 李学军:《美国刑事诉讼规则》,北京:中国检察出版社,2003 年。
32. 齐树洁:《中、美、德三国民事审前程序比较研究》,厦门:厦门大学出版社, 2004 年。
33. 江伟:《证据法学》,北京:法律出版社,2004 年。
34. 陈卫东主编:《刑事诉讼法》,北京:中国人民大学出版社,2004 年。
35. 陈卫东主编:《刑事审前程序研究》,北京:中国人民大学出版社,2004 年。
36. 易延友:《刑事诉讼法》,北京:法律出版社,2004 年。
37. 林钰雄:《刑事诉讼法》(下),北京:中国人民大学出版社,2005 年。
38. 林钰雄:《刑事诉讼法》,台湾:台北新学林出版社,2005 年。
39. 蔡墩铭:《刑事诉讼法概论》,台湾:三民书局,2005 年。
40. 徐静村:《中国刑事诉讼法(第二修正案)学者拟制稿及立法理由》,北京:法律出版社,2005 年。
41. 邱联恭:《争议事项整合方法论》,台湾:三民书局,2005 年。
42. 陈卫东:《程序正义之路(第二卷)》,北京:法律出版社,2005 年。
43. 卓泽渊:《法的价值论》(第二版),北京:法律出版社,2006 年。
44. 谢佑平等:《刑事救济程序研究》,北京:中国人民大学出版社,2007 年。
45. 甄贞、汪建成主编:《中国刑事诉讼第一审程序改革研究》,北京:法律出版社, 2007 年。
46. 云山城主编:《预审学》,北京:中国人民公安大学出版社,2007 年。
47. 徐显明主编:《人权法原理》,北京:中国政法大学出版社,2008 年。
48. 潘金贵:《刑事预审程序研究》,北京:法律出版社,2008 年。
49. 王桂五主编:《中华人民共和国检察制度研究》,北京:中国检察出版社,2008 年。
50. 程荣斌主编:《刑事诉讼法》,北京:中国人民大学出版社,2009 年。
51. 董文才编著:《新编刑事诉讼法理论与实务》,北京:高等教育出版社,2009 年。
52. 陈瑞华:《刑事诉讼的中国模式》(第 2 版),北京:法律出版社,2010 年。
53. 陈卫东主编:《刑事诉讼法》,武汉:武汉大学出版社,2010 年。
54. 宋英辉:《刑事和解实证研究》,北京:北京大学出版社,2010 年。
55. 宋英辉、孙长永、朴宗根等:《外国刑事诉讼法》,北京:北京大学出版社,2011 年。
56. 陈卫东主编:《模范刑事诉讼法典(第二版)》,北京:中国人民出版社,2011 年。
57. 陈光中主编:《刑事诉讼法》(第四版),北京:北京大学出版社、高等教育出版社, 2012 年。
58. 张军、陈卫东主编:《新刑事诉讼法实务见解》,北京:人民法院出版社,2012 年。
59. 江必新主编:《最高人民法院关于适用〈中华人民共和国刑事诉讼法的解释〉理解与适用》,北京:中国法制出版社,2013 年。
60. 张丽卿:《刑事诉讼法理论与运用》,台湾:五南图书出版股份有限公司,2013 年。
61. 陈光中主编:《刑事诉讼法》,北京:北京大学出版社、高等教育出版社,2015 年。
62. 赵琳琳:《澳门司法制度新论》,北京:社会科学文献出版社,2015 年。

63. 黄东熊:《刑事诉讼法研究》(第三册),台北:元照出版社,2017 年。
64. 邓陕峡:《我国刑事庭前会议的实证研究与理论阐释》,北京:中国政法大学出版社,2017 年。
65. [德]卡尔·拉伦茨:《法学方法论》(第六版),黄家镇译,商务印书馆 2020 年。
66. 韩旭:《认罪认罚从宽制度研究》,北京:中国政法大学出版社,2020 年。
67. 施鹏鹏:《现代刑事诉讼模式:对话与冲突》,北京:中国政法大学出版社,2021 年。
68. 陈瑞华:《比较刑事诉讼法》,北京:北京大学出版社,2021 年。
69. 卞建林等:《刑事诉讼制度与理论的新发展》,北京:中国人民公安大学出版社,2021 年。
70. 孙长永:《中国刑事诉讼法制四十年:回顾、反思与展望》,北京:中国政法大学出版社,2021 年。

二、译著类

1. [德]黑格尔:《历史哲学》,王造时译,台湾:三联书店,1956 年。
2. [法]卢梭:《社会契约论》,何兆武译,北京:商务印书馆,1980 年。
3. [美]庞德:《通过法律的社会控制·法律的任务》,沈宗灵、董世忠译,北京:商务印书馆,1984 年。
4. [英]彼得·斯坦、约翰·香德:《西方社会的法律价值》,王献平译,北京:中国人民大学出版社,1990 年。
5. [法]皮埃尔·尚邦:《法国诉讼制度的理论与实践——形式预审法庭和检察官》,陈春龙译,北京:中国检察出版社,1991 年。
6. [意]贝卡利亚:《论犯罪与刑罚》,黄风译,北京:中国大百科全书出版社,1993 年。
7. 李昌珂译:《德国刑事诉讼法典》,北京:中国政法大学出版社,1995 年。
8. 卞建林译:《美国联邦刑事诉讼规则和证据规则》,北京:中国政法大学出版社,1996 年。
9. [古希腊]亚里士多德:《政治学》,吴寿彭译,北京:商务印书馆,1997 年。
10. [古罗马]西塞罗:《论共和国·论法律》,王焕生译,北京:中国政法大学出版社,1997 年。
11. [美]罗尔斯:《正义论》,何怀宏、何包纲、廖申白译,北京:中国社会科学出版社,1998 年。
12. [美]本杰明·卡多佐:《司法过程的性质》,苏力译,北京:商务印书馆,1998 年。
13. [德]克劳斯·罗克辛:《德国刑事诉讼法》,吴丽琪译,台湾:三民书局,1998 年。
14. [美]博登海默:《法理学:法律哲学与法律方法》,邓正来译,北京:中国政法大学出版社,1999 年。
15. [日]大木雅夫:《比较法》,范愉译,北京:法律出版社,1999 年。
16. [日]田口守一:《刑事诉讼法》,刘迪等译,北京:法律出版社,2000 年。
17. [日]林山田:《刑事诉讼法改革对案》,台湾:元照出版有限公司,2000 年。
18. 宋英辉译:《日本刑事诉讼法》,北京:中国政法大学出版社,2000 年。
19. [美]艾伦·豪切斯泰勒·斯黛丽、南希·弗兰克:《美国刑事法院起诉程序》,陈卫东、徐美君译,北京:中国人民大学出版社,2001 年。
20. [英]麦高伟、杰弗里·威尔逊主编:《英国刑事司法程序》,姚永吉等译,北京:法律出版社,2003 年。
21. [德]克劳斯·罗科信:《刑事诉讼法》,吴丽琪译,北京:法律出版社,2003 年。
22. [美]维恩·R. 拉费佛、杰罗德·H. 伊斯雷尔、南希·J. 金:《刑事诉讼法》(上册),

卞建林、沙丽晶等译,北京:中国政法大学出版社,2003 年。

23. 徐卉译:《美国联邦地区法院刑事诉讼流程》,北京:法律出版社,2003 年。

24. [德]托马斯·魏根特:《德国刑事诉讼程序》,岳礼玲、温小洁译,北京:中国政法大学出版社,2004 年。

25. [日]松尾浩也:《日本刑事诉讼法》,张凌译,北京:中国人民大学出版社,2005 年。

26. [美]戴维·迈克斯:《心理学》,黄希庭等译,北京:人民邮电出版社,2006 年。

27. [英]约翰·斯普莱克:《英国刑事诉讼程序(第九版)》,徐美君、立涛译,北京:中国人民大学出版社,2006 年。

28. [德]汉斯·尤尔根·克尔纳:《德国刑事追诉与制裁:成年刑法与少年刑法之现状分析与改革构想》,许泽天、薛智仁译,台湾:元照出版有限公司,2008 年。

29. [美]约书亚·德雷斯勒、艾伦·C.迈克尔斯:《美国刑事诉讼法精解(第四卷)(第二卷·刑事审判)》,吴宏耀译,北京:北京大学出版社,2009 年。

30. [英]约翰·斯普莱克:《英国刑事诉讼程序》,徐美君、杨立涛译,中国人民大学出版社,2009 年。

31. [法]贝尔纳·布洛克:《法国刑事诉讼法》,罗结珍译,北京:中国政法大学出版社,2011 年。

32. [美]卡尼曼:《思考,快与慢》,胡晓姣、李爱民、何梦莹译,北京:中信出版社,2012 年。

33. [日]佐藤博史:《刑事辩护的技术与伦理:刑事辩护的心境、技巧和体魄》,张凌、于秀峰译,北京:法律出版社,2012 年。

34. 宗玉琨译:《德国刑事诉讼法典》,北京:知识产权出版社,2013 年。

35. 澳门印务局:《刑事诉讼法典》,澳门:澳门印务局,2014 年。

36. 张凌、于秀峰编译:《日本刑事诉讼法律总览》,北京:人民法院出版社,2017 年。

37. [美]斯蒂芬诺斯·毕贝斯:《庭审之外的辩诉交易》,杨先德等译,中国法制出版社,2018 年。

38. 65. [日]田口守一:《刑事诉讼法》(第七版),张凌、于秀峰译,北京:法律出版社,2019 年。

39. [英]苏珊·哈克:《证据原理:司法证明科学》,刘静坤、王进喜译,法律出版社 2022 年。

三、期刊类

1. 卞建林:《颇具特色的日本刑事起诉制度》,《比较法研究》,1988 年第 2 期。

2. 孙长永:《日本起诉状一本主义》,《中国法学》,1994 年第 1 期。

3. 张军:《关于刑事案件审判方式的若干问题》,《中国法学》,1996 年第 3 期。

4. 孙笑侠:《司法权的本质是判断权——司法权与行政权的十大误区》,《法学》,1998 年第 8 期。

5. 龙宗智:《刑事诉讼庭前审查程序研究》,《法学研究》,1999 年第 3 期。

6. 郝银钟:《检察权质疑》,《中国人民大学学报》,1999 年第 3 期。

7. 龙宗智:《刑事诉讼庭前审查程序研究》,《法学研究》,1999 年第 3 期。

8. [德]约阿希姆·赫尔曼:《德国刑事诉讼程序中的协商》,王世洲译,《环球法律评论》,2001 年冬季号。

9. 《刑事诉讼法上起诉审查新制度的检讨》学术研讨会——刑事程序法第十三次研讨会,《台湾本土法学》,2002 年第 36 期。

10. 汪建成、杨雄:《比较法视野下的刑事庭前审查程序之改造》,《中国刑事法杂志》,

2002 年第 6 期。

11. 孙长永:《刑事庭审方式改革出现的问题评析》,《中国法学》,2002 年第 3 期;

12. 宋英辉、陈永生:《刑事案件庭前审查及准备程序研究》,《政法论坛(中国政法大学学报)》,2002 年第 2 期。

13. 林钰雄:《论中间程序——德国起诉审查制的目的、运作及立法论》,《月旦法学杂志》,2002 年第 88 期。

14. 陈永生:《论辩护方以强制程序取证的权利》,《法商研究》,2003 年第 1 期。

15. 孙长永:《当事人主义刑事诉讼法中法庭调查程序评析》,《政治与法律》,2003 年第 3 期。

16. 李奋飞:《从"复印件主义"走向"起诉状一本主义"——对我国刑事公诉方式改革的一种思考》,《国家检察官学院学报》,2003 年第 2 期。

17. 陈学权:《论刑事庭前审查程序》,《法治论丛》,2003 年第 2 期。

18. 宋川:《刑事案件普通程序简易审质疑》,《国家检察官学院学报》,2003 年第 3 期。

19. 黄朝义:《修法后准备程序运作之剖析与展望》,《月旦法学杂志》,2004 年第 113 期。

20. 许建丽:《对"被告人认罪案件"简化审的反思》,《法学》,2005 年第 6 期。

21. 成尉冰:《为 2.6 亿元的"飞镖公司案"辩护》,《律师与法制》,2006 年第 2 期。

22. 闵春雷:《刑事庭前程序研究》,《中外法学》,2007 年第 2 期。

23. 陈卫东、韩红兴:《谨防起诉状一本主义下的陷阱——以日本法为例的考察》,《河北法学》,2007 年第 9 期。

24. 张弛:《浅析韦伯学说中的"正当性"》,《江淮论坛》,2007 年第 3 期。

25. 左卫民:《中国刑事案卷制度研究——以证据案卷为重心》,《法学研究》,2007 年第 6 期。

26. 孙远:《卷宗移送制度改革之反思》,《政法论坛》,2009 年第 1 期。

27. 陈岚、高畅:《论我国公诉方式的重构》,《法学评论》,2010 年第 4 期。

28. 李昌盛:《德国刑事协商制度研究》,《现代法学》,2011 年第 6 期。

29. 杨宇冠:《我国刑事诉讼简易程序改革思考》,《杭州师范大学学报(社会科学版)》,2011 年第 2 期。

30. 陈卫东、杜磊:《庭前会议制度的规范建构与制度适用——兼评〈刑事诉讼法〉第 182 条第 2 款之规定》,《浙江社会科学》,2012 年第 11 期。

31. 左卫民:《当代中国刑事诉讼法律移植经验与思考》,《中外法学》,2012 年第 6 期。

32. 汪建成:《刑事审判程序的重大变革及其展开》,《法学家》,2012 年第 3 期。

33. 陈瑞华:《卷宗移送制度的演变与反思》,《政法论坛》,2012 年第 5 期。

34. 黄太云:《刑事诉讼法修改释义》,《人民检察》,2012 年第 8 期。

35. 郭春镇:《反司法审查观的"民主解药"》,《法律科学(西北政法大学学报)》,2012 年第 2 期。

36. 施鹏鹏:《不日而亡——以法国预审法官权力变迁为主线》,《中国刑事法杂志》,2012 年第 7 期。

37. 陈瑞华:《刑事诉讼法修改对检察工作的影响》,《国家检察官学院学报》,2012 年第 4 期。

38. 牟军、张青:《法院审前准备与刑事庭审程序的运行》,《西南民族大学学报(人文社会科学版)》,2012 年第 5 期。

39. 舒国滢:《"争点论"探赜》,《政法论坛》,2012 年第 2 期。

40. 陈卫东:《立法原意应当如何探寻:对〈人民检察院刑事诉讼规则(试行)〉的整体评

价》,《当代法学》2013 年第 3 期。

41. 汪海燕:《刑事诉讼法解释论纲》,《清华法学》,2013 年第 6 期。

42. 黄曙、吴小倩:《庭前会议的司法实践与制度完善》,《人民检察》,2013 年第 18 期。

43. 徐利英、王峰:《关于刑事证据开示制度的思考》,《中国刑事法杂志》,2013 年第 9 期。

44. 杨宇冠、兰卫东:《论我国刑事诉讼法修改与人权保障的进步》,《河南社会科学》,2013 年第 3 期。

45. 戴长林:《庭前会议程序若干疑难问题》,《人民司法》,2013 年第 21 期。

46. 高一飞、陈晓静:《庭前会议制度的实施难题与解决方案》,《四川理工学院学报》,2013 年第 5 期。

47. 陈瑞华:《刑事诉讼中的有效辩护问题》,《苏州大学学报(哲学社会科学版)》2014 年第 5 期。

48. 汪家宝:《论中国刑事司法语境下的有效辩护问题》,《河南财经政法大学学报》2014 年第 5 期。

49. 陈光中、郭志媛:《非法证据排除规则实施若干问题研究——以实证调查为视角》,《法学杂志》,2014 年第 9 期。

50. 路而启:《简论刑事和解的中国特色——以当事人和解的公诉案件诉讼程序为中心》,《法治研究》,2014 年第 6 期。

51. 闵春雷等:《东北三省检察机关新刑诉法实施调研报告》,《国家检察官学院学报》,2014 年第 3 期。

52. 顾永忠:《试论庭审中心主义》,《法律适用》,2014 年第 12 期。

53. 汪建成:《〈刑事诉讼法〉的核心观念及认同》,《中国社会科学》,2014 年第 2 期。

54. 闵春雷:《以审判为中心:内涵解读及实现路径》,《法律科学(西北政法大学学报)》,2015 年第 3 期。

55. 沈德咏:《论以审判为中心的诉讼制度改革》,《中国法学》,2015 年第 3 期。

56. 秦策:《庭审中心主义的理念阐释与现实路径》,《江苏行政学院学报》,2015 年第 4 期。

57. 陈光中、步洋洋:《审判中心与相关诉讼制度改革初探》,《政法论坛》,2015 年第 3 期。

58. 樊崇义:《解读"以审判为中心"的诉讼制度改革》,《人民司法》,2015 年第 2 期。

59. 樊崇义、张中:《论以审判为中心的诉讼制度改革》,《中州学刊》,2015 年第 1 期。

60. 汪海燕:《论刑事庭审实质化》,《中国社会科学》,2015 年第 2 期。

61. 龙宗智:《庭审实质化的路径与方法》,《法学研究》,2015 年第 5 期。

62. 董照南、张爱晓:《刑事速裁试点中存在的问题及解决对策》,《中国审判》,2015 年第 17 期。

63. 樊崇义:《刑事速裁程序:从"经验"到"理性"的转型》,《法律适用》,2016 年第 4 期。

64. 汪海燕:《庭前会议制度若干问题研究——以"审判中心"为视角》,《中国政法大学学报》,2016 年第 5 期。

65. 邓陕峡:《英国刑事庭前程序的发展及对我国的启示》,《法学杂志》,2016 年第 9 期。

66. 孙长永、王彪:《论刑事庭审实质化的理念、制度和技术》,《现代法学》,2017 年第 3 期。

67. 印波:《以宪法之名回归法律文本:德国量刑协商即近期的联邦宪法判例始末》,《法律科学(西北政法大学学报)》,2017 年第 5 期。

68. 张斌：《论讯问录音录像的功能异化和属性复归》，《郑州大学学报（哲学社会科学版）》，2017 年第 4 期。
69. 周维明：《德国刑事协商制度的最新发展与启示》，《法律适用》，2018 年第 13 期。

四、外文类

1. *Holt v. United States*，218 U. S. 245(1910).
2. Hutcheson Jr, Joseph C. *Judgment Intuitive The Function of the Hunch in Judicial Decision.* Cornell Law Review 14. 3(1929):274−288.
3. *Powell v. Alabama*，287 U. S. 45(1932).
4. *Costello v. United States*，350 U. S. 359(1956).
5. Edmund Morris Morgan, Some Problems of Proof Under the Anglo−American System of Litigation, 55 Mich. L. Rev. 314(1956).
6. Jerome K. Heilbron, *Cross Examination and Impeachment*, 15 Ark. L. Rev. 39(1960).
7. Earl T. Thomas, *Cross−Examination of Witnesses*, 32 Miss. L. J. 243(1961).
8. *Mapp v. Ohio*，367 U. S. 643(1961).
9. V. C. Ball, *The Moment of Truth:Probability Theory and Standards of Proof*, 14 Vand. L. Rev. 807(1961).
10. *Brady v. Maryland*，373 U. S. 83(1963).
11. Roger J. Traynor, *Ground Lost and Found in Criminal Discovery*, 39 N. Y. U. L. Rev. 228(1964).
12. Jack B. Weinstein, *Some Difficulties in Devising Rules for Determining Truth in Judicial Trials*, 66 Colum. L. Rev. 223(1966).
13. Sternberger, Dolf. *Legitimacy. International Encyclopedia of Social Science 9*：244−248. Vol. 9. New York:Macmillan, (1968):244.
14. Locke, Edwin A. , and Bryan, Judith F. , *Goal−Setting as a Determinant of the Effect of Knowledge of Score on Performance.* The American Journal of Psychology 81. 3(1968):398−406.
15. *Willianms v. Florida*，399 U. S. 78(1970).
16. Richard A. Posner, *An Economic Approach to Legal Procedure and Judicial Administration*, The Journal of Legal Studies 2, no. 2(Jun. , 1973):399−458.
17. *State v. Franklin*，352 So. 2d 1315(1977).
18. *Bordenkircher v. Hayes*，434U. S. 357,364(1978).
19. *United States v. Goodwin*，687 F. 2d44(1982).
20. Michael Bayles, *Principles for legal procedure*, Law and Philos, Vol. 5, Num 1, (1986):33.
21. Kamisar, Y. , LaFave, W. R. , Israel, J. H. , King, N. J. , Kerr, O. S. , &Primus, E. B. , *Modern criminal procedure:cases, comments and questions*, West Group, (1986):2012.
22. Schmidt − Hieber, Werner. *Der strafprozessuale Vergleich − eine illegale Kungelei.* Strafverteidiger 6(1986):177.
23. David Goodwin, *Controversiae Meta−Asystatae and the New Rhetoric*, Rhetoric Society Quarterly, Vol. 19, No. 3(1989):205−216.
24. Ashcraft, Richard. *John Locke:Critical Assessments.* London：Routledge,

(1991):524.

25. Herrmann, Joachim. *Bargaining justice — a bargain for German criminal justice*. U. Pitt. L. Rev. 53(1991):755.

26. American Bar Association, *Standards for Criminal Justice*, The Prosecution Function3—3. 9(B)(3d ed. 1993).

27. J. Sprack, *Emmins on Criminal Procedure(Sixth Edition)*, Blackstone Press Ltd. (1995):176—192.

28. Anne Bowen Poulin, *Prosecutorial Discretion and Selective Prosecution*: *Enforcing Protection after United States v. Armstrong*, 34 Am. Crim. L. Rev. 1071(1997).

29. Hoyano, A., Hoyano, L., Davis, G., &Goldie, S. *A study of the impact of the revised code for crown prosecutors*. Criminal Law Review, 1997(8): 556—563.

30. See Hoyano, Allan, et al. *A Study of the Impact of the Revised Code for Crown Prosecutors*. Criminal Law Review 1997. 8(1997).

31. Onsea, I., *John Hatchard*, *Barbara Huber and Richard Vogler*: *Comparative criminale procedure*, The international and comparative law quarterly. —London, 1952, currens 1998(1998):485.

32. *Coleman v. Alabama*, *527 U.S. 1008(1999)*.

33. Note: *Breathing New Life into Prosecutorial Vindictiveness Doctrine*, 114 Harv. L. Rev. 2074(2001).

34. Thaman, Stephen, *Comparative criminal procedure*: *A casebook approach*. Carolina Academic Press, (2002):150.

35. P. H. Richard&L. B. Curzon: *The Longman Dictionary of Law 6thED*, Pearson Education Ltd, (2003):326.

36. Reaves, Brian A, *Felony defendants in large urban counties*, *2009 — statistical tables*, Washington, DC: US Department of Justice(2013):1994.

五、学位论文类

1. 汪海燕:《刑事诉讼模式的演进》,中国政法大学,博士学位论文,2003 年。
2. 潘金贵:《刑事预审程序研究》,西南政法大学,博士学位论文,2004 年。
3. 赵泽君:《论民事争点整理程序》,西南政法大学,博士学位论文,2007 年。
4. 陈海锋:《刑事审查起诉程序正当性完善研究》,华东政法大学,博士学位论文, 2013 年。
5. 贾志强:《刑事庭前会议制度研究》,吉林大学,硕士学位论文,2013 年。
6. 罗晖:《刑事预审制度研究》,武汉大学,博士学位论文,2015 年。
7. 胡婧:《刑事审判程序分流研究》,中国政法大学,博士学位论文,2018 年。

六、报纸类

1. 徐京辉:《澳门刑事起诉法庭制度探析》,《澳门检察》,2006 年第 6 期第 A03 版。
2. 刘静坤、杨波:《庭前会议制度的具体构建》,《人民法院报》,2012 年 12 月 26 日第 006 版。
3. 蒋惠岭:《重提"庭审中心主义"》,《人民法院报》,2014 年 4 月 18 日第 005 版。
4. 陈光中:《推进"以审判为中心"改革的几个问题》,《人民法院报》,2015 年 1 月 21

日第 005 版。

七、其他类

1. 《公民权利和政治权利国际公约》第十四条。

2. 《中华人民共和国宪法》(1982 年)第三条、第十一条和第一百四十条。

3. 《布莱克维尔政治学百科全书》,北京:中国政法大学出版社,1992 年。

4. 陈开欣等:《英国刑事司法制度概况—赴英考察报告》,中国政法大学《刑事诉讼制度改革研究》课题组,1993 年。

5. 李德顺主编:《价值学大词典》,北京:中国人民大学出版社,1995 年。

6. 薛波:《元照英美词典》,北京:法律出版社,2003 年。

7. 宋雷:《英汉法律用语大辞典》,北京:法律出版社,2005 年。

8. 《最高人民检察院关于在检察工作中贯彻宽严相济刑事司法政策的若干意见》(高检发研字【2007】2 号)。

9. 《最高人民检察院关于依法快速办理轻微刑事案件的意见》(高检发侦监字【2007】4 号)。

10. 《最高人民法院关于进一步发挥诉讼调解在构建社会主义和谐社会中积极作用的若干意见》(法发[2007]9 号)。

11. 《最高人民法院关于建立健全防范刑事冤假错案工作机制的意见》(法发[2013]11 号)第十一条。

12. 2016 年中央全面深化改革领导小组第 25 次会议审议通过《关于推进以审判为中心的刑事诉讼制度改革的意见》。

13. 《最高人民法院、最高人民检察院、公安部、国家安全部、司法部关于推进以审判为中心的刑事诉讼制度改革的意见》(法发[2016]18 号)。

14. 《最高人民法院关于全面推进以审判为中心的刑事诉讼制度改革的实施意见》(法发[2017]5 号)。

15. *Faster justice as unneccessary committal hearings are abolished*. https://www.gov.uk/government/news/faster－justice－as－unneccessary－committal－hearings－are－abolished(2017－10－10 最后访问时间)。

16. 《用法治手段推进保障改革深化助力反腐解读新修改的刑事诉讼法》http://www.npc.gov.cn/npc/xinwen/2018－11/06/content_2065686.htm(2018－11－25 最后访问时间)。

17. 《最高人民法院、最高人民检察院关于刑事案件速裁程序试点情况的中期报告》,http://www.npc.gov.cn/npc/xinwen/2015－11/03/content_1949929.htm(2018－12－29 最后访问时间)。

18. 2018 年最高人民法院工作报告,http://www.court.gov.cn/zixun－xiangqing－87832.html(2018－12－5 最后访问时间)。

19. 2018 年最高人民检察院工作报告,http://www.spp.gov.cn/spp/gzbg/201803/t20180325_372171.shtml,(2018－12－5 最后访问时间)。

20. http://history.people.com.cn/GB/198449/354062/(2018－10－7 最后访问时间)。

后 记

　　当前我国刑事司法改革已经涉入深水区,改革的每次向前推进都举步维艰。这不仅是因为我国刑事司法自 1979 年《刑事诉讼法》颁布以来已经发展到一定阶段之实然,而且还是由于刑事司法全球化与支撑我国刑事诉讼制度的政治、经济、文化等因素之间逐步且艰难融合的必然结果。

　　刑事司法改革应当审视当事人主义诉讼模式之弊端。以往的制度革新沿袭着当事人主义诉讼模式之路径,这既是在两大法系互相借鉴、相互融合的全球刑事司法趋同的形势下不得已的选择,也是对我国现有刑事诉讼制度的必要革新。在这种境遇中,我们所要审视的不是改革的走向而是达到预期目的所选择的途径与方法,也即欲取得良好的结果而愈加慎重对待实现美好结果的手段。易言之,当事人主义是否为我国刑事诉讼程序改革的最佳选择。总体而言,我国刑事庭前程序完善不能完全依赖于当事人主义诉讼制度的改革,应理性对待现代职权主义不仅强调发现事实真相而且注重权利保障的事实,我国刑事诉讼的改革与完善应在现代职权主义诉讼模式的基础上,着力从完善庭前程序角度,坚持统筹庭前程序与庭审程序两个方面,并通过庭前程序的制度构建,加强庭审程序的实质化,进而推进整个刑事诉讼程序的重塑。

　　刑事司法改革应当坚守以权利保障为目的的制度革新。刑事诉讼程序的历史沿革业已证明了人权保障为刑事诉讼程序的核心内容之一,刑事诉讼程序贯彻人权保障的程度如何也已经成为一国刑事司法制度文明程度的标尺。作为“小宪法”之称的《刑事诉讼法》,务必要将人权保障作为其基本诉讼理念。刑事庭前程序的改革与完善也应该如此。刑事庭前程序的构建应当以被告人权利保障为制度革新的起点与归属,避免在被告人权利保障与公权力行使的矛盾体中,忽略被告人权利保护的刑事诉讼程序或刑事司法改革之现象,杜绝刑事司法制度的改革与创新为权力的便利行使而导致的专制与压迫政治的抬头。在被告人权利保障与公权力行使的矛盾体中,忽略了被告人权利保护的刑事诉讼程序或刑事司法改革,将演变为专制体制与压迫政治,被告人权利就有沦落为可有可无的可能性。

在此背景下,我国刑事庭前程序的革新理应顺其潮流而动,但是其改革或完善之路并不会一帆风顺。毕竟,在权力向上逐渐集中的现实与司法审查机制、尊重与保障人权理念以及正当程序很难对接,甚至处于问题之两端,实属难以融合。这就导致了刑事诉讼程序领域中的相关制度与程序短时间内难以确立,包括构建刑事庭前程序所必须之制度。尽管如此,对有关刑事庭前程序仍有必要展开探讨与研究,未雨绸缪,指出其进一步发展方向与完善措施。

所谓刑事庭前程序是指案件被提起公诉之后至第一审开庭审理之前,庭前法官与控辩双方为了庭审程序的集中、有序、高效而进行的诉讼活动以及由此产生的诉讼法律关系。自 1979 年《刑事诉讼法》颁布以来,我国对刑事庭前程序均有规定,但由于刑事司法改革的关注点大都集中在刑事审判程序的革新上,尤其是企图将我国刑事审判程序模式转向当事人主义模式实现庭审实质化,而刑事庭前程序始终属于"被遗忘的世界"。如刑事诉讼程序出现"凡起诉必审判"的现象,最终导致了集中于刑事审判程序的刑事司法改革,要么无功而返要么应景之作。再如为防止法官庭前"预断"而来回反复的卷宗移送方式改革,其结果证明这种管中窥豹式的改革,既是盲目的又是失败的。刑事司法改革中的"折中式"的方案不仅丢失了原制度的功能和意义而且还滋生出不可预知的弊端。当刑事司法改革遭遇挫折或困难之时,理性的做法不应该采取"鸵鸟效应",避而不谈或者企图寻找中间道路,虚与委蛇;与此相反的是,应当因势利导,革旧图新。

普遍认为,刑事庭前程序具有制约权力、保障权利以及提高效率的价值,其在庭前审查、程序分流、争点整理以及证据的保全、开示、检验和排除等方面具有无可比拟又不可或缺的功能。因此,刑事庭前程序借助庭前审查程序"过滤"不适当、不合法的起诉,通过对涉及的证据问题和程序性问题预先处理,如证据开示,尤其是对控辩双方在证据预先处理基础上的协商式司法予以回应,展开以案件繁简程度及协商式司法为条件的诉讼程序分流,能够加快诉讼进程。刑事庭前程序凭借庭前准备程序,通过合议庭组成以及传票、通知书的送达等常规性准备事项,以及对于重大、复杂的案件,为了避免审理期限过长,而依职权或依申请召集控辩双方到庭进行庭前会议,实施准备程序,处理准备程序所涉及的有关问题。如询问被告人是否做有罪陈述;被告人是否申请人民陪审员的,组成陪审合议庭;确定起诉效力范围以及有无变更诉讼的情况与事由;整理案件事实和证据的争点;审查辩方提出的非法证据排除申请;辩方庭前提出的证据调查和证据保全申请;以及庭审程序法庭调查阶段证据调查的范围、顺序和方法等,实现庭审程序的集中、有序、高效进行。构建既符合我国现实国情又能对未来有所涵摄的刑事庭前程序。所谓符合我国现实国情意味着我国刑事庭前程序的构建要面对现实,实事求是,充分考虑我国刑事诉讼法发展的现实情况,立足于此,求真务实;所谓对未来有所涵摄,意味着我国刑事庭前程序的构建要以世界的眼光,开放的胸怀,认真学习并借鉴当代法治国家体现诉讼民主和公正的有益经验,勇于更新理念,跟上最新动态,及时调整、变革刑事庭前程序的有关制度和程序。

行文至此,回顾过往,感由心生。转瞬间已到中年。《论语·为政》曰:"四十不惑"。概指人到四十咀嚼了事态的冷暖、岁月的无情,在疑惑、彷徨、冲动、激情之后,少了盲从多了自我,少了激情多了沉稳,少了冲动多了理智……我在品味着不惑之年,倍感幸运又诚惶诚恐,感恩之念,常驻我心。

求学之路和难忘之事历历在目,我得到诸多良师益友的提携与关爱,尤其是赵琳琳先生。她既是我专业研究的引路人又是我求学问道的良师,至今仍然记得赵琳琳先生每次面授时的谆谆教导,指导论文时的循循善诱。她渊博的专业知识,严谨的治学态度,精益求精的工作作风,诲人不倦的高尚师德,严于律己、宽以待人的崇高风范,朴实无华、平易近人的人格魅力对我影响深远。特以此书悼念赵琳琳先生。

　　感谢我的家人多年来给予我物质与精神上的支持。感谢我的女儿张煜童、张亦可,在我疲惫或没有思路之时,想到、看到她们的天真无邪的笑脸,所有疲惫烟消云散。感谢我的姐姐、哥哥等家人给与的帮助,在困难之时始终有她们在我身边,让我体会到了爱与温暖,倍感幸福。

张　斌

2024 年 5 月 20 日

图书在版编目(CIP)数据

我国刑事庭前程序研究/张斌著. —上海:上海三联书店,
2024.8. —ISBN 978 - 7 - 5426 - 8631 - 2

Ⅰ. D925. 218. 4

中国国家版本馆 CIP 数据核字第 2024Q2S198 号

我国刑事庭前程序研究

著　　者 / 张　斌

责任编辑 / 郑秀艳
装帧设计 / 一本好书
监　　制 / 姚　军
责任校对 / 王凌霄

出版发行 / 上海三联书店
　　　　　　(200041)中国上海市静安区威海路 755 号 30 楼
邮　　箱 / sdxsanlian@sina.com
联系电话 / 编辑部: 021 - 22895517
　　　　　　发行部: 021 - 22895559
印　　刷 / 上海惠敦印务科技有限公司

版　　次 / 2024 年 8 月第 1 版
印　　次 / 2024 年 8 月第 1 次印刷
开　　本 / 655 mm × 960 mm　1/16
字　　数 / 270 千字
印　　张 / 18.25
书　　号 / ISBN 978 - 7 - 5426 - 8631 - 2/D·649
定　　价 / 78.00 元

敬启读者,如发现本书有印装质量问题,请与印刷厂联系 13917066329